ATLAS
HISTORIQUE

Les
Croisades

ATLAS
HISTORIQUE

Les
Croisades

Angus Konstam

Atlas Historique Les Croisades

Édition originale publiée par Thalamus Publishing
© 2002 textes et illustrations Thalamus Publishing
© 2002 Maxi-Livres pour l'édition française
© 2004 Maxi-Livres pour la présente édition
Tous droits réservés

Réalisation de l'édition française
FRANKLAND PUBLISHING SERVICES LTD
Traduction : Hervé et Claude Lauriot-Prévost
Maquette : Thierry Blanc

ISBN 2-7434-2194-0

Éditorial : Warren Lapworth et Neil Williams
Cartes et graphisme : Roger Kean
Maquette : Joanne Dovey
Illustrations : Oliver Frey
Photogravure : Michael Parkinson

Imprimé et façonné en Espagne

REMERCIEMENTS
Ann Ronan Picture Library : 76 ; Archivo Iconografico, S.A./CORBIS : 14, 16, 22, 25, 32, 33, 38, 40, 44, 45, 46,
54 (les deux), 69, 71, 78, 79, 86, 90, 97, 100, 101, 109, 119, 123, 124, 127, 133, 139, 145, 150, 156, 158, 172, 173,
175, 179 (haut) ; Arte & Immagini srl/CORBIS : 35 (gauche) ; Anne Griffiths Belt/CORBIS : 21 ;
Yann Arthus-Bertrand/CORBIS : 112–3, 134–5 ; Dave Bartruff/CORBIS : 25 ; Bettman/CORBIS : 34, 62, 63,
107, 168, 176, 181 ; Bibliotheque Nationale, Paris : 1, 2–3, 5, 7, 8, 19 (les deux), 20, 47, 51, 60, 61 (bas), 64, 65, 68,
74, 83, 85, 91, 102, 106, 118, 121, 126, 128, 129, 140, 177 ; Gary Braasch/CORBIS : 149 ;
The British Library : 28, 55, 59, 77, 115, 122, 143, 179 (bas) ; Elio Ciol/CORBIS : 42 ;
Geoffrey Clements/CORBIS : 162–3 ; Dean Conger/CORBIS : 31 ; CORBIS : 15 ;
Gianni Dagli Orti/CORBIS : 18, 23, 29, 35 (droite), 52, 79, 104–5, 146, 155, 169, 174 ;
Leonard de Selva/CORBIS : 66 ; Kevin Fleming/CORBIS : 114 ; Christel Gerstenberg/CORBIS : 53, 136 ;
Shai Ginott/CORBIS : 13, 147 ; Chris Hellier/CORBIS : 24, 159, 161 ; Angelo Hornak/CORBIS : 17, 148 ;
Dave G. Houser/CORBIS : 75 ; Hana Isachar/CORBIS : 183 ; Steve Kaufman/CORBIS : 105 ;
Charles Lenars/CORBIS : 94, 96, 99, 108, 116–7 ; Philippa Lewis/CORBIS : 153 ;
Francis G. Mayer/CORBIS : 56–7 ; Michael Nicholson/CORBIS : 95 ;
Richard T. Nowitz/CORBIS : 12, 13, 70, 73, 180, 185 ; David H. Patterson/CORBIS : 144 ;
Ruggero Vanni/CORBIS : 36, 125, 164 David H. Wells/CORBIS : 84–5 ;
Roger Wood/CORBIS : 61 (haut), 88, 98 ; Adam Woolfitt/CORBIS : 41, 67, 89, 154 ;
Stapleton Collection/CORBIS : 165.

Pages précédentes :

cette enluminure d'un manuscrit du xve siècle décrit la bataille de Fons Muratus et la mort de Raymond d'Antioche par les Turcs seldjoukides. Elle provient d'*Histoire d'Outre-mer*, basée sur le récit de Guillaume de Tyre, archevêque et chroniqueur des princes d'Antioche. Raymond fut embusqué par la légendaire armée Nur al-Din, s'étant trop avancé dans leur territoire. Le prince se battit vaillamment, mais n'avait que trop peu d'hommes. Nur al-Din lui coupa la tête et le bras droit et les présenta au calife de Baghdad comme trophées – mais aussi, en signe de respect pour le grand guerrier qu'était Raymond.

Sommaire

L'héritage émotionnel

Avant les événements du 11 septembre 2001, la plupart des Américains et des Européens se seraient posé la question du but des croisades – une partie de l'histoire du monde enfouie dans un passé vieux de 800 ans. Mais depuis, le terme semble avoir acquis une nouvelle signification et son histoire, oubliée depuis des siècles, devient soudain plus pertinente.

Le président George W. Bush prononça ces mots : « Cette Croisade, cette guerre contre le terrorisme. » Il employa le terme « croisade » dans le même sens que celui que le général Dwight D. Eisenhower lui avait donné durant la Seconde Guerre mondiale, en parlant d'une « croisade en Europe ». Pour les deux hommes, le terme représentait une grande cause, une entreprise militaire et politique contre un opposant dépourvu de toute morale.

De son côté, le terroriste Oussama ben Laden invoqua délibérément les souvenirs historiques des croisades afin de rallier à sa cause les fondamentalistes musulmans. Mille ans après que les chevaliers de la première croisade eurent franchi les murs de la Ville sainte de Jérusalem, les croisades demeurent toujours un problème émotionnel. Pour beaucoup de musulmans, elles ont été longtemps considérées comme un crime contre l'Islam et, pour certains intégristes islamistes, le discours politique et le discours religieux de cette époque sont intimement liés.

Pendant le message télévisé lancé de sa grotte afghane, ben Laden fit référence à l'époque des croisades. Il appela à « une nouvelle bataille, semblable aux grandes batailles de l'Islam, comme en livrait le conquérant de Jérusalem ». Il faisait référence au grand chef musulman Saladin (ou Salah ad-Dîn Yusuf), qui reprit la ville aux croisés en 1187, après avoir gagné la bataille de Hattin.

L'image allait jouer un rôle important dans la croisade chrétienne contre les « infidèles » musulmans. La grandeur et la grâce de l'Europe devaient être vues pour justifier le combat pour la sainte cause. Aucun roi n'incarna mieux cet esprit que Louis IX de France qui régna de 1226 à 1270. Les chroniqueurs le décrivirent comme un homme pieux, priant Dieu ou prêchant la bonne parole parmi ses hommes. La guerre qu'il mena en Égypte fut désastreuse, il fut mal engagé à Acre, et mourut de la peste devant Tunis après avoir été trompé par l'émir de la ville. Il fut canonisé en 1296.

Ben Laden tentait de faire naître des troubles religieux en évoquant le passé, et notamment l'un des plus grands héros militaires de l'Islam.

Pour accentuer ce message, il ajouta : « Je vois Saladin sortant des nuages, avec son épée ruisselant du sang des infidèles. » Pour lui, Saladin passait en revue les terroristes d'Al Qaida. Son appel a dû émouvoir une bonne partie du monde islamique. Comment un personnage historique vieux de plusieurs siècles pouvait-il donc avoir un tel impact au XXIᵉ siècle ?

Les croisades

Les attaques du Pentagone et du World Trade
Center ont démontré l'efficacité de cette évocation
historique, incitant de jeunes musulmans à
commettre des actes au nom de leur religion, actes
que le reste du monde qualifiait d'atrocités. Pour
mieux comprendre pourquoi cette période reculée
de l'histoire du monde peut avoir une influence
aussi dévastatrice sur nos vies au XXIe siècle, nous
devons appréhender à travers les croisades la façon
dont les tensions entre l'Est et l'Ouest à la fin du
XIe siècle sont encore d'actualité.

Ce livre permet de mieux cerner ces problèmes.
En comprenant l'origine du *djihad* ou guerre
sainte, et les différences religieuses qui déchirèrent
l'Islam durant des siècles, nous parviendrons,
peut-être, à saisir comment des locutions telles
que munafiquin (hypocrites ou musulmans pro-
occidentaux), *kuffar* (infidèles) et *shahid* (martyre)
peuvent avoir une aussi grande signification pour
les fondamentalistes islamiques d'aujourd'hui.
La division de l'islam en deux branches fut en
quelque sorte reproduite par l'Église chrétienne,
qui, elle-même se divisa en Église romaine avec
saint Pierre et Rome, et en Église orthodoxe
avec saint Marc et Constantinople. Ces clivages
menèrent à l'intolérance religieuse et justifièrent
souvent presque tous les actes de barbarie.

De nombreux documents de l'époque des croisades ont été conservés. Ils nous apportent des récits vivants de faits et gestes des grands princes et de leurs suites. Du côté musulman, beaucoup de textes et de récits rapportés ont également survécu et permettent de se faire une idée plus impartiale des événements. Parfois, des écrits des deux camps ont corroboré le point de vue de chacun. Les documents de l'époque étaient rarement illustrés. Les magnifiques enluminures de cette page représentent les croisés embarquant pour la Terre sainte : elles sont extraites des *Statuts de l'Ordre du Grand Esprit au Droit-Désir*, datant du xive et du xve siècle. Elles furent inspirées par les chroniqueurs qui visitèrent la Terre sainte, mais le paysage luxuriant à travers lequel se déplacent les croisés ressemble à celui des monastères européens où les enluminures furent sans doute exécutées. Néanmoins, malgré les incohérences, on trouve des détails d'une valeur historique indiscutable.

Saladin le héros

Les Occidentaux ignorent un certain nombre de détails sur les croisades – détails plus connus en Orient –, et le monde islamique a aussi, de son côté, des idées fausses sur cette période historique. Deux d'entre elles, particulièrement répandues, en sont la preuve. Unique dans l'histoire des croisades, Saladin fut considéré comme un héros aussi bien par les chrétiens que par les musulmans. Ce héros musulman, qui reconquit Jérusalem, fut critiqué pour ne pas avoir chassé les croisés de la Terre sainte. Guerrier perspicace et habile, il perdit cependant deux batailles contre Richard Cœur-de-Lion.

Le temps fut favorable au seigneur de guerre musulman. Alors que les critiques étaient réduits au silence, des historiens d'Orient comme d'Occident louaient son habileté, sa compassion, sa générosité et son humanité. C'est ce même Saladin qu'Oussama ben Laden citait comme étant un guerrier vengeur, avec une tendance au *djihad*, et chassant les infidèles hors de la Cité sainte. Comment un même personnage peut-il être un héros pour les chrétiens comme pour les musulmans et servir d'instigateur à la haine religieuse ?

Une étude des croisades permet de comprendre que les idées de Ben Laden sur l'histoire de l'Islam sont imparfaites. Saladin fut incontestablement un grand guerrier, mais il était également loué par ses amis et ses ennemis pour son humanité. Après avoir remporté la bataille de Jaffa (1192), le roi Richard tomba dangereusement malade. Saladin lui envoya immédiatement des présents : des poires, des pêches et des sorbets à la neige du Liban et de l'Hermon. Plongé dans une guerre religieuse, Saladin fit preuve d'une miséricorde et d'une tolérance que les extrémistes d'aujourd'hui auraient du mal à comprendre.

Saladin commit certainement des crimes de guerre : il exécuta des prisonniers (ou les fit exécuter par ses propres *sufis* ou hommes saints), mais il était toujours prêt à négocier, à soudoyer ou à discuter pour arriver à ses fins. Bien qu'enfermés dans une logique militaire, les guerriers des deux clans gardaient l'esprit ouvert et demeuraient favorables à des solutions de non-violence.

L'Islam contre la chrétienté

En 1099, les croisés prirent Jérusalem, profanèrent la Coupole du Rocher et massacrèrent les habitants de la ville. Le sang des musulmans comme des juifs ruissela dans les rues. Mille ans plus tard, ces atrocités commises contre une population tolérante et cultivée auraient été considérées comme des crimes de guerre. Dans le monde musulman, on parle des croisés comme d'hommes brutaux et cruels qui exterminèrent des populations entières. Cependant, pour leur défense on pourrait avancer qu'ils vivaient à une époque violente et que leur armée était bien petite par rapport aux habitants de ce pays hostile.

La plupart des historiens soulignent que beaucoup de guerriers musulmans avaient des comportements identiques. La Bible comme le Coran prônent l'amour et la compassion, pourtant, curieusement, les chrétiens et les musulmans se battirent et tuèrent au nom de leur foi.

Les croisades présentent un autre aspect étonnant. On n'avait pas vu depuis la chute de l'Empire romain un aussi grand nombre de gens – du plus haut au plus humble – se déplacer sur de si grandes distances à travers l'Europe. Les croisades eurent le même impact sur les masses que les vacances organisées d'aujourd'hui qui éveillent les esprits sur les merveilles d'ailleurs. En parallèle des préjudices qu'apportait le petit esprit médiéval, un nouvel élan culturel et une conscience se développèrent qui pointaient vers quelque chose de plus grand – et, plus tard, mèneraient au grand bouleversement socioculturel de la Renaissance. Selon la tradition des grands moments de l'Histoire, les croisades semèrent la terreur, la mort et la destruction, mais récoltèrent aussi la gloire.

Présentation des dates

Les dates entre parenthèses se présentent de différentes façons selon les informations qu'elles apportent. Les périodes de règne des rois sont indiquées ainsi : (r. 1745-1767). Les dates se référant à un pape indiquent la période de son pontificat : (p. 1590-1615). Les dates de la naissance à la mort sont indiquées sans aucun préfixe.

CHAPITRE I

Jérusalem la Sainte :
le décor des croisades

ROYAUME FRANC
vers 680

ROYAUME LOMBARD
vers 680

ROYAUME WISIGOTH
avant 711
ÉMIRAT OMEYYADE
jusqu'à 756, puis Émirat
indépendant des Abbassides

• Narbonne

Venise •

• Barcelone

Corse

Mer Adriatique

• Valence

• Rome

Séville •

• Cordoue

Îles Baléares

Mer Tyrrhénienne

Sardaigne

• Ceuta

MAGHREB

IFRIQIYA

• Tunis
(Carthage)

Sicile

• Kairouan

• Agadir

• Tripoli

D urant des siècles, les Romains et leurs successeurs byzantins dominèrent la Palestine et la Judée, lieux où se déroulèrent la plupart des événements rapportés dans la Bible. Les Perses, puis les Arabes, furent tenus en échec, tandis que des villes comme Antioche et Alexandrie comptaient parmi les concentrations urbaines les plus riches et les plus prospères. Tout cela changea au cours du VIIe siècle après J.-C. : l'Arabie fut le théâtre d'une révolution religieuse et culturelle qui permit de faire face à une vague d'envahisseurs venus d'Asie qui menaçait le centre européen de l'Empire byzantin.

Le prophète Mahomet fonda une nouvelle religion. Le seul Dieu était Allah et le salut se trouvait dans l'*islam*, mot arabe qui signifie « se soumettre à Dieu ». En 628 après J.-C., Mahomet et ses disciples s'emparèrent de La Mecque et, une dizaine d'années plus tard, les disciples arabes de Mahomet avaient conquis la Palestine, la Syrie et

l'Égypte. Avec les conquêtes arabes s'étendant vers l'ouest le long de la côte nord de l'Afrique, les musulmans envahissaient la Perse et atteignaient les frontières de l'Inde. C'est ainsi que Byzance perdit tout son empire de l'Est, à l'exception de l'Anatolie (Asie Mineure).

Pour les musulmans comme pour les juifs et les chrétiens, Jérusalem était la Cité sainte. Les musulmans toléraient les autres religions et durant des siècles les Lieux saints restèrent ouverts à tous les pèlerins. Cependant, cette tolérance changea lorsque les Turcs Seldjoukides se retrouvèrent gardiens de la foi islamique. Leur défaite sur les Byzantins en 1071 força les chrétiens orthodoxes à demander de l'aide à l'Europe de l'Ouest afin de reconquérir leurs territoires et la Terre sainte. Le but des croisades qui s'ensuivirent fut de reconquérir et de sauvegarder la Cité sainte de Jérusalem. Pour les croisés comme pour les Sarrasins, Jérusalem était l'objectif suprême.

Mer d'Aral

Seldjoukides (Ghuzz) 1028–1036

Oxus (Amou-Daria)

Samarkand •
• Boukhara
Kaboul •
• Balkh
• Merv

• Hérat

• Nishapour

**Turcs
Cumans**

Mer
d'Azov

Cherson •

Danube

Mer Noire

Mer Caspienne

Constantinople •
• Ankara

ARMÉNIE

Turcs seldjoukides 1071–1080

**Mantzikert
1071**

Lac
Van

Lac
Urmia

EMPIRE SASSANIDE
avant 638

• Rayy

**ANATOLIE
Seldjoukides
de Roum**

Éphèse •
Athènes •
Bodrum •

Rhodes

Chypre

Crète

Candie •

Mer Méditerranée

• Édesse

• Alep

Antioche •

• Mossoul

Tigre

Nehavend •

• Samarra

MÉSOPOTAMIE

Euphrate

• Bagdad

Wasit •

PERSE

• Persépolis

Tripoli •

Beyrouth •
Sidon •

• Damas

Jérusalem •
Gaza •

• Bassorah

EMPIRE SASSANIDE
avant 638

Golfe Persique

Barqa •

Alexandrie •

LIBYE

ÉGYPTE

• Le Caire

Nil

Thèbes •

• Assouan

Mer Rouge

• Médine

OMAN

ARABIE

• La Mecque

• Axoum

• Sanaa

YÉMEN

• Aden

frontières de l'Empire byzantin, 565

frontières de l'Empire byzantin, 1100

Arabes pratiquant l'islam, 632

extension des conquêtes islamiques
à la chute de la dynastie omeyyade, 750

frontière du grand Empire seldjoukide, 1100

migrations turques

11

Le pays du judaïsme et de la chrétienté

Avec la conquête de la Judée au Iᵉʳ siècle avant J.-C., Rome ajouta à son empire une des provinces les plus riches de la Méditerranée. Appelée Palestine à partir de 70 après J.-C., cette région présente un intérêt majeur pour l'histoire des religions : ce fut le berceau de la chrétienté. Après la mort de Jésus, la nouvelle religion se répandit dans le monde entier, et l'empereur lui-même se convertit au début du IVᵉ siècle. La Palestine devint alors la Terre sainte des deux plus grandes religions du monde.

Ci-contre : la Judée n'était pas un pays où coulait le lait et le miel, mais une mise en valeur des terres redonna au sol sa fertilité naturelle et récompensa les juifs qui avaient entrepris cette tâche... autant que leurs maîtres. Les Romains d'abord, puis les Arabes convoitèrent la prospérité de la Palestine. Ce vignoble moderne prouve la permanence de la fertilité de la Judée à travers les siècles, même dans ses régions désertiques.

L'écroulement de l'Empire séleucide hellénistique en 64 avant J.-C. créa un immense vide au Moyen-Orient, permettant aux Romains d'étendre leurs territoires. Ils annexèrent la Syrie, firent chuter la dynastie juive des Macchabées qui disparut à son tour l'année suivante, puis occupèrent la Palestine. La menace toujours plus forte des Parthes limita leur expansion vers l'est, et ils consolidèrent leur pouvoir sur les provinces moyen-orientales dont ils avaient déjà le contrôle.

Malgré son occupation romaine, la Judée était un état indépendant encore lié aux provinces voisines de Galilée et de Pérée. Elles étaient toutes trois placées sous l'autorité du roi Hérode, souverain de Judée, qui les avaient réunies pour former une plus grande province de la Palestine. Le Christ naquit donc dans un état indépendant quoiqu'occupé par les troupes romaines qui exerçaient aussi leur pouvoir sur la Syrie et l'Égypte.

En 6 après J.-C., les Romains intégrèrent à l'Empire la Judée et les autres provinces qui formaient la Palestine.

Tout ce que nous connaissons de Jésus nous vient des « *Quatre Évangiles* », ainsi que de la connaissance historique de son époque. Nous savons que les juifs possédaient leur propre conseil, le sanhédrin, et que l'enseignement de Jésus attirait de plus en plus de disciples à mesure qu'il se rapprochait de Jérusalem, ville où était née la foi juive. En s'opposant au pouvoir des juifs et en prêchant dans le Temple, lieu saint de la religion juive, il s'attaquait directement au sanhédrin qui n'avait d'autre choix que de le rejeter. Jésus fut condamné à mort vers 30 avec l'appui des Romains mais, contrairement à toute attente, la foi des disciples du Christ ne fit que s'affirmer au lieu de sombrer avec la mort du Messie (*Christos* en grec). Les lettres que Paul écrivit vers les années cinquante permirent à la foi chrétienne de s'épanouir et de se répandre autour du bassin méditerranéen.

La naissance de la Ville sainte

En 66, les juifs de Judée se révoltèrent contre les Romains. Quatre ans plus tard, ces derniers envahirent Jérusalem et détruisirent le Temple. En 73, ils imposèrent leur domination sur la Palestine ; une seconde révolte des juifs en 132 fut suivie de terribles persécutions et entraîna la *diaspora* (dispersion). Pour les juifs comme pour les

milieux où propager la nouvelle religion, qui se trouva irrémédiablement séparée de l'ancienne à la suite de la destruction du Temple. Les communautés chrétiennes, qui s'étaient établies au Iᵉʳ siècle de l'Anatolie à l'Italie, gagnèrent au IIᵉ siècle la Gaule romaine, le nord de l'Afrique et l'Espagne. Les théologiens d'Alexandrie apportèrent à la nouvelle religion leur appui intellectuel et des structures renforçant les centres de chrétienté se développèrent. Au début du IVᵉ siècle, l'empereur romain Constantin le Grand (r. 306-337) se convertit à son tour, mettant fin à des décennies de persécutions. Par l'édit de Milan (313), le christianisme devint la religion officielle de l'Empire.

L'Église et l'État furent alors intimement liés, et l'Église calqua ses structures administratives sur le système de gouvernement des provinces romaines. À la chute de l'Empire romain, au début du Vᵉ siècle, cette administration resta en place mais fut incapable, par la suite, de s'opposer à l'expansion de l'islam, ainsi qu'à la disparition du rôle de Jérusalem comme centre de la foi. Jérusalem se transformait en bastion de l'islam alors que Rome et Constantinople s'arrogeaient ce titre.

chrétiens, Jérusalem devint le centre spirituel de la foi. Des siècles plus tard, elle devint aussi la Ville sainte de l'islam. Jérusalem, symbole de foi, est un lieu de pèlerinage et de vénération.

Le christianisme mettait en œuvre une ferveur extraordinaire. Paul, un juif converti à la suite d'une vision qu'il avait eue sur la route de Damas, alla prêcher en Asie Mineure, en Grèce et en Italie. Les populations juives représentaient les meilleurs

Ci-contre : « Rendez à César ce qui est à César... », dit Jésus. Cette monnaie frappée à l'effigie d'Auguste a été retrouvée à Jérusalem. Auguste (r. 31 av. J.-C. - 14 apr. J.-C.), premier empereur de Rome, conquit la Judée et régna par l'intermédiaire de son vassal, le roi Hérode.

Ci-dessous : un âne broute au milieu des ruines du palais d'été d'Hérode le Grand, situé entre Jérusalem et Bethléem.

Le Prophète Mahomet

Au début du VIIe siècle après J.-C., le Prophète arabe Mahomet fonda une nouvelle religion, l'islam. Le mot *islam* signifie « se soumettre à Dieu (le seul Dieu était Allah) » dont le message fut répandu par l'intermédiaire de Mahomet, son apôtre et son Prophète. À la mort de Mahomet en 632, la foi musulmane s'était propagée à travers le désert d'Arabie et était sur le point de devenir l'une des religions les plus importantes du monde.

Mahomet fut le catalyseur d'une série d'événements qui devaient changer la face du monde. Né vers 570 après J.-C. à La Mecque, ville commerciale de l'ouest de l'Arabie habitée par la tribu arabe des Quraych, il devint orphelin à l'âge de six ans. Élevé par son grand-père puis son oncle, il se lança dans le commerce et épousa une veuve du nom de Khadidja au service de laquelle il était entré. Le couple eut sept enfants et mena une vie sans histoire… jusqu'à ce que Mahomet atteigne l'âge de 40 ans. C'est alors que sa vie changea. Selon la croyance traditionnelle alors qu'il méditait dans une grotte d'une colline proche de La Mecque, il eut sa première vision de l'ange Gabriel lui annonçant qu'il serait le messager d'Allah, le seul Dieu. Gabriel lui transmettait des messages qui formeront le Coran (du mot arabe *Qur'an*, « le livre »). Gabriel continua à le visiter durant toute sa vie et communiqua au Prophète

Ci-contre : cette peinture islamique du XVIIIe siècle représente Mahomet recevant la parole divine cours d'une bataille.

d'autres paroles divines.

Mahomet se mit à prêcher parmi ses amis et sa famille, puis élargit son auditoire. Chassé de la ville le 16 juillet 622 par des disciples de la religion panthéiste qui dominait encore La Mecque, il s'installa avec ses disciples plus au nord, à Médine. Cette date représentera par la suite le début de l'ère islamique, devenant aussi le point de départ du calendrier musulman.

Ce départ ou hégire fut un moment décisif pour le prophète, car il obligea les musulmans à s'organiser, Mahomet étant l'arbitre du monde d'Allah. La communauté locale était à dominance juive et se recueillait en se tournant vers Jérusalem. Mahomet choisit rapidement de prier en se tournant vers La Mecque, et de ce fait dota l'islam d'un lieu saint.

Le respect de la foi des autres

En 628, après avoir repoussé une série d'assauts lancés par les Mecquois, les musulmans regagnèrent La Mecque. Mahomet supprima alors les symboles de la religion locale et décida de consacrer La Mecque et la *Kaaba* à sa propre religion. Une *kaaba* (carré) est un bâtiment carré, un fort ou un sanctuaire. À La Mecque, la *Kaaba* abrite une pierre noire et carrée que les prêtres préislamiques considéraient comme sacrée. Mahomet s'empara de la *Kaaba* et la proclama symbole de la nouvelle religion musulmane. À la mort de Mahomet en 632, la religion islamique se répandit à travers l'Arabie de l'Ouest et s'implanta en Oman, sur le golfe Persique.

À ses débuts, l'islam n'était pas agressif et ne recherchait pas les conversions. Au contraire, les lecteurs du Coran étaient encouragés à respecter les croyances des autres religions monothéistes, en particulier celles des juifs et des chrétiens, qui partageaient les mêmes croyances que l'islam et qui faisaient référence aux mêmes Écritures saintes. Le Coran parle de Moïse, d'Abraham et d'autres personnages de l'Ancien Testament, et considère le Christ comme un prophète. Des travaux récents menés par des universitaires musulmans avancent que l'obligation de se tourner vers La Mecque pour prier daterait d'après la mort de Mahomet. Jérusalem aurait été un lieu saint pour les islamistes et pour les

juifs, ce qui signifie que Mahomet aurait déclaré Jérusalem centre spirituel, La Mecque n'étant qu'un relais de l'islam.

Le monothéisme de Mahomet était présenté comme la foi ancestrale de ce peuple et de ce fait devait dépasser les limites tribales et politiques, à la différence du judaïsme. Pour les Arabes, dont les racines culturelles remontaient à des milliers d'années, cette foi homogène constituait une force puissante et expliquait les conquêtes victorieuses au nom de l'islam. Cette vision et cette doctrine islamique, réunissant tous les croyants comme serviteurs de Dieu, créèrent un monde musulman unifié par un puissant credo. En fait, même si les racines historiques de la foi musulmane ne sont pas bien définies, il est vrai que Mahomet servit de catalyseur à une religion qui transforma le Moyen-Orient en quelques générations et s'appropria en même temps Jérusalem.

Ci-dessus : page enluminée du Coran, datant probablement du XVIe siècle, exposée au musée des Arts décoratifs à Téhéran (Iran).

Les conquêtes arabes

En 634, le calife Abu Bakr, beau-père et «successeur» de Mahomet, envoya ses armées conquérir les terres situées au nord de l'Arabie, vers Jérusalem. En une vingtaine d'années, la Perse, la Syrie et une grande partie de l'Afrique du Nord tombèrent entre les mains des musulmans. Les frontières de l'Islam s'étendirent alors de l'océan Atlantique aux montagnes de l'Afghanistan; une expansion aussi rapide est unique dans l'Histoire.

À droite: les actions entreprises par l'empereur Héraclius pour reprendre Jérusalem aux Perses et aux Sassanides ont inspiré de nombreuses anthologies chrétiennes. Ce détail d'un panneau d'autel de l'église Santa Cruz de Bieza, peint au XVe siècle, montre sainte Hélène et l'empereur Héraclius aux portes de la Ville sainte, ce dernier ayant repris aux Perses la Croix du Christ. Malheureusement, la possession de cette sainte relique n'empêcha pas les armées arabes de conquérir Jérusalem quelques années plus tard.

L e calife Abu Bakr (r. 632-634) craignait de voir disparaître la volonté de conquête islamique; lorsque plusieurs prophètes régionaux menacèrent de rompre l'unité musulmane, il les ramena dans le droit chemin en utilisant la force militaire. Il assura donc l'unité arabe en décidant, sous un prétexte religieux, l'invasion des provinces orientales de l'Empire romain qui portaient alors le nom de provinces byzantines.

Ci-contre: la dynastie des Omeyyades s'empressa de construire des villes et des palais dans toute la Judée, entre 638 et 670. Ce fragment de fresque, daté du début du VIIIe siècle, provient du palais de Qasr al-Hair.

Après la mort d'Abu Bakr qui ne régna que deux ans, son successeur, le calife Omar (r. 634-644) entra en guerre sainte – ou *djihad* – contre la province byzantine de Syrie. Les Byzantins sortaient d'une guerre meurtrière contre l'Empire perse sassanide à l'issue de laquelle ils avaient rétabli leur autorité sur les terres syriennes et palestiniennes. L'empereur Héraclius avait restructuré l'Empire et repoussé des envahisseurs venus d'Asie vers les Balkans et la Grèce, hors des provinces byzantines.

Pour les Sassanides et les Byzantins, les opérations menées en 634 par l'armée arabe surgie du désert sous la conduite de Khaled ibn al-Wadid n'étaient que des actions isolées. Mais, après la prise de Jérusalem, force leur fut de constater qu'il ne s'agissait plus là de raids, mais d'une invasion en bonne et due forme. L'empereur Héraclius (r. 610-641) dépêcha une armée pour faire face à cette nouvelle menace. En 636, l'armée byzantine fut anéantie à la bataille de Yarmuk, ainsi que l'armée sassanide, l'année suivante, à la bataille de Qadisiyya.

Une fois les armées byzantines et perses repoussées vers le nord de la Palestine, la Syrie et la Mésopotamie furent envahies à leur tour par les forces islamiques. L'Empire perse ne résista pas à la défaite de Névahend (642), et ses territoires se retrouvèrent sous l'autorité du calife. Persépolis fut occupée en 650, et l'avancée des Arabes alla jusqu'à la rivière Oxus, l'année suivante. Les Byzantins se retirèrent en Anatolie (Asie Mineure) et tentèrent de réorganiser leur défense.

Les divisions des musulmans

À l'ouest, l'Égypte tomba en 640 et les Arabes continuèrent leur marche le long des côtes de l'Afrique du Nord, jusqu'à la Cyrénaïque. En moins de vingt ans, les disciples de Mahomet avaient créé un nouvel empire aussi vaste que celui des Romains à son apogée. Malgré l'arrêt de la première vague de conquêtes en 651, les frontières de l'Islam continuèrent de s'étendre au cours du VIIe siècle, mais à un rythme plus lent à cause de fortes oppositions internes. Avec l'arrivée au pouvoir du calife Uthman (r. 644-655) l'Islam se trouva gouverné par une dynastie arabe aristocratique, les Omeyyades.

Uthman posa les fondations d'un califat

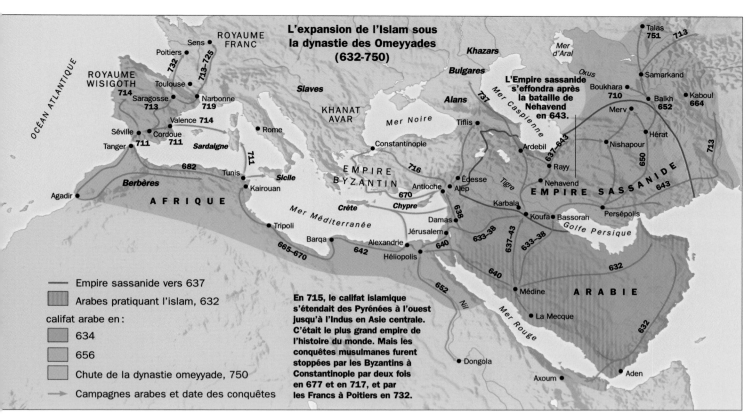

L'expansion de l'Islam sous la dynastie des Omeyyades (632-750)

L'Empire sassanide s'effondra après la bataille de Nehavend en 643.

En 715, le califat islamique s'étendait des Pyrénées à l'ouest jusqu'à l'Indus en Asie centrale. C'était le plus grand empire de l'histoire du monde. Mais les conquêtes musulmanes furent stoppées par les Byzantins à Constantinople par deux fois en 677 et en 717, et par les Francs à Poitiers en 732.

— Empire sassanide vers 637

Arabes pratiquant l'islam, 632

califat arabe en :
634
656
Chute de la dynastie omeyyade, 750
→ Campagnes arabes et date des conquêtes

héréditaire, mais la mainmise de sa dynastie sur le pouvoir fut temporairement interrompue par son assassinat. Ali, le gendre du Prophète, devint calife à son tour. Le monde islamique dut alors faire face à une guerre civile, le gouverneur omeyyade de Syrie ayant refusé de reconnaître Ali et s'étant lui-même proclamé calife. Cinq ans plus tard, Ali fut assassiné et les Omeyyades reprirent le pouvoir mais ne purent éviter le schisme. Les disciples d'Ali se considérèrent comme les seuls héritiers de la vision du Prophète et se regroupèrent sous le nom de Chiites, alors que les descendants des Omeyyades, les Sunnites, affirmèrent qu'ils représentaient la position orthodoxe. Ce schisme existe toujours aujourd'hui.

Sous l'autorité des califes omeyyades, connus sous le nom de «califes de Damas», les frontières de l'Islam atteignirent à l'est l'Indus, Kaboul et Samarkand qui devinrent des villes musulmanes. À l'ouest, Tanger fut conquise, permettant aux armées arabes de gagner l'Espagne d'où elles chassèrent les Wisigoths au cours de la deuxième décennie du VIIIe siècle. Au début, les peuples conquis tentèrent de s'opposer aux envahisseurs, mais bientôt ils se convertirent à l'islam et rejoignirent le *djihad*. Tout le Moyen-Orient était maintenant aux mains des musulmans, les Byzantins représentant le seul rempart contre l'Islam. Une expédition en Anatolie fut stoppée sous les murs de Constantinople, et, vers le milieu du VIIIe siècle, la paix s'établit entre les Byzantins et les musulmans en Asie Mineure, paix qui sera respectée pendant plus de trois siècles.

Le monde musulman

Les musulmans qui s'affrontaient aux croisés considéraient le califat de Damas comme l'âge d'or de tous les islamistes unis. Il s'agissait du califat représenté dans *Les Mille et Une Nuits*, période semi-mythique de prospérité et de bonheur. Cependant, si le monde musulman s'était épanoui durant les trois siècles qui avaient précédé 1095, il avait aussi perdu son unité, le rendant vulnérable face à un ennemi tenace.

La dynastie des Omeyyades (660-750) bâtit un Empire islamique qui s'étendait de l'Espagne à l'Afghanistan. Damas devint la nouvelle capitale de l'Islam, et l'arabe la langue de millions de sujets islamiques. La Coupole du Rocher à Jérusalem fut achevée en 692 : c'était le premier monument important de la religion islamique. Il fut construit par le calife Abn-al-Malik, sur l'emplacement du temple juif ; ce rocher est considéré comme le lieu d'ascension de Mahomet vers les cieux. Historiquement, c'était un héritage judéo-islamique venant d'Abraham que les musulmans considèrent comme un prophète prémahométant. Il signifiait aussi que les musulmans n'étaient plus considérés comme des occupants et des conquérants, mais comme des indigènes convertis du Moyen-Orient.

Les Omeyyades furent harcelés par les insurrections chiites, et en 750 un calife hachimite (« famille du Prophète »), de la famille des Abbassides et non pas de la branche des Alid, fut intronisé. La dynastie des Omeyyades s'éteignit et seul l'émirat de Cordoue en Espagne resta entre les mains de cette dynastie.

Les Abbassides transférèrent la capitale de Damas à Bagdad, plus proche du pouvoir des Chiites. Sous le califat d'al-Mansur (r. 754-775), l'ancienne magnificence de la cour de Perse fut assurée par les Abbassides, dont le nom reste associé à l'âge d'or d'une création poétique, artistique et architecturale. Ils présidaient également une délégation du pouvoir central des provinces.

L'Empire arabe était trop étendu pour être gouverné sans délégation et des gouverneurs régionaux tirèrent avantage de l'assouplissement du pouvoir du califat. En 777, la première dynastie régionale fut fondée en Afrique (maison des Rustamides) ; d'autres suivirent bientôt. De fait, les Abbassides ne contrôlèrent jamais entièrement le monde islamique. Au IXe siècle, il se produisit d'autres fractures, notamment en Afrique, en Égypte et dans les provinces de l'est de l'Empire islamique.

Ci-contre : chez les Arabes, les échecs permettaient de s'exercer aux mathématiques tout en se distrayant. Ce jeu aux nombreuses tactiques intéressa les Européens qui le répandirent largement. Cette enluminure d'un manuscrit, Le Livre des jeux d'Alfonse Le Sage, datant de 1282, représente deux Arabes jouant aux échecs sous une tente.

Des fractures

En 969, les Fatimides, chefs d'un mouvement chiite connu sous le nom d'ismaélisme, prirent le pouvoir en Égypte, installant leur quartier général dans la nouvelle ville du Caire. À la fin du Xᵉ siècle, le monde musulman avait abandonné ses aspirations impériales. L'autorité des Abbassides avait fragmenté le monde islamique, le laissant à la merci des attaques étrangères. La tribu asiatique des Ghuzz, connus sous le nom de Seldjoukides, migra des rives de l'Oxus vers l'Iran au cours de la troisième décennie du siècle, écrasant tous ceux qui se trouvaient sur son passage. Ils devinrent aussi de fervents musulmans.

Vers 1055, les Seldjoukides prirent Bagdad et poursuivirent leur expansion à l'ouest vers les côtes de la Méditerranée. Contrairement aux Abbassides, ils étaient sunnites orthodoxes, et, après leur ancrage en Syrie et en Perse, le monde musulman se trouva divisé en deux mouvements islamistes. Le califat des Fatimides installé au Caire était chiite, tandis que le sultanat seldjoukide de Bagdad était sunnite. Cette division affaiblissait le monde musulman à une époque où il avait à affronter les croisés. Mais elle perdura pendant les deux siècles qui suivirent, et, malgré la coopération entre les deux états musulmans, une méfiance mutuelle existait.

Le siècle qui précéda les croisades fut une période de division politique, mais également de développement culturel à l'intérieur du monde musulman. Philosophes, savants, mathématiciens, théologiens, docteurs et physiciens concouraient à une renaissance éblouissante qui tranchait sur la situation culturelle de la chrétienté. Le monde musulman à la veille des croisades était politiquement divisé, mais il conservait une vitalité et une foi religieuse qui dépassaient les aspirations de ses dirigeants. C'était un monde à part, qui ne ressemblait en rien à ce que les croisés avaient connu jusque-là.

Les Aventures d'Abu Zaid, un livre illustré, racontent des histoires ou les péripéties amusantes d'un gredin qui se moque des puissants et des riches. Créé à Bagdad par al-Wasite vers 1237, il présente une vision de la société arabe de l'époque. L'illustration, ci-dessus, représente Abu Zaid qui pose en maître de religion et prêche devant une petite assemblée. Sur l'illustration de gauche, Abu Zaid embarrasse le professeur sous le regard de ses élèves. Dans le fond, un serviteur agite un éventail pour rafraîchir la salle de classe.

Peregrini Christi

Pendant des siècles, *les Pèlerins du Christ* (Perigrini Christi) purent accéder librement aux Lieux saints et à leurs alentours. En 1009, le calife al-Hakim, durcissant sa position face aux autres religions, ordonna la destruction du Saint-Sépulcre. Prétextant le désarroi des pèlerins, le pape lança alors la première croisade.

De toutes les religions pour lesquelles Jérusalem était la Ville sainte, l'islam était sans doute la plus tolérante. La ville se trouvait sous contrôle islamique depuis sa reddition au calife Omar en 638. Les juifs et les chrétiens qui y demeuraient encore jouissaient d'une certaine liberté religieuse, leur foi étant considérée comme appartenant aux «religions du Livre» (*ahl al-kitab*), qui s'inspirent des Écritures comme le Coran. Ces non-croyants devaient acquitter un impôt religieux spécial, le *jizyah*, en contrepartie de cette liberté religieuse. Cette taxe encourageait aussi les moins fervents à se convertir à l'islam.

Le pèlerinage était un acte de grande foi pratiqué par ceux qui étaient suffisamment libres pour voyager et en avaient aussi les moyens. C'est ainsi que les plus fervents d'entre eux prenaient le chemin de la Terre sainte tandis que beaucoup de pèlerins se contentaient des sanctuaires de Rome ou de quelques autres villes d'Europe moins importantes. Ces pèlerins regroupaient de simples gens mais aussi des moines ou des nobles féodaux.

Le comte d'Anjou fit le voyage trois fois et un groupe formé de trois évêques français deux fois. D'autres n'atteignirent jamais leur destination où ne regagnèrent jamais leur pays. Les clercs étaient nombreux, et parmi eux des évêques, des prélats et des abbés. En 1064, une troupe de «plusieurs milliers de pèlerins», plus vraisemblablement quelques centaines, rejoignit quatre évêques allemands pour

Ci-contre : les manuscrits de l'époque font preuve de propagande anti-islamique, avec le but de provoquer la colère des Européens. Cette image provenant d'un manuscrit français montre un chrétien agenouillé devant un émir musulman. Derrière le pèlerin, deux hommes semblent préparer sa décapitation.

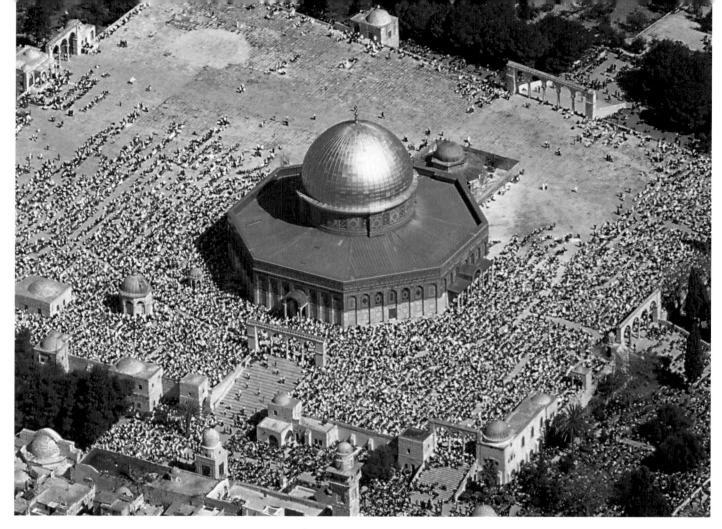

former un premier voyage de masse précédant de trente ans les croisades proprement dites.

Dans l'Europe du Moyen Âge, les voyages étaient extrêmement aventureux, pour ne pas dire dangereux. La conversion au christianisme des Hongrois et des Bulgares au cours du XIᵉ siècle les rendit un peu plus sûrs. La bataille de Manzikert (1071) marqua l'effondrement du pouvoir byzantin en Anatolie, mais les Seldjoukides furent lents à occuper la totalité de la province et à y imposer leurs lois, et pendant des années cette région devint le refuge de nombreux brigands incontrôlables qui opéraient en dehors des limites de la loi turque ou byzantine. La route principale qu'empruntaient les chrétiens romains et orthodoxes vers la Terre sainte passait par cette région. Ils devenaient ainsi les victimes des hors-la-loi. Toutefois, s'ils arrivaient au bout de leur voyage, ils se rendaient sur le tombeau du Christ et sur les autres sites où leur sauveur avait accompli des miracles, délivré son enseignement et avait été mis à mort.

L'impôt de sûreté

Les conquêtes arabes du début du VIIIᵉ siècle ralentirent l'afflux des pèlerins, mais la tolérance des musulmans encouragea bientôt leur retour. D'autant plus que les nouveaux maîtres des Lieux saints y trouvèrent une importante source de revenus.

À l'image du *jizyah*, ils prirent l'habitude de lever des droits, des taxes ou d'imposer des sauf-conduits aux chrétiens de passage. Le patriarche de Jérusalem, premier responsable orthodoxe de la ville qui assumait aussi la protection des pèlerins, s'en plaignait et dénonçait souvent les contraintes financières auxquelles les pèlerins étaient soumis.

La noblesse se sentit quasiment obligée de soutenir la cause des Lieux saints et celle des pèlerins et, à la suite, de la destruction du Saint-Sépulcre par al-Hakim en 1009, Robert II de Normandie envoya au patriarche de Jérusalem des dons pour sa restauration. La dévotion croissante des nobles de l'ouest de l'Europe allait permettre les croisades. La destruction du Saint-Sépulcre s'ajoutant aux appels à l'aide de Byzance fournit au pape la justification qu'il attendait pour organiser la croisade.

Les Sarrasins furent accusés d'avoir torturé et tué des pèlerins, détruits des lieux saints et même forcé à la conversion (et à la circoncision) des chrétiens. Ces débordements hystériques qui ne s'appuyaient pas toujours sur des faits réels suffirent à enflammer la chrétienté et à créer une sorte de ferveur frénétique pour les croisades. Les croisés n'étaient autres que des pèlerins armés, arborant la croix cousue sur leurs pourpoints. *Peregrini Christi*, certes, mais s'appuyant plus sur leurs épées que sur leur simple foi.

Ci-dessus : la Coupole du Rocher est le premier grand monument construit par les Omeyyades après la conquête de la Judée. Édifié par le calife Abd al-Malik (r. 685-705), à qui l'on doit aussi la mosquée des Omeyyades à Damas, ce monument devint le lieu le plus sacré des musulmans après la Kaaba de La Mecque. Cette vue aérienne le montre entouré de centaines de pèlerins musulmans le dernier vendredi du Ramadan, qui marque la fin du jeûne.

Le rempart byzantin

L'Empire romain d'Orient survécut à la chute de Rome au début du Vᵉ siècle après J.-C. Il devint l'Empire byzantin, avec Constantinople (Byzance) pour capitale. Après avoir protégé ses frontières contre une série d'attaques barbares, ce grand empire continua pendant encore un millénaire à jouer un rôle important dans la politique des pays méditerranéens, et conserva des traces de l'ancienne grandeur de Rome.

Grâce à la division de l'Empire romain en 286 par l'empereur Dioclétien, l'Empire romain d'Orient jouissait d'un statut d'indépendance avant le sac de Rome en 410 après J.-C., tout au moins pour ce qui était des affaires administratives. À partir de 330, Constantinople autant que Rome fut considérée comme la capitale de l'empire d'Occident, et les Byzantins de l'empire d'Orient se voyaient eux-mêmes comme les véritables héritiers de la Rome impériale.

Malgré ces prérogatives, l'empire d'Orient essuya les assauts des barbares et, sous le règne de l'empereur Justinien (r. 527-565), alla jusqu'à revendiquer des territoires romains perdus. Le règne de Justinien constitua l'âge d'or de l'Empire byzantin, avec des réformes législatives et administratives saluées comme novatrices. Justinien fut le dernier véritable empereur latin. Ses successeurs grecs ne revendiquèrent jamais les gloires du passé romain. Ils se contentèrent de

défendre leurs frontières contre des hordes d'ennemis et de protéger leur propre trône des intrigues de Cour qui rendaient le nom « Byzance » synonyme de machinations politiques et de traîtrise.

Le VIIᵉ siècle fut une période d'immenses pressions extérieures pour l'empire qui fut attaqué à l'ouest, au nord et à l'est. À l'intérieur de ses frontières, le commerce et les arts étaient florissants. Une culture proprement byzantine se développa à partir de racines hellénistes et moyen-orientales plutôt que latines. Byzance faisait montre d'une vivante unité politique et culturelle. Par contraste, le reste de l'Europe essayait de sortir d'une période désignée plus tard comme l'Âge des ténèbres.

Au début du VIIᵉ siècle, la religion musulmane se développa dans les déserts d'Arabie et les successeurs de Mahomet déclarèrent le *djihad* contre ceux qui embrassaient une autre religion. Cette expansion militaire mena inévitablement à un affrontement avec les Byzantins qui furent vaincus à la bataille de Yarmuk (634) et perdirent presque toutes leurs possessions du Moyen-Orient. Des victoires remportées sur les Perses permirent à l'Islam de s'étendre jusqu'en Inde.

Replié par erreur

Les armées byzantines avaient endigué l'avance de l'Islam en Anatolie (Turquie d'aujourd'hui), et au

Ci-dessous : les écrits du Byzantin Jean Skylitzès apportent une vue intéressante de l'histoire de Byzance. Les Chroniques de Byzance, qui datent de la fin du XIᵉ siècle, chantent la gloire des victoires byzantines. Cette enluminure représente la prise de Syracuse (Sicile) par l'armée byzantine.

À gauche : cette fresque de la fin du XIIIe siècle montre un cavalier sarrasin se battant en Sicile.

début du VIIIe siècle Byzance avait abandonné toutes ses possessions de l'Est qui étaient les régions les plus fertiles de l'ancien Empire romain. Bien qu'elle donnât toujours l'impression d'être un puissant empire méditerranéen, une succession de luttes militaires et politiques l'avait considérablement affaiblie et rendue vulnérable. Une nouvelle vague d'ennemis menaça l'empire au nord : Russes (des Vikings qui avaient colonisé l'Ukraine), Bulgares et Magyars obligèrent les empereurs byzantins à défendre énergiquement leurs frontières du Nord et de l'Est. L'empereur Basile II (r. 976-1025) réussit cependant à rétablir l'autorité de Byzance sur les Balkans, mais cette entreprise ruina l'empire et le laissa militairement épuisé, incapable de faire face à une nouvelle menace islamique au XIe siècle.

En 1051, le califat des Abbassides s'effondra et fut remplacé par le règne plus zélé des Seldjoukides. Sous leur domination, le monde islamique de l'Est fut relativement uni et ses armées mieux entraînées, mieux équipées et mieux dirigées. La renommée des Seldjoukides atteignait le Moyen-Orient et leurs troupes musulmanes représentaient une sérieuse menace pour la sécurité de l'Empire byzantin. En 1067, les armées seldjoukides

avaient atteint les frontières de la province byzantine d'Anatolie, après avoir envahi l'Arménie chrétienne. Les Seldjoukides et les Fatimides étaient en guerre et, malgré cela, les Byzantins négligeaient leurs défenses. L'empire restait concentré sur ses affaires internes, plus préoccupé par ses intrigues de Cour que par l'armée musulmane qui se massait le long de ses frontières de l'Est.

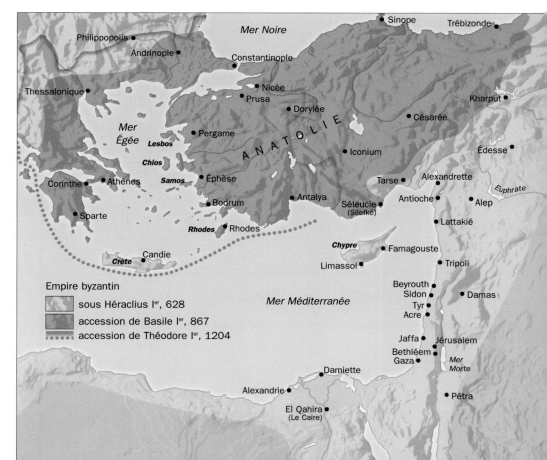

Le commerce en Méditerranée

Malgré la chute de l'Empire romain, l'épanouissement de Byzance et les conquêtes des Arabes, le commerce a toujours fait partie intégrante de la vie du bassin méditerranéen oriental.

Ci-dessous : la situation d'Antioche au nord-est de la Méditerranée mettait la ville en contact avec l'extrémité ouest de la Route de la Soie. Durant de nombreux siècles, sa richesse fit celle des meilleurs des marchands. Cette mosaïque provient de la tombe d'un Amerimnia.

Au XIe siècle, les principaux ports du Moyen-Orient étaient Antioche et Alexandrie. Constantinople et Venise entretenaient de puissants liens commerciaux avec les ports arabes, sans se soucier de leur appartenance. La route de la soie reliait Samarkand à Bagdad. Les caravanes transportaient les précieuses marchandises d'Orient à travers le désert de Damas, puis les acheminaient vers les ports de l'Est méditerranéen. Les épices, en provenance du continent indien, étaient débarquées dans le golfe Persique puis acheminées vers Bassora et Bagdad. Un commerce maritime moins important reliait les ports de l'océan Indien à La Mecque et

l'entrée de la mer Rouge.

Antioche et Alexandrie devinrent des centres commerciaux actifs : les esclaves y étaient nombreux

et bassins et marchés regorgeaient d'épices, de coton, de soie, de parfums, de sucre, de papier, d'étoffes et de grains. Pour des marchands de Venise ou même de Constantinople, ce devait être les endroits les plus riches du monde. Des marchands juifs entretenaient des liens entre Babylone et l'Espagne, et les bateaux juifs et musulmans naviguaient le long des côtes d'Afrique, unissant ainsi par des routes commerciales les deux extrémités du monde islamique.

Il existe peu de témoignages rapportant les visites de marchands arabes dans les petits ports de l'Europe de l'Ouest ; cependant, le chroniqueur Guillaume de Malmesbury mentionne la présence de marchands du port arabe d'Ascalon dans les ports francs du Languedoc. Comparés aux riches ports de la Méditerranée orientale, ceux-ci n'avaient que des matières premières en provenance de leur arrière-pays : bois de construction, laine et sans doute esclaves. La plus grande partie de l'Italie du Sud était sous le contrôle de Byzance au début du XIe siècle, mais les centres maritimes comme Bari et Tarente conservaient des liens avec Alexandrie, Antioche et Constantinople.

L'envie des richesses orientales

Quand les Normands s'emparaient des ports, le commerce continuait. Des marchands d'Amalfi entretinrent des liens particuliers avec la Terre sainte, et fondèrent un monastère à Jérusalem et un hospice à Antioche. Un important commerce en relation avec les pèlerinages expliquait en partie la générosité des habitants d'Amalfi. Palerme signa également des traités commerciaux avec les Fatimides d'Égypte et les États musulmans d'Afrique du Nord, en particulier avec Kairouan en Tunisie.

De tous les ports italiens qui commerçaient avec le Moyen-Orient avant les croisades, Venise était de loin le plus actif. Cela faisait longtemps que les Vénitiens entretenaient des relations commerciales avec Byzance, et quand le pape Urbain II (p. 1088-1099) organisa sa croisade en 1095, le doge de Venise – qui jusque-là avait été le

principal acheteur de marchandises de luxe en provenance d'Orient, comme la soie et les épices – décida de soutenir Byzance en interdisant le commerce avec les ports arabes, au moins pour les denrées qui pouvaient servir la guerre.

Les différents ports italiens qui abritaient des flottes commerciales assez considérables furent alors sollicités pour transporter les hommes de la première croisade, comme le comte Hugues de Vermandois. Ils compensèrent le lien commercial qu'ils perdaient avec le califat des Abbassides en établissant de nouvelles relations avec Byzance et les États croisés. Les Vénitiens soutinrent également les Byzantins dans leur guerre contre les Normands par un traité commercial signé en 1082.

Byzance n'avait pas de scrupules à maintenir des liens commerciaux avec les ports arabes, même après Manzikert (1071). Et dès le commencement de la première croisade, Constantinople devint le lien principal entre l'Est et l'Ouest. Comparés aux trois principaux ports de la Méditerranée orientale, les ports francs étaient insignifiants. Les marins et les pèlerins, de retour chez eux, évoquaient la fabuleuse opulence d'Égypte, de Syrie et de Terre sainte ; on comprend que les chefs féodaux de l'Europe occidentale aient regardé avec convoitise le Moyen-Orient. Il était évident que la conquête de la Terre sainte allait apporter d'incroyables richesses aux croisés.

Ci-dessus : cette enluminure d'un manuscrit du début du XIe siècle représente des marchands dans un bateau.

Ci-dessous : Antioche fut un centre commercial important de l'Empire romain. Ces ruines d'une magnifique grand-rue sont situées dans la région de Pisidie.

CHAPITRE 2

Les pouvoirs de la chrétienté :

le monde des croisés

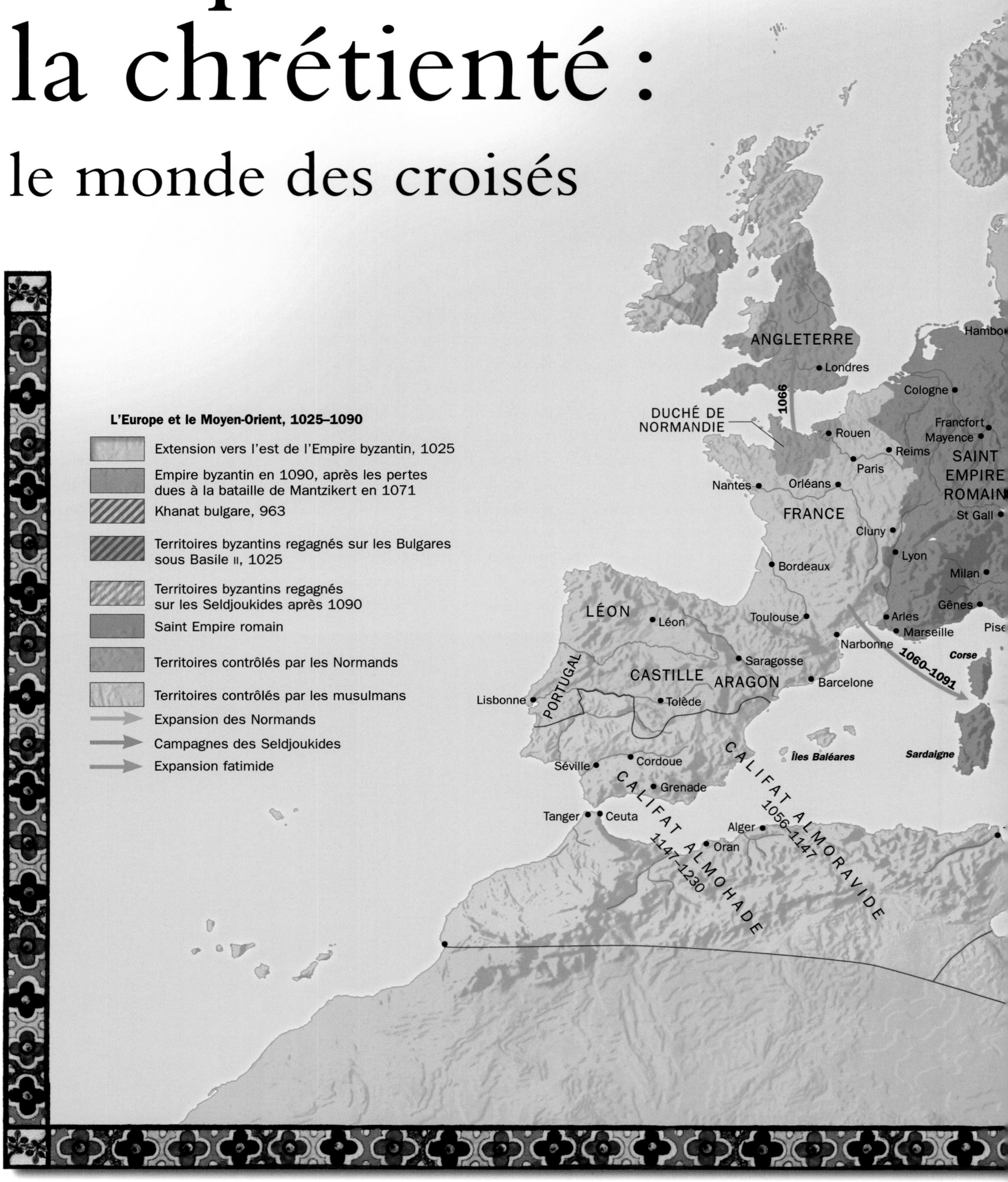

L'Europe et le Moyen-Orient, 1025–1090

- Extension vers l'est de l'Empire byzantin, 1025
- Empire byzantin en 1090, après les pertes dues à la bataille de Mantzikert en 1071
- Khanat bulgare, 963
- Territoires byzantins regagnés sur les Bulgares sous Basile II, 1025
- Territoires byzantins regagnés sur les Seldjoukides après 1090
- Saint Empire romain
- Territoires contrôlés par les Normands
- Territoires contrôlés par les musulmans
- Expansion des Normands
- Campagnes des Seldjoukides
- Expansion fatimide

ANGLETERRE
Londres
1066
DUCHÉ DE NORMANDIE
Rouen
Reims
Paris
Nantes
Orléans
FRANCE
Cluny
Bordeaux
Lyon
Hambo
Cologne
Francfort
Mayence
SAINT EMPIRE ROMAIN
St Gall
Milan

LÉON
Léon
Toulouse
Arles
Marseille
Narbonne
1060–1091
Gênes
Pise
Corse

PORTUGAL
CASTILLE
ARAGON
Saragosse
Barcelone
Lisbonne
Tolède
Îles Baléares
Sardaigne

Séville
Cordoue
Grenade
CALIFAT ALMORAVIDE
1056–1147
Tanger
Ceuta
Alger
Oran
CALIFAT ALMOHADE
1147–1230

Au XIᵉ siècle, l'ouest de l'Europe était une région où régnait une grande instabilité. C'était l'époque des invasions des tribus nordiques, des Magyars et des Maures ; c'était aussi celle de la guerre intestine que se livraient sans relâche les nobles, et des révoltes populaires entraînées par la famine et les épidémies. Dans bien des régions, l'ordre normal des sociétés avait disparu, remplacé par le pouvoir presque anarchique de seigneurs locaux ou de brigands. À l'est, les musulmans se heurtaient aux défenses de l'Empire byzantin que l'Occident considérait comme son protecteur, mais bientôt l'Espagne et une grande partie des côtes méditerranéennes allaient être envahies par les Arabes.

L'Église restait sans doute la meilleure défense contre l'effondrement des structures sociales, bien qu'elle fût aussi au bord du gouffre. Le clergé local était le plus souvent peu éduqué ou incapable de prévenir les excès des seigneurs dont il dépendait. Tout en haut de la hiérarchie ecclésiastique, la papauté et la curie livraient une bataille perdue d'avance pour tenter d'imposer quelques règles sociales et politiques aux nobles qui dominaient le continent.

Pour le pape Urbain II (p. 1088-1099), l'appel à l'aide en direction de l'empereur de Byzance était une chance de ressaisir une société proche de l'effondrement. Si Urbain II parvenait à réunir toutes les factions guerrières d'Europe vers un même objectif, la croisade, non seulement il offrirait un but commun à ces seigneurs guerriers, mais il imposerait le pouvoir de la papauté sur un continent qui manquait désespérément de repères spirituels. De plus, il réunirait les deux moitiés de la chrétienté, l'Église romaine et l'Église orthodoxe, dans une même unité spirituelle à la tête de laquelle se trouverait le pape. Il espérait également canaliser l'énergie destructrice de l'Europe féodale, dirigée contre les ennemis de la chrétienté, en faisant appel à de nombreux jeunes hommes, souvent nobles et entraînés au métier des armes, pour aller combattre au nom de la rédemption. En fait, le successeur de saint Pierre escomptait que ces hommes jeunes et dynamiques changeraient le cours de l'Histoire.

En 1025, la partie chrétienne de l'Arménie rejoignit l'Empire byzantin en échange de sa protection contre ses adversaires musulmans — un court répit.

L'île de Chypre ne cessa pas de changer de mains. Partie de l'Empire romain puis de l'Empire romain d'Orient, elle fut capturée par les Arabes en 649. En 746, les Byzantins la reprirent aux musulmans et la conservèrent jusqu'à 826 environ, quand les Arabes la reconquirent. Ce n'était pas terminé. En 965 les Byzantins récupérèrent Chypre une fois encore et la gardèrent jusqu'à la trahison de 1191 qui permit au roi Richard Iᵉʳ d'Angleterre de s'en emparer au cours de la troisième croisade.

L'Église au XIᵉ siècle

Ci-dessus : le clergé d'Europe passait pour laxiste avant les réformes introduites par Cluny au XIᵉ siècle, qui imposèrent une nouvelle austérité au culte. Les moines eux-mêmes, protégés par les murs de leurs cloîtres, étaient supposés mener une vie de confort et de plaisir comparée à celle des paysans parmi lesquels ils vivaient. Les croisades allaient modifier la vie quotidienne de nombreux monastères.

Après le démembrement de l'Empire carolingien au début du IXᵉ siècle, la stabilité relative dont jouissaient les Occidentaux disparut. Le pouvoir se retrouva entre les mains de seigneurs provinciaux qui organisèrent une bonne résistance contre les vagues d'envahisseurs venus du Nord et de l'Est, les Scandinaves, les Maures et les Magyars. La disparition d'un pouvoir centralisé réduisit considérablement la capacité du pape à diriger l'Église, et permit aux autorités religieuses locales d'augmenter leurs pouvoirs au détriment de celui de Rome. Le pape fut obligé de rechercher un compromis avec les nobles francs, leur donnant voix au chapitre dans la désignation des hauts clercs de leur juridiction en échange de la protection des biens et des personnels de l'Église qui s'y trouvaient.

Le mouvement monastique qui se développa rapidement au cours de ce siècle représenta une exception face à cette structure paroissiale. L'abbaye de Cluny fut fondée en 910, ses abbés étant placés sous l'autorité directe du pape et non pas sous celle d'un évêque local ni d'un quelconque seigneur. À la fin du Xᵉ siècle, les monastères clunisiens se répandirent à travers la France et donnèrent un élan à la grande réforme de l'Église survenue au milieu du XIᵉ siècle. Ces établissements monastiques devinrent aussi une base solide qui permit à la papauté de rétablir son pouvoir sur l'Europe séculière.

Pendant la première moitié du XIᵉ siècle, l'Église fut frappée d'un large discrédit, ses responsables accusés de soutenir leurs protecteurs laïcs et toute son organisation minée par la corruption. Un début d'éducation pour les clercs émergea grâce aux écoles monastiques, et créa ainsi le lien principal entre l'Église et le peuple. Tout cela commença à changer sous le pontificat de Léon IX (p. 1049-1054), qui se révéla un administrateur et un réformateur de l'Église.

Il forma une assemblée de cardinaux pour l'assister dans le gouvernement de l'Église et lança une série de conciles locaux dont l'objectif était de mettre en place les réformes à travers l'Europe et d'affirmer l'autorité papale. Le mariage des clercs fut interdit. Les ecclésiastiques qui refusaient de se plier aux règles de Léon IX étaient purement et simplement chassés de leurs charges, quels que soient les soutiens laïcs dont ils bénéficiaient. Si ces mesures raffermirent l'autorité centrale de l'Église, elles entraînèrent un conflit direct avec les responsables laïcs de la chrétienté.

La querelle des investitures

Une lutte de pouvoir entre les successeurs de Léon IX et l'empereur du Saint Empire, le principal souverain d'Allemagne, mena à l'excommunion de l'empereur lui-même par le pape Grégoire VII (p. 1073-1085). Alors que les souverains de France et d'Angleterre étaient plutôt partisans d'accepter le rétablissement de l'autorité pontificale sur l'Église de leurs royaumes, l'empereur germain rejeta toute tentative papale qui aurait remis en cause son autorité. Les possessions de l'Église en Allemagne étaient nombreuses et riches, et la lutte pour leur contrôle dominait les relations entre le pontife et l'empereur.

La crise dans laquelle était plongée l'Europe à cause de la désignation des clercs par les seigneurs féodaux sur les terres desquels ils exerçaient leurs

ministères dura des décennies. Mais elle ne relevait pas simplement de la religion. Ces évêques et ces abbés étendaient leur pouvoir sur une grande partie des territoires à travers toute l'Europe. Et terre et pouvoir étaient intimement liés en cette fin du XIe siècle.

Cette « crise de l'investiture » entraîna la nomination d'un second pape, l'invasion des états pontificaux et l'effritement de l'autorité du pontife qu'avait rétablie Léon IX. Quand le pape Urbain II coiffa la tiare, il prit la tête d'une Église dont l'autorité s'était fortement renforcée au cours des décennies précédentes, mais qui se trouvait alors confrontée à une véritable lutte pour sa survie.

On allait assister en Europe, pendant les dernières décennies du siècle, à un renouveau spirituel, encouragé par l'exemple des communautés monastiques répandues à travers l'Europe. Urbain comprit qu'en canalisant cette résurgence de la mentalité chrétienne, il pourrait rallier l'empereur à sa cause. En faisant appel au support populaire et en sortant vainqueur de la crise de l'investiture, Urbain retrouverait la totalité de son autorité sur les affaires spirituelles de la chrétienté. Il voulait aussi augmenter sérieusement les revenus de l'Église. Beaucoup de choses étaient en jeu, et l'appel d'Urbain en faveur de la croisade fut fortement influencé par cette lutte entre l'Église et l'État.

Ci-contre : pour la grande majorité de la population, le Moyen Âge ne fut pas un temps de vie facile et confortable. Des pamphlets montrant la vie luxueuse et dépensière des moines entretenaient l'inquiétude. Cette enluminure extraite du mois de février du *Bréviaire d'amour* (fin du XIIIe siècle) se moque d'un moine qui réchauffe ses chaussures au-dessus d'un feu vif, tandis que, sans aucun doute, les paysans d'alentours meurent de froid dans les champs.

L'État franc

Au début du XIᵉ siècle, l'Empire franc fondé par Charlemagne (r. 768-814) avait été divisé en deux. Depuis sa création en 843, le royaume franc de France – à l'ouest – avait développé un pouvoir féodal, système hiérarchisé qui avait apporté une certaine stabilité à l'Europe de l'Ouest. Ce royaume était le modèle de l'organisation des États croisés en Terre sainte.

À la différence du royaume franc de l'Est, le royaume de l'Ouest avait autrefois fait partie de l'Empire romain, et, en dehors de la Bretagne, toutes les provinces du royaume possédaient un même substrat culturel. Confrontés à l'effondrement de l'ordre carolingien en raison des invasions des Maures et des Scandinaves, les rois organisèrent leur propre défense, ce qui mena progressivement au système féodal. Celui-ci fut dûment instauré en Angleterre, en Germanie, en Italie et même en Terre sainte. Théoriquement, le roi dirigeait la structure féodale et chaque seigneur ou duc était son vassal.

Après la mort de Louis V (r. 986-987), le dernier roi carolingien de l'Ouest, l'Église et la noblesse de France se réunirent pour choisir un successeur. Ils élurent Hugues Capet (r. 987-996), dont les vastes possessions englobaient Paris. L'un de ses principaux soutiens était l'archevêque de Reims, le primat du pays. Bien qu'aucun noble n'ait désiré qu'un de leurs pairs instaure une dynastie régnante, les Capétiens dirigèrent la France jusqu'au XIVᵉ siècle. Une partie de ce succès résida dans la capacité des rois Capétiens à assurer leur succession alors qu'ils étaient encore sur le trône, ce qui garantissait la continuité du pouvoir.

Les Capétiens eurent trois rôles. Ils contrôlèrent leur propre duché, se comportèrent en seigneurs féodaux sur leurs plus grands domaines et agirent en chefs féodaux vis-à-vis d'autres nobles français. Bien que la couronne de France leur ait appartenu nominativement, les Capétiens furent incapables de maîtriser l'indépendance de certains nobles, comme les comtes de Toulouse ou de Normandie. En cela, la structure féodale adoptée en Terre sainte était semblable, le roi de Jérusalem n'ayant que peu ou pas d'autorité du tout sur les nobles qui gouvernaient à Tripoli et à Antioche.

L'Église et le système féodal

En 1066, Guillaume, duc de Normandie, envahit l'Angleterre et conquit le royaume anglo-saxon. Théoriquement, Guillaume le Conquérant (r. 1066-1087) et ses successeurs devaient allégeance au roi de France, Philippe Iᵉʳ (r. 1060-1108), situation qui devait engendrer de nombreux conflits dans les décennies à venir. Le pape Alexandre II (p. 1061-1073) et Guillaume le Conquérant maintinrent des liens étroits, ce qui assurait la reconnaissance de la légitimité du nouveau roi. En retour, l'Église recevait de généreuses subventions de l'Angleterre et de la Normandie.

Sous Philippe Iᵉʳ, la France capétienne fut divisée en quinze principaux domaines féodaux. Le domaine royal (terres féodales du roi) en Île-de-France était l'un d'eux. En dehors de Paris, l'autorité du roi était négligeable. Avant l'accession au trône de Philippe Iᵉʳ, le domaine royal s'amenuisait sans cesse, mais le roi veilla à inverser le processus et

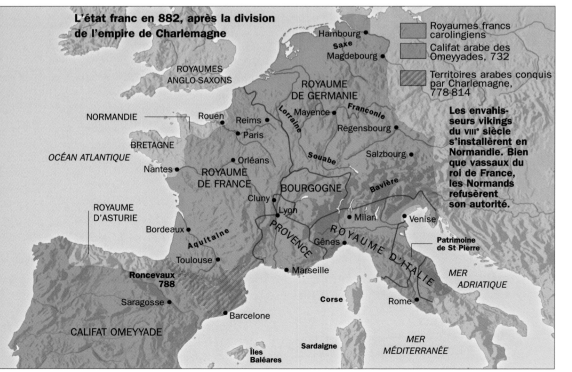

L'état franc en 882, après la division de l'empire de Charlemagne

Royaumes francs carolingiens
Califat arabe des Omeyyades, 732
Territoires arabes conquis par Charlemagne, 778-814

Les envahisseurs vikings du VIIIᵉ siècle s'installèrent en Normandie. Bien que vassaux du roi de France, les Normands refusèrent son autorité.

ROYAUMES ANGLO-SAXONS
NORMANDIE
Rouen
BRETAGNE
OCÉAN ATLANTIQUE
Nantes
ROYAUME DE FRANCE
ROYAUME D'ASTURIE
Bordeaux
Aquitaine
Toulouse
Roncevaux 788
Saragosse
Barcelone
CALIFAT OMEYYADE
Îles Baléares

Hambourg
Saxe
Magdebourg
ROYAUME DE GERMANIE
Mayence
Lorraine
Franconie
Reims
Paris
Regensbourg
Orléans
Souabe
Salzbourg
BOURGOGNE
Cluny
Lyon
Bavière
Milan
Venise
PROVENCE
Gênes
ROYAUME D'ITALIE
Patrimoine de St Pierre
MER ADRIATIQUE
Marseille
Corse
Rome
Sardaigne
MER MÉDITERRANÉE

À gauche : parmi les magnifiques vitraux de la cathédrale de Chartres en France, l'un d'entre eux, datant du XIIIᵉ siècle, représente Charlemagne partant combattre les Sarrasins en Espagne, accompagné de son neveu Roland et de l'archevêque Turpin de Reims. On reconnaît généralement que les croisades se sont déroulées entre la fin du XIᵉ siècle et le XIIIᵉ siècle. Cependant, les Francs ont eu à combattre les invasions des Maures, venus de l'autre côté des Pyrénées, dès 721. Sous le règne de Charlemagne, les Francs lancèrent plusieurs incursions sur les territoires des Omeyyades : la célèbre bataille de Roncevaux eut lieu au cours de l'une d'elles, en 788. Bien qu'elle ne fût pas concluante, cette bataille fut considérée comme un modèle de la chevalerie féodale et célébrée dans le poème médiéval, *La Chanson de Roland* (1095). C'est sur ce genre d'imagerie historique qu'Urbain II s'appuya quand, trois cents ans plus tard, il lança la croisade. Et les artistes médiévaux ont célébré l'événement par des chants, des poèmes et des vitraux.

augmenta ses terres. Ses successeurs continuèrent aussi dans ce sens.

L'Église était le principal allié du roi de France, et en ce qui concernait les liens souvent théoriques de l'obligation féodale, l'Église et l'État contrôlaient jusqu'à un certain point les seigneurs français. Au cours de la renaissance spirituelle du milieu du XIᵉ siècle, les chefs religieux des provinces virent croître leur influence, tandis que les évêques et les prélats appointés par le pape exerçaient une surveillance sur les chefs séculiers de leur propre région. La justice papale pouvait être sévère : le roi lui-même fut excommunié pour bigamie, comportement que le pape considérait comme irrecevable (*voir page 44*).

Entre l'Église et le système féodal, la France du XIᵉ siècle (et l'Angleterre après 1066) étant à peu près correctement gouvernée, le royaume fut dans l'ensemble stable et prospère. Il était donc normal que les États croisés tentent de copier l'organisation de la France. Cependant, tandis que l'autorité royale s'affermissait en France, les États croisés restaient un ensemble disparate qui manquait de direction et d'autorité.

Le système féodal

Le système féodal s'appuyait sur une structure hiérarchique sociale et militaire fondée sur la terre et le rang, et offrait protection et stabilité à la société en réponse à la menace d'invasion des Scandinaves, des Maures et des Magyars. Cette structure, qui avait fait ses preuves en Occident, fut transplantée au Moyen-Orient.

Le féodalisme est un terme inventé par les historiens modernes. Au XIᵉ siècle, il s'agissait seulement de l'ordre naturel des choses. La possession d'une portion de terre en contrepartie de certaines obligations, déjà inscrite dans la loi romaine (elle donnera lieu au système de la tenure au Moyen Âge).

terres contre des services guerriers, tant et si bien qu'au XIᵉ siècle, le système féodal s'était imposé sous des formes variées dans la quasi-totalité des États de l'Europe occidentale.

Un fermier ou un villageois, qui n'avait pas la possibilité de défendre ses champs et ses maisons, demandait la protection d'un chevalier. En abandonnant ainsi son statut d'homme libre, le paysan se transformait en serf, pire en esclave : il représentait le plus bas niveau de la pyramide féodale. Le seigneur accaparait les récoltes du paysan en contrepartie de ses services et ne lui en laissait qu'une faible partie pour lui permettre de

Ci-dessus : travaillez dur, si vous le pouvez. C'est l'ordre que donne sur ce manuscrit du XIIIᵉ siècle le seigneur à ses paysans qui représentent le plus bas niveau de la pyramide féodale.

Durant la longue période des invasions barbares, ce système évolua en incorporant les traditions tribales germaniques par lesquelles les vassaux juraient fidélité à leurs seigneurs tribaux. Cette tradition fut adoptée par les Carolingiens qui l'affinèrent et la rapprochèrent d'une sorte de service militaire.

Le pouvoir carolingien, qui s'appuyait sur une cavalerie lourdement armée, proposa des terres à ces guerriers en contrepartie de leur assistance en cas de guerre. C'est pourquoi le système de bénéfice se développa surtout dans un cadre militaire. À la suite du démembrement de l'Empire carolingien et de l'instabilité qui s'ensuivit, les seigneurs locaux offrirent leur protection en retour d'une rétribution en nature ou en espèces. Les rois accordèrent des

survivre, lui et sa famille.

Droits et responsabilités

À son tour, le petit chevalier, incapable de protéger ses terres contre des incursions importantes, les confiait à un noble plus puissant qui lui accordait son aide en échange de son soutien militaire et d'une partie des collectes qu'il faisait. Et ce système se répétait, le baron faisant allégeance au comte, et le comte au duc, le seigneur local le plus puissant.

En théorie, les nobles qui formaient l'étage le plus élevé de cette pyramide féodale devaient allégeance au roi, mais, au cours du XIᵉ siècle, l'autorité de ce dernier fut limitée. Une grande partie des nobles les plus puissants qui participèrent aux croisades, tels

S on paleffroi dui page ien li mena.
Quant fu monte la porte el pon passa.
a mediex proie qui tot le mond crea
ftous confute quen si le spoenta.
a por son ge ior de prison nustra.
ant hacre que aloit arina.
utref de fent ou len per troua.

ant fu la prelle quen tor lui faroti.
e conte ou roi tot si con il parla.

Raymond de Saint-Gilles et Bohémond de Tarente, ne dépendaient de personne. Les membres les plus élevés de la hiérarchie féodale avaient le droit de percevoir leurs propres impôts, d'édicter leurs propres lois, de lever leur propre armée, voire de frapper leur propre monnaie. Certains d'entre eux étaient plus puissants que le roi auquel ils devaient leur loyauté féodale. C'était le cas des ducs de Normandie qui, devenus rois d'Angleterre, restaient encore vassaux du roi de France.

Ce système féodal était principalement fondé sur la terre et l'agriculture, les centres urbains relevant d'un autre type de gouvernement. Les villes vivaient du surplus de produits agricoles venant des campagnes environnantes et constituaient un marché pour les denrées qui relevaient des obligations féodales. À la fin du XIᵉ siècle, de nombreux seigneurs féodaux encouragèrent le développement des villes et leur offrirent leur protection en échange de revenus commerciaux. D'autres centres urbains étaient administrés par l'Église et formaient des juridictions épiscopales. L'Église, cependant, se comportait comme un propriétaire terrien féodal, administrant non seulement la ville elle-même, mais les campagnes avoisinantes.

Dans le royaume de Jérusalem, les domaines ne comprenant souvent que trop peu de paysans pour que puisse s'appliquer le système féodal traditionnel, les villes furent intégrées aux fiefs, et les seigneurs féodaux taxèrent les productions urbaines. C'est pourquoi dans les États croisés, sauf s'ils dépendaient de l'Église ou d'une structure militaire, chaque vassal se considérait comme vassal direct du roi, sans tenir compte de sa place dans la hiérarchie féodale. Ainsi, les structures administratives rudimentaires du Moyen Âge représentaient la meilleure forme de gouvernement aussi bien en Europe qu'au Moyen-Orient.

Ci-dessus : sur cette enluminure extraite d'un manuscrit du XIVᵉ siècle, on peut observer différents aspects de la vie féodale : ici un chevalier agenouillé fait allégeance à son empereur.

La Germanie et l'Italie au XIᵉ siècle

Au cours des deux siècles qui précédèrent les croisades, le Saint Empire romain représentait une puissante entité politique. Les actions de ses souverains dominaient les événements en Italie et dans les royaumes environnants, tandis qu'une succession d'empereurs et de papes se disputaient la suprématie politique. L'Italie devint un champ de bataille entre l'Église et l'État, laissant le champ libre à des aventuriers féodaux.

Après le démembrement de l'Empire carolingien, la partie orientale consistait en une juxtaposition de plusieurs États autonomes qui ne bénéficiaient d'aucune autorité centralisée. Afin de se défendre contre les invasions des Magyars survenues au cours du Xᵉ siècle, ces États se liguèrent pour désigner un roi. Bien que considérés comme étant simplement «les premiers parmi des égaux» par les ducs qui les avaient élus, ces rois imposèrent petit à petit leur pouvoir à travers une combinaison de coups de force et de parrainages.

Certains, mais pas tous, se firent sacrer empereur du Saint Empire romain, honneur proposé pour la première fois par le pape Léon III (p. 795-816) à Charlemagne. Le titre impérial était une ancienne appellation carolingienne remise au goût du jour en Germanie au milieu du Xᵉ siècle pour honorer l'empereur Otto Iᵉʳ le Grand (r. 936-973). Cependant, l'intervention papale dans les affaires de Germanie entraîna un conflit et Otto nomma un autre pape, un antipape, dévoué à sa cause. Cette situation dura jusqu'au XIIᵉ siècle.

Conrad II (r. 1024-1039) confirma la domination germanique sur le nord de l'Italie en forçant la noblesse de Lombardie à reconnaître la suzeraineté de l'empereur. La papauté prit cela pour une menace directe sur les États pontificaux du centre de l'Italie, d'autant plus que le pape et l'empereur s'affrontaient au sujet des investitures des évêques en Germanie. Conrad considérait ces nominations comme relevant de ses prérogatives, alors que son adversaire ecclésiastique, le pape Léon IX (p. 1049-1054), grand réformateur de l'Église, était fermement opposé à l'intervention du pouvoir séculier dans Les investitures ecclésiastiques.

Une série de synodes furent chargés de réformer l'administration de l'Église et de protéger les ordonnances pontificales correspondantes. En 1059, un concile adopta de nouvelles règles pour la désignation du pape, en riposte aux tentatives impériales d'influencer les décisions du nouveau collège des cardinaux. De même, les évêques désignés par le pouvoir impérial étaient suspendus si leur nomination était désapprouvée par la papauté.

Les pays méditerranéens à la mort de Charlemagne, en 814 :

- Territoires francs
- Empire byzantin
- Conquêtes des Francs sur les Byzantins
- Territoires arabes

Les pays méditerranéens vers 890 :

- Empire carolingien
- Empire byzantin
- États musulmans

Les pays méditerranéens vers 1100 :

- Saint Empire romain
- Empire byzantin
- États musulmans
- Conquêtes normandes

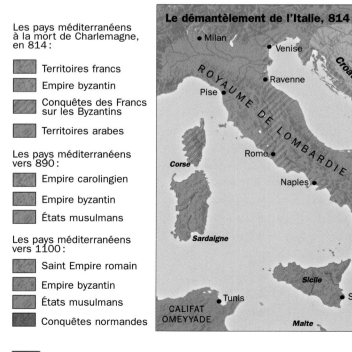

Le démantèlement de l'Italie, 814

Milan
Venise
Croates
Serbes
Ravenne
Pise
ROYAUME DE LOMBARDIE
Corse
Rome
Naples
Sardaigne
Otrante (Tarente)
Sicile
Tunis
Syracuse
CALIFAT OMEYYADE
Malte

Le démantèlement de l'Italie, 890

Milan
Venise
CROATIE
Serbes
ROYAUME D'ITALIE
Ravenne
Pise
Patrimoine de St. Pierre
Corse 846
Rome
Naples
Sardaigne 846
DUCHÉ DE BÉNÉVENT
Otrante (Tarente)
Tunis
Sicile 827
Syracuse
ÉMIRAT AGHLABIDE
Malte

Le morcellement de l'Italie

Alors qu'il était extrêmement rare qu'un haut dignitaire de l'Église soit désigné par les rois de France et d'Angleterre, les empereurs germaniques continuaient dans ce sens. Henry IV (r. 1054-1106) considérait que les évêques germaniques qu'il avait choisis lui étaient indispensables pour limiter l'influence de ses grands vassaux. En 1075, le pape Grégoire VII (p. 1073-1085) excommunia

l'empereur, répondant ainsi à ce qu'il prenait pour une intrusion intolérable. Henry IV ordonna immédiatement à ses évêques de déclarer que Grégoire était un usurpateur. La crise dura un an, jusqu'à ce que l'empereur rencontre le pape à Canossa en 1077, pour lui demander son pardon. Ayant retrouvé son titre, Henry IV reprit l'offensive, désigna un antipape et envahit Rome.

Les aspirations politiques germaniques en Italie entraînèrent une extension de l'influence de l'empereur très au sud de Rome. À la même époque, un groupe d'aventuriers normands avait envahi le sud de la péninsule, forçant les Byzantins à quitter la région et démantelant leurs fiefs. En 1060, les Normands envahirent la Sicile, occupée alors par les Maures, et dont la conquête s'acheva en 1091. Parmi les chefs normands figurait Bohémond de Tarente, un des principaux participants à la première croisade.

La péninsule italienne devint le champ de bataille à la fois des Normands, avides de terres nouvelles, et de l'empereur germanique qui souhaitait étendre son influence au-delà des riches provinces lombardes du Nord et des cités en plein développement qui faisaient de cette région une des plus prospères du continent.

L'appel du pape Urbain à Clermont fut largement motivé par le désir de mettre un terme à cette instabilité politique qui empoisonna le XIe siècle en Italie, et d'assurer son autorité dans le conflit qui l'opposait au Saint Empire. La décision de lancer une croisade fut influencée autant par les politiques européennes que par les problèmes existant entre Byzantins et musulmans.

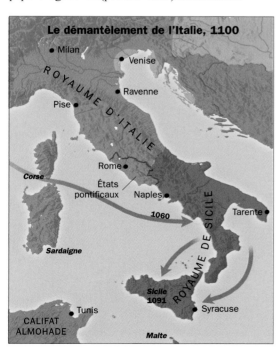

Le démantèlement de l'Italie, 1100

- Milan
- Venise
- Ravenne
- Pise
ROYAUME D'ITALIE
- Rome
Corse
États pontificaux
- Naples
1060
- Tarente
Sardaigne
ROYAUME DE SICILE
Sicile 1091
- Syracuse
CALIFAT ALMOHADE
- Tunis
Malte

La reconquête

Au cours de l'année qui précéda l'appel qu'Urbain II lança à la chrétienté pour sauver la Terre sainte, un chevalier espagnol surnommé El Cid par ses ennemis enleva aux musulmans la ville espagnole de Valence. Cela marqua le début de la reconquête chrétienne de l'Espagne qui dura plusieurs siècles.

Peu d'édifices traduisent mieux la transition culturelle de l'islam au christianisme durant la Reconquista espagnole que la magnifique Mezquita Grande Mosquée de Cordoue. L'imposante mosquée rectangulaire, dont les travaux commencèrent en 785 sur l'emplacement d'une ancienne église wisigothe, fut rendue au culte chrétien après le départ des Maures en 1236. Les vastes espaces intérieurs et extérieurs délimités par les musulmans ne furent pratiquement pas transformés, mais au centre se dresse, depuis le XVIᵉ siècle, une grande cathédrale.

En 711, une armée musulmane, venue d'Afrique du Nord, aborda sur la côte sud de l'Espagne à djabal al-Tariq (Gibraltar). L'invasion était conduite par des Arabes et des Berbères originaires de Mauritanie, *les Maures*, sous la conduite d'un chef omeyyade. Les Wisigoths qui occupaient la péninsule Ibérique furent vaincus et, en moins d'une décennie, celle-ci fut envahie par les Maures. Les Asturies, région montagneuse basque au nord de la péninsule, furent la seule enclave chrétienne à leur résister. Les Maures poursuivirent leur avancée au-delà des Pyrénées et envahirent le royaume franc ; mais ils durent se retirer après avoir été battus près de Poitiers en 732.

La domination des Omeyyades apporta l'unité et la paix à l'Espagne, et le commerce se développa entre Tolède, Séville et les marchés d'Afrique et du Moyen-Orient. Au cours du siècle suivant, alors que la dynastie des Abbassides prenait le pouvoir dans le reste du monde musulman, les Omeyyades conservèrent le contrôle de l'Espagne, la terre d'Al-Andaluis (Andalousie). Un siècle plus tard, ils survécurent à l'expansion du califat des Fatimides et à sa coupure d'avec le Moyen-Orient. Dès lors, l'Espagne devint un État musulman séparé, entretenant cependant des liens commerciaux étroits avec le reste du monde méditerranéen.

Au début du XIᵉ siècle, le royaume de Galice était devenu le royaume de León en raison de sa nouvelle capitale, tandis que les Basques fondaient leur propre royaume de Navarre. Durant cette période, les États chrétiens et musulmans ne se manifestèrent que peu d'hostilité en Espagne, évitant soigneusement les véritables attaques. Dans le califat des Omeyyades, les chrétiens (que l'on appelait les *mozarabes*) avaient la liberté de pratiquer leur religion ; il en allait de même pour l'importante communauté juive. L'Espagne mauresque était estimée pour sa tolérance, sa prospérité, ses talents artistiques et son érudition. Tout cela fut balayé par la renaissance religieuse de

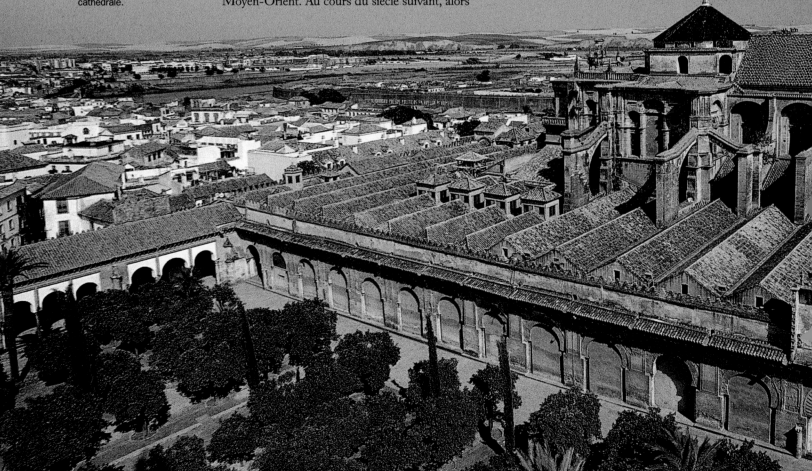

l'Europe du XIᵉ siècle.

En 1035, la partie sud du pays basque, la Navarre, se sépara pour fonder le royaume d'Aragon tandis que, plus à l'est, la région catalane autour de Barcelone fondait sa propre province autonome. Cet ensemble de petits États chrétiens indépendants constitua un front continu qui permit de lancer la *Reconquista* chrétienne de toute la péninsule. L'effondrement du califat des Ommeyyades de Cordoue en 1034 servit de catalyseur à l'expansion chrétienne. Le califat fut divisé en vingt petits États dirigés par des chefs sans envergure qui ne désiraient pas mettre de côté leurs différends afin de repousser les envahisseurs chrétiens.

L'ère des croisades

La *Reconquista* commença véritablement en 1070. Les rois espagnols chrétiens entreprirent de repousser progressivement vers le sud les limites de leurs territoires. Les Espagnols étaient soutenus par les croisés français qui franchissaient les Pyrénées régulièrement. Parmi ceux-ci se trouvait Raymond de Saint-Gilles, comte de Toulouse, qui

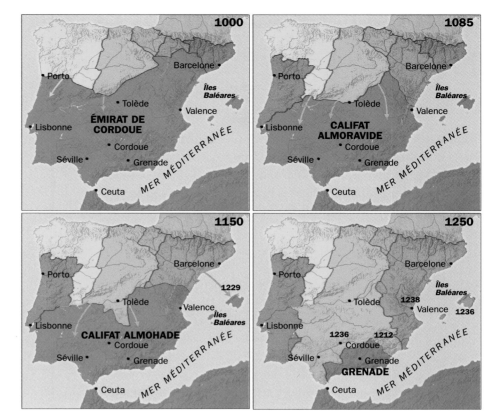

joua un rôle important dans la première croisade.

Sous les règnes d'Alphonse VI de León et de Castille (r. 1065-1109) et de Sanche d'Aragon et de Navarre (r. 1063-1094), les différentes forces chrétiennes formèrent deux armées puissantes et unies ; les Castillans se dirigeaient vers le sud à travers le centre de l'Espagne, et les Aragonais visaient directement la côte méditerranéenne.

En 1085, la capitale maure Tolède fut prise, forçant les Maures à faire appel à la dynastie berbère d'Afrique du Nord, les Almoravides. La victoire des Africains sur les Castillans freina les chrétiens, et les Maures, maintenant sous la domination des Almoravides, reprirent l'Andalousie. C'est alors qu'apparut un héros chrétien, un noble aragonais nommé Rodrigo Diaz de Vivar.

Ce dernier est plus connu sous le nom de *El Cid*, qui signifie seigneur en arabe. En 1094, Le Cid prit Valence, et bien qu'il mourût quatre ans plus tard en défendant la ville contre les Almoravides, ses efforts lassèrent les Maures. Les frontières se stabilisèrent et l'impasse se maintint durant presque un siècle.

L'Espagne fut le premier pays d'Europe occupé par les musulmans, et la *Reconquista* se poursuivit durant presque deux siècles après la fin des croisades en Terre sainte. En fait, la péninsule Ibérique, plus que la Terre sainte, fut le véritable champ de bataille entre chrétiens et musulmans. Le combat ne cessa que lorsque le dernier bastion musulman céda en 1492.

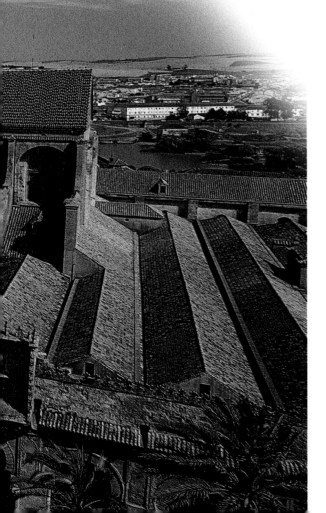

La Reconquista, 1000–1250

- Léon
- Castille
- Navarre
- Aragon
- Comté de Barcelone
- Portugal
- Maures

Deux Églises

Tandis que l'Empire byzantin suivait le rite orthodoxe, les chrétiens de l'ouest de l'Europe adoptaient le rite romain. À la fin du XIe siècle, il sembla que les deux Églises allaient se rapprocher pour faire face à la menace musulmane et, brièvement, l'unification de la chrétienté parut possible à la papauté.

À la suite de l'effondrement de l'Empire romain d'Occident au début du Ve siècle, Constantinople fut le siège principal de l'Église chrétienne. Pendant près d'un siècle, cette portion d'empire, qui devint Byzance, allait servir de rempart contre les envahisseurs païens. À la fin du siècle, le royaume franc et l'Église chrétienne d'Occident émergèrent du chaos sous la forme de réelles entités en possession de tous leurs droits. Le patriarcat œcuménique de Constantinople avait maintenant face à lui une institution chrétienne rivale, basée à Rome.

Dans l'Empire byzantin, l'empereur était à la fois le chef de l'Église et celui de l'État alors que, dans l'Église romaine, le pape se considérait comme le successeur de saint Pierre et, de ce fait, au-dessus des empereurs et des princes. Au VIIe siècle, l'Église romaine instaura des centres ecclésiastiques régionaux dans le royaume franc. Sous Charlemagne, la religion latine devint officielle dans la plupart des États qui formeront plus tard la France, l'Espagne, l'Italie et la Germanie.

Les premières tentatives pour réunir les deux églises échouèrent ; les empereurs byzantins du VIIe siècle et du début du VIIIe étaient trop occupés à défendre leurs provinces contre les Arabes pour s'impliquer dans un débat théologique. Au début du VIIIe siècle, la dynastie des empereurs isauriens stabilisa la situation. Léon III (r. 717-741) repoussa les envahisseurs musulmans, ce qui lui permit, ainsi qu'à ses successeurs, de s'occuper de la division des deux Églises.

Au cours des siècles, l'Église byzantine avait adopté le monophysisme qui fut plus tard abandonné. Cette conception paraissait étrange à l'Église de Rome, car les monophysites affirmaient l'existence d'une seule nature dans le Christ et non pas la coexistence d'une nature divine et d'une nature humaine comme l'enseignait Rome. Mais à cette époque, des positions théologiques divergentes conduisirent à la controverse iconoclaste qui apparut en 730 lorsque Léon III limita une vénération excessive des images saintes par une partie de l'Église de Byzance. La religion grecque ou orthodoxe se divisa entre ceux qui vénéraient les images et les iconoclastes qui les rejetaient, auxquels l'empereur apportait son soutien.

La querelle eut un retentissement populaire considérable et l'Église romaine vint se mêler au débat en soutenant les partisans des icônes. Lorsqu'en 730 un concile de l'Église orthodoxe condamna formellement la vénération des icônes, Rome s'y opposa.

L'Église romaine commença à renoncer aux icônes après l'an mille, tandis que pour l'Église orthodoxe les icônes étaient un moyen de magnifier la prééminence de l'empereur à la tête de l'Église et de l'État. Jean II Comnène (r. 1118-1143), le second de la dynastie, apparaît ici dans une mosaïque de cette époque en compagnie de Marie, du Christ enfant et de son épouse, l'impératrice Irène.

La chrétienté emmurée

Un argument semblable sur la nature du Saint-Esprit sépara également les Églises, mais le schisme définitif et apparemment irréductible se produisit en 1054 lorsque le pape et le patriarche s'excommunièrent mutuellement, s'appuyant sur un débat concernant la nature de l'eucharistie.

Le schisme de 1054 apparut par la suite comme une séparation sans retour entre Romains et orthodoxes, mais une succession de papes, de patriarches et d'empereurs gardèrent l'espoir que la chrétienté pourrait un jour s'unifier. Au XIe siècle, l'iconoclasme fut abandonné, ce qui entraîna la fin progressive des hostilités.

L'établissement de relations diplomatiques entre les Églises en 1094 et la demande d'assistance des Byzantins offrit une occasion de rapprochement. Le pape Urbain II pensa qu'il y avait alors une chance d'unifier la chrétienté. Mais en fait l'empereur de Byzance, Alexis Ier Comnène (r. 1081-1118), ne sollicitait qu'une aide militaire, et toute discussion concernant une unification religieuse fut fermement évitée. Quand les papes et les croisés s'aperçurent que les Byzantins n'avaient aucune intention d'abandonner le contrôle de leur Église, les relations entre les deux communautés se tendirent. Pour chaque camp, le camp opposé était un dissident. À la fin de la première croisade, chrétiens de Rome et chrétiens orthodoxes se voyaient chacun en ennemis de la foi et se haïssaient presque autant qu'ils haïssaient les musulmans.

Le désastre de Manzikert

Au XIᵉ siècle, l'Empire byzantin était entouré d'ennemis. Les Bulgares, massés le long du Danube, constituaient un grave problème, mais la menace la plus sérieuse venait de l'Est où, au Moyen-Orient, les Seldjoukides représentaient le nouveau pouvoir. En 1071, une victoire décisive fit pencher l'équilibre en faveur de la domination musulmane.

Au XIᵉ siècle, les Bulgares, les Russes et les Magyars, au nord de l'Empire byzantin, s'étaient coalisés pour former le royaume bulgare qui recouvrait presque tous les Balkans. L'empereur Basile II (r. 963-1025), de la dynastie macédonienne, remporta de telles victoires contre les Bulgares qu'il les repoussa de ses frontières et fut surnommé Bulgarocte ou « tueur de Bulgares ». Ce fut le point culminant des prouesses militaires de Byzance.

L'empire demeura relativement stable jusqu'à la mort de Constantin IX (r. 1042-1055), date à laquelle se posèrent des problèmes de succession qui entraînèrent l'instabilité, des insurrections militaires et des morts prématurées. En quatre ans se succédèrent trois dirigeants jusqu'à ce que la cour de Byzance nomme Constantin X Doukas (r. 1059-1066). C'était un intellectuel qui affaiblit l'armée en faveur de la Cour. Au moment où les Seldjoukides s'infiltrèrent en Perse et en Syrie, la cour de Byzance ne fit rien pour se préparer à un affrontement que des esprits plus avisés estimaient inévitable.

Durant des décennies, l'Arménie – province chrétienne située dans la région montagneuse de l'est de l'Anatolie byzantine – avait servi de zone tampon entre les Byzantins et les musulmans. Alp Arslan devint sultan des Seldjoukides en 1063 ; l'année suivante, il se lança dans l'invasion de l'Arménie et prit sa capitale, Ani. En 1067, il avait conquis tout le pays et l'armée turque se trouvait aux frontières de l'Empire byzantin.

À gauche : bas-relief seldjoukide représentant deux guerriers turcs. Manzikert fut une victoire sur les Byzantins d'Anatolie, et permit également le contrôle des Turcs sur presque tout le Moyen-Orient islamique, à l'exception de l'Égypte des Fatimides (qui entretenaient en général de bonnes relations avec les Byzantins et l'Europe). En Syrie turque, l'armée était omniprésente à la veille de la première croisade. Ibn Abu Tayyi écrivait : « Il n'y avait pas un seul homme à Alep qui ne possédât chez lui un équipement militaire, et quand viendrait la guerre, chacun pourrait immédiatement se battre. »

Après la mort de Constantin, sa veuve épousa un jeune et brillant général, Romain Diogène, qui devint Romain IV. Celui-ci tenta d'instituer une politique de réforme militaire et de renforcer les frontières est de l'Anatolie ; mais ce fut insuffisant et trop tardif. Reconnaissant les problèmes logistiques, il leva de nouvelles troupes et renforça les troupes existantes. En mai 1071, il était à la tête de soixante mille hommes à la frontière arménienne. Son armée, polyglotte, comptait des Byzantins, des mercenaires (dont quelques chevaliers francs) et des auxiliaires originaires des Balkans et des steppes. Romain IV avait besoin d'une bataille décisive qui lui aurait donné le temps de mener à bien ses réformes et aurait permis aux Byzantins d'organiser leurs défenses.

La fin d'un empereur

Comme les Seldjoukides étaient en conflit avec les Fatimides égyptiens, on pouvait espérer que leurs forces seraient divisées. Romain IV franchit la frontière avec deux colonnes et prit la forteresse arménienne de Manzikert. Pour des raisons inconnues, la colonne du général Tarchaniotès ne participa pas à la bataille. L'empereur se retrouva avec trente mille hommes à Manzikert pour affronter une force turque inférieure à la sienne, mais commandée par Alp Arslan lui-même.

Les deux belligérants se rencontrèrent devant Manzikert. Au début, les Byzantins prirent l'avantage, les Turcs en déroute entraînèrent les troupes de l'empereur. Trop tard, les Byzantins réalisèrent qu'ils étaient tombés dans un piège. La cavalerie seldjoukide attaqua et enfonça les rangs byzantins. Tandis que ses mercenaires se sauvaient, les troupes restantes furent massacrées et l'empereur fait prisonnier. Libéré plus tard par le sultan pour payer sa rançon et négocier un traité de paix, Romain IV fut trahi par les siens et fut assassiné par ses propres soldats lors d'un coup d'État.

Considérant que les Byzantins avaient rompu le traité, les Seldjoukides envahirent et occupèrent l'Anatolie. D'après l'historien Sir Steven Runciman, les Byzantins « avaient perdu sur le champ de bataille leur titre de protecteurs de la chrétienté ». Manzikert fut l'une des batailles les plus décisives de l'Histoire : la moitié de l'Empire byzantin se vit occupée par les musulmans. Ce succès musulman déclencha une série d'événements qui entraînèrent deux siècles de conflits religieux au Moyen-Orient.

L'appel de l'empereur

Le désastre de Manzikert coûta la moitié de leur empire aux Byzantins. Le grand royaume plongea dans une période de chaos politique et de guerre civile. L'instabilité qui s'ensuivit affaiblit encore l'empereur qui n'eut bientôt plus d'autre solution que d'appeler Rome à la rescousse. Cette décision allait, finalement, coûter cher aux Byzantins.

Le 19 août 1071 fut un jour sinistre pour l'Empire byzantin. Non seulement il vit son armée décimée, mais en plus il perdit son empereur, Romain IV. Sans armée, la riche province d'Anatolie (Asie Mineure) tomba entre

Privé de cette somme, le sultan seldjoukide Alp Arslan ne se sentit plus lié par le traité de paix qu'il avait signé avec Romain IV. Mais l'occupation de l'Anatolie se fit lentement en raison de la guerre que les conquérants durent mener contre le califat fatimide. Cependant, une série de colonies de Turcs nomades s'installa dans l'ouest de la province à partir de 1073. Le chef seldjoukide Suleiman ibn Kutulmish commença à annexer officiellement des régions de l'Anatolie, face à des Byzantins impuissants. D'autres le suivirent et, vers 1080, le fils d'Alp Arslan, Malik-Shah, contrôlait la plus grande partie de la

les mains des Seldjoukides. À Constantinople, Michel VII Doukas (r. 1071-1078) s'empara du pouvoir à la suite d'un coup d'État, captura et tua Romain IV sans payer sa rançon.

province. En reconnaissance du fait que l'Anatolie avait jadis appartenu à l'Empire romain, on lui attribua le nom de Sultanat de Roum.

Les Byzantins ne possédaient plus qu'une

étroite bande côtière à l'est du Bosphore. En 1081, dix ans après Manzikert, ils avaient perdu la moitié de leur empire, de leurs ressources en blé et de leurs forces vives. C'était une catastrophe dont ils ne se remettraient jamais totalement.

Le règne de Michel VII se révéla tout aussi désastreux. Il fut incapable d'enrayer la perte de l'Anatolie et des possessions byzantines du sud de l'Italie, et d'éviter que les Normands n'envahissent la Grèce et l'Albanie. La révolte grondait dans les Balkans, l'inflation était au plus haut et des rébellions au cœur même de la Cour menaçaient d'éclater à tout moment. Contraint par des émeutes massives, il finit par abdiquer. Ses rivaux se disputèrent le manteau impérial, mais, en 1081, un jeune aristocrate, le général Alexis Comnène, s'empara du pouvoir et mit fin à une décennie de désordre et de déclin.

Un appel décisif

C'est Alexis Ier Comnène (r. 1081-1118) qui lança les premières opérations contre les Normands, parmi lesquels se trouvait le futur croisé Bohémond de Tarente. Malgré sa défaite à Durazzo (1081), la campagne d'Alexis Ier peut être considérée comme victorieuse. Il en retint, en outre, un grand respect pour les capacités militaires des chevaliers francs. Au cours de la

décennie suivante, il réprima quelques tentatives de révolte, sema le trouble dans les Balkans et chassa les Normands de leurs possessions de l'Adriatique. Ses ressources militaires limitées ne lui permirent pas, cependant, de reconquérir l'Anatolie.

À la fin de 1094, Alexis reçut une ambassade du pape Urbain II dont l'objectif était d'améliorer les relations entre les deux Églises chrétiennes. Alexis Ier avait récemment permis la réouverture des églises latines à Constantinople et, après des années d'hostilités, les deux Églises étaient prêtes à discuter. Le légat du pape invita des représentants d'Alexis Ier au concile de l'Église romaine de Piacenza au mois de mars suivant. Alexis Ier accepta, voyant dans cette proposition la possibilité de demander assistance dans sa guerre contre les Turcs musulmans.

Au cours de l'hiver 1094-1095, Alexis Ier, appuyé par ses ministres et son clergé, lança un appel à l'aide. Pour le justifier, il rappelait les souffrances des chrétiens orientaux, la menace sur la chrétienté en général et les chances qu'apporterait une politique de conquête. Il suggérait aussi un rapprochement des deux Églises et le pape Urbain et ses cardinaux ne pouvaient qu'être intéressés. Mais Alexis Ier venait d'ouvrir la boîte de Pandore.

Page ci-contre : retable byzantin représentant la Vierge et l'Enfant entourés de deux saints. Malgré les différences entre les deux branches de la chrétienté, l'empereur pouvait faire appel au pape en se référant à ce qu'ils avaient en commun.

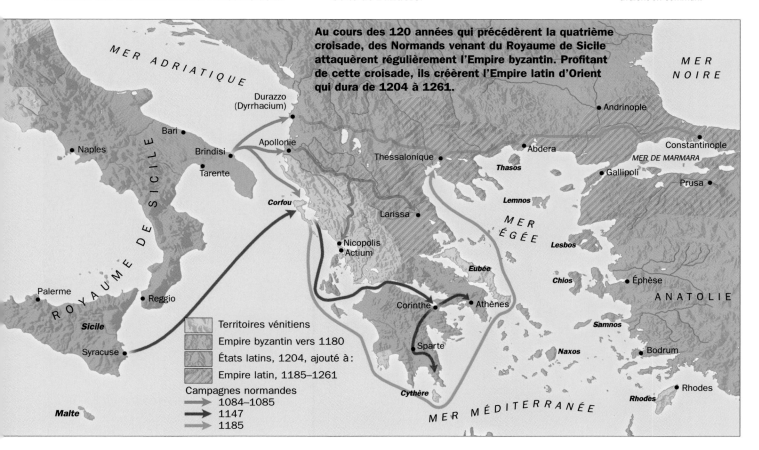

Au cours des 120 années qui précédèrent la quatrième croisade, des Normands venant du Royaume de Sicile attaquèrent régulièrement l'Empire byzantin. Profitant de cette croisade, ils créèrent l'Empire latin d'Orient qui dura de 1204 à 1261.

MER ADRIATIQUE

MER NOIRE

Durazzo (Dyrrhacium)

Andrinople

Bari

Apollonie

Constantinople

Naples

Brindisi

Thessalonique

Abdera

MER DE MARMARA

Tarente

Gallipoli

Thasos

Prusa

Corfou

Lemnos

Larissa

MER ÉGÉE

Nicopolis

Actium

Lesbos

Eubée

Chios

Éphèse

Palerme

Corinthe

Athènes

ANATOLIE

Reggio

Sparte

Samnos

Sicile

Naxos

Bodrum

Syracuse

Cythère

Rhodes

Rhodes

Territoires vénitiens
Empire byzantin vers 1180
États latins, 1204, ajouté à :
Empire latin, 1185–1261
Campagnes normandes
1084–1085
1147
1185

Malte

MER MÉDITERRANÉE

Le dilemme du pape

L'appel aux armes des Byzantins vint à point nommé pour la papauté qui désespérait d'étendre l'influence de Rome sur toute la chrétienté et sur les rois européens indociles. Urbain II devait décider de sa réponse.

Ci-dessous : cette enluminure du XIᵉ siècle, tirée d'un manuscrit intitulé *Cynegetica*, décrit divers aspects de la vie dans les campagnes. Pendant les décennies au cours desquelles barons et princes se firent la guerre en Europe, c'est la paysannerie qui souffrit le plus. L'appel aux armes du pape pour aller délivrer la Terre sainte diminua la pression sur les serfs, l'attention de leurs seigneurs se portant sur des sujets lointains plus importants.

Avant son élection au trône de saint Pierre, Urbain II était connu sous le nom d'Eudes de Langery, moine devenu prieur de l'abbaye de Cluny qui, fondée en 910, était le centre du mouvement monastique. Des monastères clunisiens s'étaient depuis installés à travers la France, l'Angleterre et une partie de la Germanie. Mais Cluny gardait sa position première tant pour la vie monastique que pour la réflexion sur l'Église. Au milieu du XIᵉ siècle, ce mouvement unit ses forces à celles du pape pour promouvoir une série de réformes destinées à renforcer le pouvoir de l'Église. Mais c'était la porte ouverte à la querelle des Investitures qui allait empoisonner, à la fin du XIᵉ siècle, les relations entre la papauté et les empereurs du Saint Empire. Lors de son accession à la papauté en 1088, Eudes, connu pour son honnêteté, porta un regard critique tant sur sa position que sur l'Église elle-même.

Les clercs de l'époque rapportent qu'Urbain II était « admirable dans sa vie comme dans ses habitudes, s'efforçant de porter haut l'honneur de l'Église ». Cela indique qu'il était parfaitement averti des problèmes que la querelle des Investitures pouvait poser à l'autorité pontificale. En 1088, il y avait deux papes, le second, l'« antipape », étant un jouet entre les mains de l'empereur germanique Henry IV (r. 1056-1106). Le conflit de l'empereur avec la papauté venait des problèmes posés par la nomination des hauts responsables ecclésiastiques en Germanie. Pour résumer, cela signifiait que l'empereur voulait se réserver le droit de placer ses propres partisans aux sièges épiscopaux germaniques contre un partage des bénéfices. Pour Urbain II, l'empereur n'était qu'un souci parmi d'autres.

Une Europe ravagée

Le roi de France Philippe Iᵉʳ (r. 1060-1108),

À gauche:

les bonnes relations du roi Philippe Ier avec l'Église ne l'empêchèrent pas d'être excommunié pour bigamie. Dans cette enluminure, tirée d'un manuscrit du XVe siècle, le pape juge, au concile de Clermont, Philippe Ier et Bertrand de Montfort.

récemment excommunié pour bigamie, cherchait pour se venger un moyen de se rebeller contre l'autorité ecclésiale sur ses terres. L'Europe de l'Ouest était ravagée à la suite de décennies de guerres. En 1066, le duc de Normandie, Guillaume le Conquérant, avait envahi l'Angleterre et soumis le pays. D'autres Normands avaient taillé leurs propres fiefs dans le sud de l'Italie, en Sicile et en Grèce, tandis que des chevaliers espagnols et francs se battaient pour prendre le contrôle de l'Espagne. À travers l'Europe, petits barons, seigneurs féodaux et mercenaires se déchiraient pour étendre leurs pouvoirs. En réalité, les victimes étaient les paysans, liés aux ressources de leurs lopins de terre, que l'Église et leur seigneur leur confisquaient.

Pendant des années, Urbain II avait recherché une voie pour canaliser l'énergie militaire des nobles féodaux au nom de l'Église. La demande de l'empereur Alexis Ier venait à point. Son autorité spirituelle régnerait sur toute la chrétienté et réunirait également les nobles turbulents sous la bannière de la foi.

Durant des années, Urbain II avait prêché pour la non-violence ; l'acte de tuer constituait un péché grave, même en cas de guerre. L'âme de celui qui tuait devait donc se racheter en faisant pénitence. En introduisant la notion de « guerre juste », Urbain II transformait l'acte de supprimer les « ennemis du Christ » en pénitence, en un geste de dévotion et de piété. Ce revirement théologique fut accueilli favorablement par beaucoup de chevaliers et de seigneurs qui ravageaient alors l'Europe. Cette indulgence convenait au désir général de possession et de pouvoir, mais l'Église avait bien l'intention de surveiller les croisés.

Urbain II organisa une campagne contre les musulmans infidèles qui apporterait de grands avantages à l'Europe et à l'Église. Il croyait aussi, naïvement, qu'il pourrait contrôler les croisés.

L'appel du pape à Clermont

Le 27 novembre 1095, le pape Urbain II s'adressa au concile des évêques et des hauts responsables de l'Église à Clermont, dans le centre de la France. Comme tous attendaient une déclaration importante, des milliers de laïcs et de clercs s'étaient assemblés, et il fallut déplacer l'estrade dans une prairie avoisinante pour que chacun puisse écouter les paroles du pape. Son discours allait changer le cours de l'Histoire.

Âgé de 53 ans, Urbain était un personnage robuste et en bonne santé, affichant les passions d'un homme beaucoup plus jeune. Son discours était bien préparé et des copies avaient même été exécutées à l'avance pour être distribuées aux principaux dignitaires laïcs et ecclésiastiques. L'appel avait été méticuleusement composé. Il fut

À gauche :

une miniature peinte au XIVe siècle représente le pape Urbain II prêchant la croisade à Clermont devant une assemblée de clercs et de princes européens.

Page suivante : le discours du pape était destiné aux puissants et aux riches mais, au fil des semaines, il fut repris par Pierre l'Ermite qui, lui, s'adressa au peuple (voir pages 54-55).

ensuite répété au cours d'un tour de France pour exercer sans relâche son influence sur la noblesse féodale chrétienne.

Le pape commença ainsi : « Mes très chers frères, moi Urbain, investi de l'autorité de Dieu par la tiare papale et chef spirituel du monde, je viens à vous dans une période de grand trouble, au service de Dieu, comme messager de la volonté divine. » Ces mots s'adressaient directement aux rois et aux nobles et, bien sûr, à l'empereur de Germanie. Il continua : « Avant tout, il faut garder l'Église et toutes ses décisions entièrement libres du pouvoir séculier des princes. »

Il souligna le péché de ceux qui « saisissaient les moines, les prêtres, les nonnes, les pèlerins ou les commerçants pour les dépouiller ». Beaucoup de nobles qui lurent ou écoutèrent cette exhortation étaient coupables de telles exactions, mais ces mots avaient un autre objectif. Ils rappelaient à ceux qui les entendaient qu'ils avaient promis de « soutenir les droits de la Sainte Église », et qu'il leur restait à accomplir « un travail nécessaire : aller sans plus attendre délivrer les frères d'Orient ». Il rappelait ensuite les attaques des musulmans contre les chrétiens et, en référence à la perte de l'Anatolie par les Byzantins, affirmait qu'ils avaient «dévasté le royaume de Dieu». Il lançait enfin un appel à tous : «Voilà pourquoi, avec mes prières les plus pressantes, je vous exhorte, pas moi, mais Dieu, de vous comporter en héraut du Christ, quel que soit votre rang, riches aussi bien que pauvres, chevaliers aussi bien que soldats, de vous hâter à exterminer cette race vile qui occupe les terres de vos frères d'Orient. Je le dis à ceux qui sont ici présents. Je le proclame à l'intention de ceux qui sont absents. Mais surtout, c'est le Christ qui le commande!»

Soldats du Christ

Le pape décrivit en détail les atrocités des Turcs, les tortures dont ils étaient coupables, les profanations, les sacrifices humains, les pillages et toutes les horreurs imaginables. Son but était d'enflammer son auditoire, ce qu'il réussit admirablement. Les païens étaient clairement désignés comme ennemis. La guerre devenait juste, et tuer des musulmans était non seulement absous mais sanctifié! Les exterminer était un acte de piété.

Il pressait ses auditeurs : «Prenez la route pour le Saint-Sépulcre, arrachez cette terre des mains de cette race maudite et soumettez-la vous-même à votre pouvoir. Jérusalem est le cœur du monde». Il fit appel aux nobles assoiffés de pouvoir, les encourageant à s'approprier de nouvelles terres au-delà de celles de leurs frères chrétiens. Il pressa les chevaliers de reconnaître leurs fautes puis de se transformer en «soldats du Christ». Mourir au combat était récompensé par la rédemption et, en cas de victoire, «les possessions de l'ennemi [deviendraient] vôtres». Il savait exactement comment toucher son auditoire qu'il sollicitait par un mélange subtil de trésors et de terres à gagner, de défi militaire et de bénédiction immortelle.

La victoire était assurée – «le Christ est votre soutien inconditionnel». Il absolvait de leurs péchés tous ceux qui répondaient à son appel et il

leur demandait de porter sur leurs pourpoints un emblème en forme de croix, signifiant ainsi qu'ils étaient «soldats du Christ». C'est pourquoi on les appela les «croisés» ou «porteurs de croix».

En une heure, Urbain II avait atteint son but. La chrétienté était unifiée, une quelconque

opposition de la part d'un pouvoir séculier était maintenant inconcevable. Les nobles incontrôlables et leurs suites qui menaçaient la stabilité de l'Europe étaient devenus des «soldats du Christ». Le pape venait de lancer les croisades.

CHAPITRE 3

Dieu le veut :
la première croisade

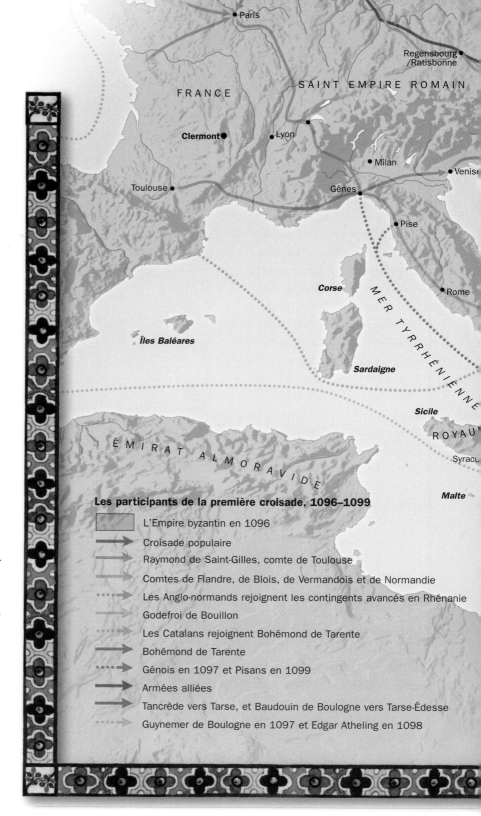

L'appel du pape Urbain II pour qu'une armée de croisés reprenne Jérusalem fit naître un mouvement qui dépassa toutes ses espérances. Il promit que le service dans sa sainte armée « pour libérer l'Église de Dieu » donnerait droit à une indulgence plénière. Les chefs de la première croisade se composaient de nobles d'Europe et de leurs serviteurs. Les Turcs allaient être battus par des Européens de l'Ouest, les Francs, dont les chevaliers étaient la clé des succès militaires.

Avant même que l'armée principale ne soit rassemblée à Constantinople, la ferveur soulevée par l'appel du pape suscita le rassemblement d'une vague de pèlerins dépourvus de tout.

Ils marchèrent vers l'Est, ravageant le pays sur leur passage. Ce mouvement – la « croisade populaire » – devait se terminer par un désastre, mais il traduisait l'incroyable élan de l'idéal croisé.

Alexis Ier profita du chaos qui s'ensuivit pour esquiver le désir du pape Urbain II de réunir l'Église orthodoxe à l'Église romaine, et il souleva les croisés contre les Turcs qui avaient vaincu sa propre armée. Alors que l'armée traversait l'Asie Mineure en direction de la Terre sainte, les Byzantins suivaient leur sillage, réclamant aux Turcs l'empire qu'ils avaient perdu. Tous avaient un intérêt dans les croisades sauf les esseulés ou ceux qui ne partageaient pas les mêmes croyances. Instruments de la volonté divine, les croisés étaient sur le point de changer le cours de l'Histoire.

Les participants de la première croisade, 1096–1099

- L'Empire byzantin en 1096
- Croisade populaire
- Raymond de Saint-Gilles, comte de Toulouse
- Comtes de Flandre, de Blois, de Vermandois et de Normandie
- Les Anglo-normands rejoignent les contingents avancés en Rhénanie
- Godefroi de Bouillon
- Les Catalans rejoignent Bohémond de Tarente
- Bohémond de Tarente
- Génois en 1097 et Pisans en 1099
- Armées alliées
- Tancrède vers Tarse, et Baudouin de Boulogne vers Tarse-Édesse
- Guynemer de Boulogne en 1097 et Edgar Atheling en 1098

Femme bédouine conduisant des chameaux d'après un manuscrit arabe de al-Wasiti daté de 1237. La vie quotidienne de nombreux musulmans fut précipitée dans le chaos avec l'arrivée des chevaliers francs. Mais ce furent les gens simples qui firent les frais de l'importation du système féodal par les envahisseurs européens dans leur conquête de la Terre sainte. Les troubles entraînés par la première croisade chez les paysans musulmans ne favorisèrent pas la mise en place du nouveau système.

MER D'AZOV

Vienne

HONGRIE

Belgrade

Nish

MER NOIRE

Sinope

Trébizonde

Scutari

Philippopolis

Durazzo
(Dyrrachium)

Andrinople

Constantinople

Civetot

Bari
Tarente

Thessalonique

Nicée
(Iznik)

Ancyre

Dorylée
1097

Césarée

Philomelium

MER
ÉGÉE

Marash

Édesse

ANATOLIE

La Croisade
populaire est anéantie
près de Nicée
le 1ᵉʳ octobre 1096.

Iconium

Héraclée

Tarse

Portes Syriennes

Portes
Ciliciennes

Antioche

Rhodes

Chypre

Crête

Tripoli

Beyrouth
Sidon

Damas

Acre

MER MÉDITERRANÉE

Jaffa

Ascalon
1099

Jérusalem
1099

Damiette

Alexandrie

Une armée du califat fatimide
s'avança vers le nord pour
contrer la menace des
croisés. Les deux forces se
rencontrèrent près d'Ascalon
le 12 août 1099. Les croisés
furent victorieux, les Fatimides
abandonnèrent le pays à la
chrétienté, mais pour quelques
décennies seulement.

Le Caire

CALIFAT FATIMIDE

La ferveur des croisés

À la suite de son discours à la noblesse d'Europe, le pape Urbain II voyagea plusieurs mois dans les campagnes de France, et d'autres religieux propagèrent le message à travers toute l'Europe. Durant la première moitié de l'année 1096, une armée de seigneurs et de chevaliers accompagnés de leurs serviteurs répondit à l'appel. Des milliers de gens du peuple, qui voulaient servir Dieu et participer à cet immense mouvement, en firent autant.

Page de droite : la ferveur pour les croisades réveilla des passions parmi le peuple, qui entraînèrent parfois des situations catastrophiques. Les premières victimes ne furent pas les ennemis musulmans mais des chrétiens. Cette enluminure médiévale représente un incident de la croisade populaire de Pierre l'Ermite : des éléments germains incontrôlés mirent le feu à des maisons des faubourgs de la ville bulgare de Nish. Tandis que les croisés cheminaient le long du fleuve, le gouverneur de Nish ordonna à son armée d'attaquer l'arrière-garde et prit des otages. Ces captifs furent mis à mort, ce qui déchaîna les Germains. Une bataille s'ensuivit, au cours de laquelle pas moins de dix mille hommes de l'armée de Pierre l'Ermite furent massacrés avant que n'intervienne l'empereur de Byzance pour apaiser la situation.

Urbain II voulait encourager la noblesse de l'Europe chrétienne à s'unir sous l'autorité de l'Église. Il nomma Adhémar de Monteil, évêque du Puy, chef religieux de la croisade qui devait contrôler l'expédition au nom du pape Urbain. Adhémar parvint tant bien que mal à maintenir l'unité des croisés. Son véritable problème, cependant, était que les motivations des princes et des chefs de la noblesse n'étaient pas d'ordre uniquement spirituel.

Les croisés croyaient fermement aux promesses du pape qui accordaient une rémission de tous les péchés et une vie éternelle. Cependant, d'autres intérêts étaient aussi en jeu dont la possibilité de se tailler de nouveaux domaines féodaux. À une époque où, en France, en Italie et en Angleterre, les petits nobles se battaient pour conserver leurs domaines, la promesse que l'Église leur donnait la protection ecclésiastique, ainsi qu'à leurs propriétés et leurs familles, était très importante. Pour beaucoup, la ferveur était étroitement liée au désir de conserver leurs terres et d'en obtenir d'autres. Les croyances religieuses étaient alors profondes, et la possibilité de se pourvoir de domaines féodaux au nom du ciel était une bénédiction.

Les envoyés pontificaux transmettaient les messages d'Urbain II dans les régions d'Europe, où les évêques et les prêtres pressaient les nobles de participer à la croisade. En Italie du Sud, les aventuriers normands s'étaient emparés de terres appartenant à l'Empire byzantin. L'Église déplorait la saisie de terres appartenant à des chrétiens, mais considérait un même comportement à l'égard des infidèles comme un acte de dévotion. Une mauvaise action perpétrée au nom de Dieu apportait des récompenses spirituelles et matérielles.

Les nobles qui menèrent la première croisade venaient du sud de l'Italie, de Normandie, de Flandres et du sud de la France. Ces nobles et leurs escortes correspondaient totalement à ce qu'avait souhaité Urbain II lors du discours de Clermont. Des soldats bien exercés au métier des armes tels que Bohémond de Tarente et ses neveux Tancrède ou Robert, duc de Normandie, devaient être des adversaires redoutables pour les armées turques habituées aux Byzantins affaiblis. C'étaient les mêmes Normands qui avaient conquis l'Angleterre anglo-saxonne, ou les nobles français qui avaient vaincu les Maures d'Espagne. Maintenant, ils allaient combattre et tuer au nom de leur foi et du pape dans une armée protégée par Dieu.

Sans surveillance

Urbain n'avait jamais pensé que son appel mobiliserait aussi des paysans, des femmes et même des enfants. L'économie de l'Europe féodale était liée à un système agraire où les paysans et les propriétaires fonciers étaient nécessaires au soutien des chevaliers et des nobles des échelons supérieurs du système féodal. Quand des dizaines de milliers de paysans furent pris de ferveur pour les croisades, l'économie de l'Europe s'en trouva temporairement perturbée, tout particulièrement en Germanie et dans le nord de la France.

Les gens du peuple voulaient eux aussi bénéficier des promesses de gloire éternelle. Un engouement populaire transforma l'appel d'Urbain II en un déferlement de masse. Toute la chrétienté se retrouvait maintenant unie par l'idée de reconquérir la Terre sainte. Cette réaction dépassa de beaucoup les attentes d'Urbain II qui fut quasiment incapable de maîtriser ce mouvement. Les forces lâchées contre les Turcs étaient en fait incontrôlables.

prescher dés le mois de Nouembre. ans. m.iiii. vb. Touteffois po[ur] les grans appretz que pour par fournir tant dangereuse ⁊ grant besongne connenoit se ñenerial par tement Krandi grant temps et aussi pour sa predication dele. ⁊ Ins cestin Guistier sans sa noir. ⁊ ses gens qui furent les

premiers Comme say dit. se dep tirent du lieu ou ilz auoient en treprins eulx assembler se .viii. sour du mois de mars auant pasques. L an .i.ri. m.iiii. vb ⁊ commencer san apres la bene dittion du Sanit Cierge benist ⁊ linsi que se fait ou pusement de pirie. Lesquelz passerent

Pogroms et massacres

Les premières victimes du zèle des croisés furent les communautés juives de Germanie et non les musulmans de Terre sainte. Bien que les persécutions des populations juives ne soient pas nouvelles, le massacre qui se produisit au début de l'ère des croisades peut être considéré comme le premier génocide d'Europe.

Ci-dessous : l'attitude des Européens envers les juifs était incertaine, la tolérance extrêmement variable d'un pays à un autre, d'une époque à une autre. Pour une population souvent inculte, il était facile d'oublier l'origine juive de Jésus. En de nombreuses occasions, la paysannerie développait un fort antisémitisme parce qu'elle considérait que les juifs étaient ceux qui avaient crucifié le Christ. Cette enluminure de 1023, extraite de *De Universo*, mêle les juifs (à gauche) aux hérétiques, les uns comme les autres incapables d'écouter la parole de Dieu.

Les communautés juives de Germanie, économiquement séparées du reste de l'Europe féodale, comptaient sur la protection des propriétaires terriens, laïcs, mais plus généralement ecclésiastiques, en retour d'une taxe. Elles étaient regroupées dans les riches villes commerciales situées le long du Rhin ou du Danube. Le système de protection offert en contrepartie d'une taxe de commerce bénéficiait aux deux parties jusqu'à ce que le pape Urbain II exacerbe les ressentiments religieux.

En 1096, les communautés juives des villes du bord du Rhin furent massacrées, le plus souvent avec l'accord de leurs protecteurs féodaux. Mayence, Spire, Worms, Trèves, Xanten, Metz et Cologne se transformèrent en charniers, ainsi que des douzaines d'autres villes plus petites. Quelques hommes d'Église tentèrent de protéger les juifs sans succès. À Spire, l'évêque local sauva des centaines de juifs en les cachant dans son église ; mais à Worms, les croisés mirent à sac le palais épiscopal et exécutèrent les familles juives qui s'y étaient réfugiées.

Ces croisés n'étaient pas les nobles, chefs de la première croisade, mais des paysans, des petits chevaliers et des brigands qui cherchaient à profiter de ces pillages. Le comte Emich de Leisingen en est le plus célèbre. Il encouragea ses hommes à saccager Worms, et continua le long du Rhin. Un chroniqueur nota à son sujet : « Juste à cette époque, apparut ici une sorte de soldat, Emich, comte d'une terre proche du Rhin, homme de piètre réputation due à son pouvoir tyrannique… Il usurpa le commandement de 12 000 porteurs de la croix. Puis il les mena à travers les cités du Rhin, du Main et du Danube et ils exterminèrent entièrement la race honnie des juifs partout où ils les trouvaient. »

Les vieilles haines

Des raisons de ce carnage ont été avancées par un auteur juif : « Regardez maintenant, nous arrivons dans une contrée lointaine pour faire la guerre à de puissants rois. Nous mettrons nos vies en danger pour conquérir ces royaumes qui ne croient pas au Crucifié alors que ce sont les juifs qui l'ont condamné et qui l'ont crucifié… » Pour les encourager, un homme connu sous le nom de Dithmar ou Volkmar jura « qu'il ne

quitterait pas ce royaume avant d'avoir tué au moins un juif». Volkmar est sans doute l'instigateur du massacre de Prague.

Quelques communautés échappèrent à la violence souvent encouragée par Emich, en soudoyant leurs agresseurs. Malgré la protection qu'auraient dû entraîner les paiements, le pogrom continua. En Bavière, le chef des croisés, Gottschalk, massacra des juifs à Regensburg et Ratisbone. Après un été de violence, Emich et sa troupe de «croisés» quittèrent la Germanie pour la Hongrie où les seigneurs féodaux locaux seraient moins complaisants.

À la suite du massacre de Volkmar à Prague, l'armée royale hongroise attaqua et détruisit la bande d'Emich et exécuta un autre groupe mené par Gottschalk. Les survivants se regroupèrent en bandes dans un mouvement connu sous le nom de croisade populaire. Le zèle de ces croisés venus du peuple était plus proche des mouvements de renouveau chrétien d'aujourd'hui que de la doctrine religieuse de l'époque. Leur zèle ne reposait que sur l'ignorance et la bigoterie aveugle, les menant au génocide.

Ces bandes errantes dénigrèrent l'idéal des croisades, principalement en Germanie où elles avaient accompli leurs méfaits. Mais la ferveur religieuse balaya vite ces critiques et l'Église continua à prêcher le message d'Urbain. En dépit des énormes pertes humaines, les croisades continuèrent.

Ci-dessus : croisés pillant un ghetto juif, illustration de Gustave Doré, datant du xixᵉ siècle. Le mot «ghetto» vient du vénitien *gheto* qui signifie «coulée de métal». Les juifs furent à l'origine bien accueillis par la république de Venise, mais ils devaient vivre en communauté séparée. Le premier établissement juif s'installa dans une fonderie abandonnée et isolée sur une île, ce qui fit dire, littéralement, qu'ils vivaient dans un *gheto*.

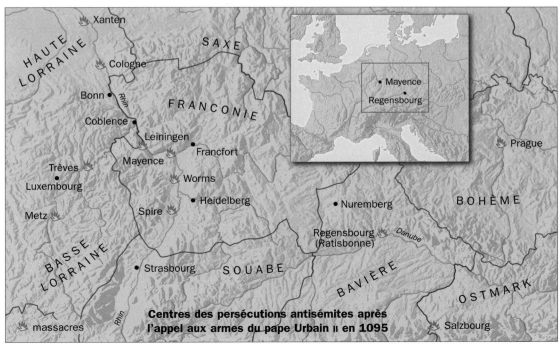

Centres des persécutions antisémites après l'appel aux armes du pape Urbain II en 1095

La croisade populaire

Pierre l'Ermite fut le plus influent de tous les croisés non reconnus par les autorités. Ce petit moine excentrique transforma l'appel d'Urbain II en un mouvement de masse. Ses sympathisants venus du peuple le suivirent à travers l'Europe, surmontant des épreuves qui auraient dû décourager les plus fidèles.

Ci-dessus : deux laboureurs, illustration tirée d'un manuscrit de 1028, *De rerum naturis*.
Ci-dessous : une autre scène de labour tirée de Cynegetica. L'appel de Pierre l'Ermite devait piquer au vif sens.

Pierre l'Ermite, surnommé Pierre à la Coule (vêtement à capuchon) selon Anne Comnène, était un pèlerin dont la personnalité charismatique enthousiasma des milliers de gens en faveur des croisades. Un chroniqueur de l'époque, Guibert de Nogent, disait de lui que « tout ce qu'il faisait ou proclamait était un peu d'inspiration divine, à tel point que les poils de sa mule étaient considérés comme des reliques ». En mars 1096, il quitta Amiens, au nord de la France, et se mit en route pour Jérusalem via Cologne en Germanie.

Pierre l'Ermite était accompagné par une armée croissante de fidèles : des gens des deux sexes, de tous âges et de toutes origines. La plupart étaient français, mais il y avait aussi des disciples provenant de l'Europe entière. Il s'agissait surtout de paysans ; cependant la croisade de Pierre l'Ermite compta plusieurs chevaliers dont l'un, Gautier Sans Avoir, devint *de facto* le chef militaire de l'expédition.

La croisade populaire comportait plusieurs colonnes. Gautier Sans Avoir menait un premier groupe d'environ dix mille hommes, et un corps plus

important conduit par Pierre lui-même le suivait avec quelques semaines de décalage. Les deux groupes quittèrent Cologne et suivirent le Rhin et le Danube en Hongrie. Gautier persuada le roi Coloman de Hongrie que les croisés ne représentaient aucune menace et les deux groupes purent traverser le royaume. La troupe de Gautier traversa la Hongrie sans provoquer d'incidents majeurs.

La troupe de Pierre l'Ermite fut moins heureuse. Le manque de discipline mena à une véritable bataille avec les troupes hongroises, remportée par les paysans qui furent autorisés à poursuivre leur chemin. D'autres bandes de paysans et des groupes isolés, considérés comme une menace pour l'autorité hongroise, furent massacrés.

Chrétiens contre chrétiens

Gautier Sans Avoir franchit la frontière de la Bulgarie, province byzantine, au début de l'été 1096, et Pierre l'Ermite et sa troupe quelques semaines plus tard. Le gouverneur de la province, inquiet, refusa de ravitailler cette armée de va-nu-pieds qui se déchaîna. Le gouverneur enferma alors un groupe de pillards dans une église et les brûla avant d'autoriser les croisés à poursuivre leur chemin. Lorsque la croisade de Pierre l'Ermite arriva à Belgrade, ils incendièrent et ravagèrent la ville. Mais le pire se produisit peu après : une bande de croisés germaniques brûla des maisons dans les faubourgs de Nish et fut rapidement décimée par la garnison de la ville. Près de dix mille croisés furent tués ou capturés au cours du massacre qui dura trois jours. Finalement, Pierre l'Ermite reprit la situation en main, secouru par l'empereur Alexis Ier qui pardonna aux « pèlerins » leurs « excès » et les escorta jusqu'aux abords de Constantinople. Les divers groupes furent réunis au mois d'août et transportés de l'autre côté du Bosphore, en Asie Mineure, avant qu'ils ne commettent d'autres méfaits.

Trente mille hommes, femmes et enfants se trouvaient maintenant sur le continent asiatique sans but apparent. Pierre l'Ermite recommandait la prudence et demandait d'attendre l'arrivée de la grande armée des croisés. On ne l'écouta pas. Les croisés furent divisés en deux groupes,

l'un composé de Français et l'autre de Germains et d'Italiens. Ce dernier groupe prit pour chef un homme appelé Renaud, et les deux groupes marchèrent sur la ville turque de Nicée, pillant et tuant tout sur leur passage. La garnison turque, menée par Qilij Arslan, décima la colonne franque.

Les Germains évitèrent la ville et occupèrent la forteresse de Xérigordon où les Turcs les rattrapèrent. La forteresse tomba à la fin du mois de septembre et tous ceux qui refusèrent de se convertir à l'islam furent massacrés. Les croisés survivants se regroupèrent à Civitot (sans doute l'actuel Hersek), en Asie Mineure byzantine et, sous le commandement de Godefroi Burel, reprirent l'offensive. Deux heures plus tard, les Francs tombèrent dans une embuscade et furent massacrés. Quelques femmes et quelques enfants furent pris comme esclaves, et les croisés qui restaient furent tués. Un très petit nombre cependant échappa au désastre, dont Pierre l'Ermite qui se trouvait alors à Constantinople.

La croisade populaire avait misérablement échoué, mais quelques jours après le massacre une armée plus expérimentée arrivait à Constantinople. Ces croisés furent pour les Turcs des ennemis bien plus redoutables.

Ci-dessous : Pierre l'Ermite conduisant la première croisade, d'après un manuscrit du XIVᵉ siècle. L'homme, qui était peut-être moine, se révéla un chef incompétent, bien qu'il eût été une légende vivante à son époque. Après le désastre de 1096, Pierre l'Ermite conduisit une milice paysanne jusqu'à Jérusalem et fut parmi les premiers à pénétrer en Terre sainte.

55

Princes en tous genres

Le pape Urbain II n'avait pas désigné de chef d'armée. Il comptait sur la participation des nobles, unis dans un projet commun, pour assurer la bonne marche de l'ensemble. Chacun d'entre eux, avec ses propres vassaux, veillait à ne pas se soumettre au pouvoir des autres. Cette absence de commandement unique allait entraîner de profondes conséquences tant chez les croisés que sur le développement politique des territoires conquis.

Adhémar de Monteil, évêque du Puy et représentant du pape, était chargé d'apporter le soutien spirituel aux croisés. Membre de la noblesse, il se montra grand chef militaire, fin politicien et diplomate doué. Il exerça une influence non négligeable sur les chefs laïcs des croisades et, jusqu'à sa mort à Antioche, réussit à contenir leurs aspirations politiques excessives. Cela le conduisit à négocier avec des représentants des jeunes princes d'Europe, parmi les plus obstinés et les plus intrépides.

Robert, fils aîné de Guillaume le Conquérant et comte de Normandie, était un fidèle allié de son cousin Robert II, comte de Flandre et de son beau-frère, Étienne, comte de Blois et de Chartres. Surnommé *Courteheuse* (culotte courte), Robert était agréable et aimait la compagnie, mais il manquait des qualités naturelles de chef que possédaient certains de ses compagnons croisés.

Un autre groupe était formé de trois frères : Godefroi de Bouillon, duc de Basse-Lotharingie, Eustache, comte de Boulogne et Baudouin de Boulogne. Godefroi, qui assurait être le descendant direct de Charlemagne, était grand, beau, véritable parangon de l'aristocratie médiévale. Mais son plus jeune frère, Baudouin, allait se révéler meilleur chef militaire.

Pour Raymond de Saint-Gilles, comte de Toulouse, qui avait perdu un œil en se battant contre les Maures en Espagne, la croisade représentait la suite de cette guerre. Son domaine féodal du sud de la France étant la plus riche province du royaume, il commandait la plus grande troupe de l'expédition. Raymond avait 56 ans quand il s'embarqua pour la croisade, assurant qu'il voulait rendre ainsi un dernier service à Dieu avant de mourir. Parmi tous les croisés, il était le plus engagé dans l'accomplissement des objectifs religieux d'Urbain II. Il partageait l'habileté diplomatique d'Adhémar qu'il accompagna lors d'un voyage à Constantinople. Et de tous les chefs croisés, ce fut lui, Raymond de Saint-Gilles, qui entretint les liens les plus étroits avec les Byzantins dont il obtint ainsi le soutien politique. L'empereur Alexis Ier le considérait comme le plus intelligent des chefs croisés.

À droite : Godefroi de Bouillon embarque pour la croisade. Cette version fantaisiste du départ du grand prince pour la Terre sainte est extraite de La Chronique de l'empire de Jérusalem écrite pour Philippe III le Bon, duc de Bourgogne, en 1467.

Cruel et fortuné

Bohémond, prince de Tarente (Otrante), était un Normand venu du sud de l'Italie où il s'était taillé une principauté sur un territoire qui appartenait aux Byzantins. C'est au cours du siège d'Amalfi qu'il entendit parler de l'appel du pape. Il décida de se joindre à la croisade. De tous les croisés, il fut sans doute celui qui avait le plus à attendre de la protection papale sur son domaine. Son neveu Tancrède, qui allait être une des figures marquantes de cette expédition, l'accompagna avec sa suite de pauvres chevaliers assoiffés de terres. Comme leur chef, ces hommes étaient cruels et sans scrupule. Ils étaient prêts à anéantir les Turcs qui ne se doutaient de rien.

Hugues, comte de Vermandois, était le plus jeune fils du roi de France Henri Ier. Anne Comnène, la fille de l'empereur de Byzance, le considérait comme un riche parvenu, et nota dans sa chronique qu'il parlait lui-même de son père comme du

« roi des rois, le plus grand de ceux qui sont sous les cieux ». Son arrivée à la cour de Byzance fit retomber ses prétentions. Il avait fait naufrage sur la côte est de l'Adriatique, et presque tous ses compagnons avaient disparu avec leur navire. Il aborda le sol byzantin à moitié nu et demi-mort. Alexis Ier lui fit parvenir des vêtements et le reçut à Constantinople. Hugues devint ainsi un des premiers princes croisés à pénétrer à la cour de l'empereur de Byzance. Bien que le chroniqueur Guillaume de Tyr l'ait appelé « Hugues le Grand », ses contemporains se rangèrent à l'avis d'Anne Comnène.

Ci-dessus : l'armée croisée de Raymond de Saint-Gilles, comte de Toulouse, trace sa route vers Constantinople au milieu des paysages fantastiques des Balkans. Raymond de Saint-Gilles fut le meilleur des croisés de la première croisade et resta dans les mémoires comme le plus responsable de leurs chefs.

Sur les rives du Bosphore

Constantinople devint rapidement le centre vital de l'effort des croisades. Des contingents de croisés atteignirent la ville par différentes routes au cours de l'été 1096. Le simple fait d'arriver à destination était déjà un miracle en un temps où les hommes ne s'aventuraient que rarement au-delà de leur ville ou de leur village.

Page suivante : cette carte de Constantinople dressée au Moyen Âge montre la ville vue du sud, de l'extrémité de la mer de Marmara, le Bosphore étant situé au nord vers la mer Noire. À droite de la ville, en bordure de la Corne d'or, on distingue la puissante église Sainte-Sophie. Sur l'autre rive de la Corne d'or, le faubourg de Galata accueillait les comptoirs commerciaux des Européens et des marchands étrangers. La terre située à l'est, est une partie de l'Anatolie (Asie Mineure). Lorsque les croisés et leurs armées arrivaient sur la rive ouest, on s'empressait de les envoyer de l'autre côté du Bosphore, en Asie, où les Byzantins avaient conservé une étroite langue de terre.

Arrivé parmi les premiers, Hugues de Vermandois fut couvert de cadeaux… et mis en résidence surveillée. Hugues jura fidélité à Alexis Ier, lui promettant de délivrer et de lui rendre toutes les terres ayant appartenu à l'Empire byzantin. Puis il attendit l'arrivée de ses compagnons croisés.

En août 1096, Godefroi de Bouillon mena sa suite par le nord de la France et la Germanie, dans le sillage de la croisade populaire. Il suivit une route connue sous le nom de « Route de Charlemagne », itinéraire supposé de l'empereur lors de son pèlerinage à Jérusalem. En réalité, Charlemagne n'avait jamais accompli ce voyage. En octobre, Godefroi pénétra en Hongrie et envoya des émissaires pour convaincre le roi Coloman de ses bonnes intentions. Escortés par les troupes hongroises, les croisés traversèrent le pays sans incident, prouvant que Godefroi tenait ses hommes parfaitement en main.

Ils entrèrent dans l'Empire byzantin où ils furent accueillis par une autre escorte, avant d'atteindre les murs de Constantinople, deux jours avant Noël. L'armée s'y installa pendant quatre mois, attendant d'autres croisés. Contrairement à Hugues, Godefroi et ses hommes refusèrent de prêter allégeance à l'empereur qui leur coupa les vivres. La réponse des croisés ne se fit pas attendre : ils ravagèrent le pays pour obliger l'empereur à revenir sur sa décision. En mars 1097, après une trêve difficile, Alexis Ier coupa à nouveau l'approvisionnement en vivres des croisés. Godefroi, inflexible, organisa une attaque sur la ville beaucoup plus importante que les précédentes effectuées dans les campagnes. L'attaque fut repoussée et Godefroi fut obligé de prêter serment pour faire manger ses hommes.

En avril, trois jours après que Godefroi et ses hommes eurent pris pied en Asie Mineure, Bohémond de Tarente parvint à Constantinople après avoir traversé l'Adriatique et la Grèce byzantine. Ancien ennemi des Byzantins qu'il connaissait bien, Bohémond, de nature peu scrupuleuse, promit allégeance à l'empereur sans aucune intention de tenir son serment. Cette ruse écartait ainsi toutes les difficultés qui auraient retardé sa conquête des territoires de la Terre sainte que, d'ailleurs, l'empereur byzantin ne verrait jamais.

Des avantages mitigés

Peu après, ce fut au tour de Raymond de Saint-Gilles, qui avait le plus puissant contingent, de se présenter sur les rives du Bosphore. Parti de Lyon avec l'évêque Adhémar, il avait gagné Constantinople par l'Italie et la Serbie. Confronté à ces deux habiles diplomates, l'empereur fut forcé de réviser sa politique de demande d'allégeance. Une version édulcorée fut proposée : Raymond ne jurait que de sauvegarder les territoires byzantins et de restaurer les provinces perdues. Les relations entre Alexis Ier et Raymond reposaient sur un respect mutuel et les deux hommes semblèrent sympathiser rapidement.

Les derniers croisés à se joindre à l'expédition furent les Normands, conduits par Robert, comte de Normandie. Ils avaient traversé l'Italie puis suivi les traces de Bohémond. Robert n'eut aucune hésitation à prêter serment et, en compagnie de Raymond et de ses troupes, les Normands traversèrent le Bosphore.

Le sentiment qu'avait l'empereur Alexis Ier Comnène pour ces croisés était mitigé. D'une part, ils représentaient une aide importante dans la guerre qu'il menait contre les Turcs, mais d'autre part, ils constituaient aussi une menace sérieuse pour la stabilité du royaume. En forçant les chefs croisés à lui prêter serment, l'empereur espérait ainsi se protéger si un jour les croisés se retournaient contre lui. Par ailleurs, le cantonnement de ces troupes aux abords de l'opulente capitale de Constantinople était source de troubles permanents. L'empereur voulait donc se débarrasser de ces aventuriers assoiffés de terres en les expédiant en Asie. À la fin d'avril 1097, les armées des croisés se rassemblèrent à Pélekan pour continuer leur marche en Asie Mineure. La bataille à venir allait éprouver la stratégie de deux tactiques diamétralement opposées.

PERA.

Sautari

porta delmeso

CONSTAN=
TINOPOLIS.

Scs demet?

Scs geor
gins.

Turquia

palaai Imperait

Sci Iohis aptm

chiramos

portus olim
palaai im
patoris

porta

Vlanga

Calchedona

Scus Iohes b
Andne

Portus sed destruc
prepto teutroru

Nicée et Dorylée

Les croisés regroupés aux abords de l'Asie Mineure durant l'été 1097 constituaient une force polyglotte de contingents venus de tous les pays d'Europe. Séparés par la langue, la culture et les motivations, ils n'avaient qu'un point commun, le désir de vaincre les infidèles.

Ci-dessous et à droite :

les forces du sultan Arslan furent battues par les croisés à l'extérieur de Nicée. Les captifs turcs furent alors décapités. Ces deux enluminures d'un manuscrit du XIIIe siècle, *Les Histoires d'Outre-mer*, représentent des croisés marchant sur Nicée, brandissant les têtes de captifs au bout de leurs lances. À l'aide d'un trébuchet, ils vont catapulter ces têtes par-dessus les murs de la ville.

Aux yeux du sultan Qilij Arslan, les croisés ne représentaient pas un danger plus grand que les pauvres hères de la croisade populaire. C'était une grave erreur qui reposait sur l'hypothèse que les *Ifranj* (les Francs ; le mot finit par désigner tous les étrangers) étaient des bandes de mercenaires isolées qui étaient restées quelque temps dans la région. L'erreur ne tarda pas à apparaître. Les chefs croisés décidèrent de marcher sur Nicée, la capitale régionale du sultan qui était située sur la rive est du lac d'Iznik, à 80 kilomètres du camp des croisés.

L'armée chrétienne avança et investit la ville en l'absence d'Arslan. Celui-ci revint avec son armée pour battre les assiégeants. Il attaqua la portion du cercle que formaient les croisés dirigés par Raymond de Saint-Gilles, qui le repoussa sans difficulté. Les Seldjoukides étaient en position de faiblesse face à des chevaliers lourdement armés et entraînés au combat rapproché.

Alexis Ier apporta son aide en fournissant plusieurs bateaux qu'on transporta jusqu'au lac Iznik. La ville était complètement isolée. L'empereur byzantin lui aussi envoya une ambassade diplomatique à l'intérieur de la ville par la voie d'eau, et le 19 juin Nicée capitula juste avant l'assaut des croisés. Privés du sac de la ville, les croisés furent furieux, mais aucune confrontation ne s'ensuivit car l'empereur prodigua toutes sortes de dons aux chefs croisés.

Des renforts inattendus

Les croisés étaient maintenant bien installés dans Nicée et poursuivirent dans les montagnes du Sud-Est Qilij Arslan et son armée seldjoukide.

Étienne de Blois estimait à cinq semaines le temps de voyage pour parvenir à Jérusalem. En fait, il lui fallut une année entière avant que ses troupes n'atteignent la Terre sainte, et encore une autre avant l'entrée dans Jérusalem.

Le délai n'était pas seulement dû aux ennemis, mais aussi en grande partie à l'inhospitalité des terres du Moyen-Orient. Les croisés se divisèrent en deux corps, pour progresser plus rapidement. Le premier était commandé par le prince Bohémond de Tarente, et l'autre, juste derrière, était dirigé par Raymond de Saint-Gilles, comte de Toulouse. Quatre jours après que les croisés eurent quitté Nicée, l'armée d'Arslan attaqua Bohémond près de la ville de Dorylée. Pendant que des chevaliers descendus de leurs montures combattaient les ennemis, d'autres préparaient les défenses arrière. Bohémond avait dépêché des messagers à l'armée franque dès l'apparition des Turcs. Entre-temps, les Normands s'étaient organisés en position circulaire pour se défendre contre les archers musulmans. Leur défense était difficilement soutenable et après seulement quelques heures de combat, leurs effectifs avaient considérablement diminué.

C'est alors qu'apparut Raymond de Saint-Gilles avec ses troupes. Il sema la confusion chez les Turcs qui crurent se trouver face à toute l'armée des croisés.

Stimulés par les renforts et par le trouble de
l'ennemi, les chevaliers de Bohémond chargèrent
et mirent les Turcs en déroute. La victoire ne fut
certaine que lorsque l'arrière-garde de Raymond,
commandée par l'évêque Adhémar, arriva
derrière l'armée turque chancelante. Le prix
de la victoire fut élevé – près de quatre mille
chevaliers furent tués ou blessés au cours de
la bataille. Les pertes turques furent encore
plus nombreuses.

La bataille de Dorylée brisa la fermeté
seldjoukide et les croisés ne rencontrèrent
plus d'opposition sérieuse au cours de leur
progression à travers l'Anatolie. Mais la nature
se montra un ennemi plus implacable que les
Turcs. La première bataille entre les croisés et
les musulmans mit en lumière les tactiques
différentes des deux armées. Les chrétiens se
battaient principalement avec la puissance de
choc d'une charge de chevaliers montés pour
briser l'ennemi, leurs opposants évitaient le plus
possible les contacts et utilisaient la puissance
des armes de jet.

Ci-dessus : Nicée
(maintenant Iznik),
puissante forteresse
entourée de murs
massifs, construite par
des architectes byzantins,
assurait la protection
des Seldjoukides.
Heureusement, l'armée
chrétienne n'eut jamais à
lancer l'assaut contre ces
fortifications. Aujourd'hui,
une petite route passe à
travers les trois portails qui
forment la porte de Lefké.

61

La traversée de l'Asie Mineure

On savait que le chemin le plus court pour la Terre sainte passait par le centre de l'Asie Mineure, l'Anatolie. Cela signifiait qu'il fallait traverser des déserts inhospitaliers en été et franchir la chaîne de l'Anti-Taurus à l'approche de l'hiver. Un voyage d'un mois risquait de prendre une année, pleine de dangers. Les croisés allaient rencontrer la violence des phénomènes naturels.

À droite : bien que la plupart des troupes de la première croisade aient suivi des routes terrestres à travers l'Europe jusqu'à Constantinople, il y eut aussi des croisés qui prirent la mer. Guynemer de Boulogne fit le tour de l'Espagne avant de traverser la Méditerranée sur toute sa longueur pour rejoindre l'armée à Antioche. Une fois les ports syriens tombés aux mains des croisés, le trafic maritime s'intensifia, apportant des provisions, du matériel militaire et de nouvelles recrues. Cette enluminure montre un bateau chargé de chevaliers confiés aux bons soins d'un prêtre tenant le gouvernail.

Ayant repris courage après la victoire de Dorylée, les croisés enterrèrent leurs morts et continuèrent leur voyage en direction du sud-est à travers les collines de Phrygie, vers Iconium (aujourd'hui Konya). Le chroniqueur Foucher de Chartres rapporte le cauchemar de ce cheminement : « Nous souffrions d'une soif si terrible, que nombre d'hommes et de femmes moururent de ces tourments. En ces lieux, nous manquions souvent de pain et d'autres nourritures, car le pays avait été ravagé et dévasté par les Turcs. »

Le soleil du plein été frappait les croisés. Les déserts arides de l'Anatolie centrale leur semblaient sans fin. Habitués au climat tempéré de l'ouest et du sud de l'Europe, ils atteignaient les limites de leur endurance dans une lutte où s'affrontaient les douleurs physiques et la passion spirituelle.

La chaleur augmenta au cours du mois d'août. Un autre chroniqueur, Albert d'Aix, décrivit la façon dont des femmes accouchaient sur le bord des routes et laissaient leurs bébés déshydratés, et comment des centaines de croisés abandonnaient, vaincus par la chaleur et la soif. Quand les colonnes atteignaient une rivière, beaucoup buvaient tant qu'ils en mouraient. Et il fallut un mois de ces supplices pour atteindre les premières collines de l'Anti-Taurus. La voie la plus directe pour la Terre sainte traversait une chaîne de montagnes par un col appelé les Portes ciliciennes. Mais les forces turques qui défendaient ce passage obligèrent les chefs des croisés à trouver une autre route. Craignant de tomber dans des pièges ennemis supérieurs en nombre, ils préférèrent diriger leurs armées au nord-est, vers l'Arménie, province officiellement chrétienne.

Dissidence

L'objectif était de trouver une route pour franchir la montagne dans un pays ami, puis, en traversant la Syrie, d'atteindre Antioche par l'est plutôt que par le nord. Face à ce choix, les princes commencèrent à se quereller. Le plus gros de l'armée prit la route de l'Arménie, mais deux des groupes les plus

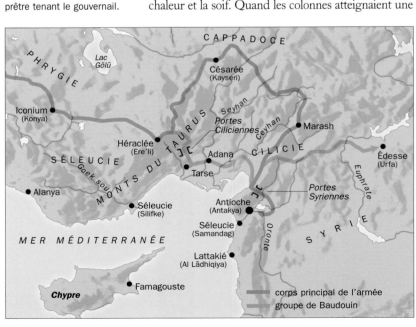

CAPPADOCE

PHRYGIE

Lac Gölü

Césarée (Kayséri)

Iconium (Konya)

Séyhan

Portes Ciliciennes

Ceyhan

Marash

Héraclée (Ere'li)

MONTS DU TAURUS

Adana

CILICIE

Édesse (Urfa)

SÉLEUCIE

Goeksou

Tarse

Alanya

Séleucie (Silifke)

Euphrate

Portes Syriennes

Antioche (Antakya)

Séleucie (Samandag)

Oronte

SYRIE

MER MÉDITERRANÉE

Lattakié (Al Lādhiqiya)

Chypre

Famagouste

corps principal de l'armée
groupe de Baudouin

importants décidèrent de suivre leur propre itinéraire vers Antioche. Baudouin de Boulogne et son plus jeune frère, Godefroy de Lorraine, décidèrent de tracer leur chemin à travers les Portes ciliciennes et se retrouvèrent devant Tarse, la ville la plus méridionale d'Anatolie, proche de la Méditerranée. Tancrède, le neveu du prince Bohémond, s'était séparé du corps principal de l'armée et avait déjà atteint Tarse. Il fut obligé de remettre la cité à Baudouin qui commandait une force plus importante que la sienne. Les deux groupes de croisés continuèrent ensuite vers l'est, essuyant des escarmouches aussi bien de la part de leurs coreligionnaires que de celle des Turcs.

Pendant ce temps, la masse principale des croisés progressait à travers la Cappadoce au cœur de l'Arménie, mais elle se heurta «à des montagnes diaboliques, si élevées et si étroites que, dans le sentier situé sur le flanc, nul n'osait précéder les autres; les chevaux se précipitaient dans les ravins, et chaque bête de somme en entraînait une autre». La traversée du désert et des montagnes entraîna

beaucoup plus de morts et de blessés que les attaques des Turcs, et c'est une armée épuisée, furieuse et diminuée qui émergea de l'Anti-Taurus près de la ville de Marash (Maras).

Baudouin rattrapa cette armée pour apprendre que sa femme était morte, et avec elle, ses espoirs d'hériter de sa fortune. Il décida donc de s'enrichir lui-même et se lança avec une centaine de chevaliers accompagnés de leurs suites vers la ville arménienne et chrétienne d'Édesse. Le reste des croisés, regroupé avec les forces italo-normandes commandées par Tancrède, atteignit les Portes syriennes, passage à travers des montagnes basses qui séparaient la Syrie de l'Anatolie. Un peu plus loin, à moins de 16 kilomètres au sud, se trouvait la riche cité d'Antioche, la porte de la Terre sainte. Après avoir passé presque une année complète dans l'Anatolie sauvage, les croisés étaient proches de leur destination finale.

Ci-dessus : bataillons musulmans mis en pièce par des croisés, selon une gravure du XIXᵉ siècle due à Gustave Doré.

CHAPITRE 3 — DIEU LE VEUT

Le siège d'Antioche

Troisième cité de l'Empire romain, Antioche était encore une ville riche et vivante six siècles plus tard. Bien que protégée par de formidables fortifications, elle endura en une seule année deux sièges consécutifs qui entraînèrent le massacre de sa population. Porte de la Terre sainte, elle fut la première conquête de la première croisade, et aussi la plus coûteuse.

« Après avoir traversé ces montagnes maudites, nous sommes arrivés à une ville du nom de Marash, où nos chevaliers ont pu marcher plus facilement, puis nous avons emprunté une vallée qui nous a menés à la cité royale d'Antioche, capitale de la Syrie. » Ainsi lit-on dans la *Gesta Francorum* l'histoire «officielle» de la première croisade. Après un an de voyage, les croisés se trouvaient devant la ville où les disciples du Christ avaient été appelés chrétiens pour la première fois. Malgré ses défenses impressionnantes, les croisés avaient décidé de la conquérir puis de continuer vers Jérusalem avant la fin du mois. Tout cela se passait à la mi-octobre 1097. Plus de sept mois après, ils n'avaient toujours pas avancé d'un pouce.

Avant l'attaque, Yaghi Siyan, le gouverneur turc d'Antioche, mit tout en place pour résister à un siège et demanda de l'aide à Mossoul. La nourriture n'était pas un problème pour les croisés qui avaient capturé un convoi d'approvisionnement turc. Mais avec le siège d'Antioche, les chefs chrétiens montrèrent leur désaccord. Bohémond voulait garder la ville alors que Raymond de Saint-Gilles souhaitait la rendre aux Byzantins, comme il en avait été convenu à Constantinople.

La discussion restait totalement théorique devant leur impossibilité de conquérir la ville. L'approvisionnement commençait aussi à poser des problèmes. En novembre, l'arrivée de Siméon, ancien patriarche de Jérusalem, au port d'Antioche de Séleucie (aujourd'hui Samandag), avec treize navires de Chypre chargés de vivres, n'apporta qu'un court répit. Le port, rebaptisé Saint-Siméon, fournit aux croisés un lien avec le reste du monde chrétien. Mais les vivres furent épuisés avant Noël, et le

moral était tombé au plus bas à la fin janvier.

Les deux camps se battaient sans relâche le long de la route qui menait au port. En février, une attaque turque qui tenta de dégager celle-ci fut déjouée et une sortie de la garnison repoussée. Ces victoires redonnèrent du moral aux assaillants, et une nouvelle confiance renaquit lorsque des vivres fraîches arrivèrent de Constantinople. La nouvelle de l'approche d'une immense armée placée sous le commandement de l'Atabeg de Mossoul Kurbuqa allait changer à nouveau les choses. Étienne de Blois déserta avec ses hommes après s'être opposé aux autres commandants. Ceux qui restaient risquaient de se trouver écrasés entre

deux forces ennemies. Il devint alors impératif d'entrer dans Antioche avant l'arrivée de l'armée musulmane. Les chefs croisés jouèrent donc le tout pour le tout.

Les croisés envahissent Antioche

Bohémond possédait des espions dans les murs mêmes de la ville. L'un d'eux, Firuz, « un certain émir de race turque » qui commandait trois tours, était prêt à trahir la ville. Dans la nuit du 3 juin 1098, un groupe de soixante croisés escalada les remparts sans rencontrer de résistance à l'aide d'échelles fournies par Firuz. Puis les croisés ouvrirent la porte la plus proche, permettant au reste de la troupe d'envahir Antioche.

Foucher de Chartres raconte : « Quand les Turcs aperçurent les Francs courant dans les rues, l'épée à la main et tuant sauvagement les gens qu'ils rencontraient…, ils commencèrent à fuir. Les chrétiens grecs et arméniens qui habitaient la cité se joignirent aux assaillants, transformant la ville en un bain de sang par le massacre de tous les Turcs bloqués par les remparts. À la tombée de la nuit, tout était terminé, et les rues étaient couvertes de cadavres… à tel point qu'on ne pouvait plus s'y déplacer qu'en marchant sur les corps qui les jonchaient. » Le

gouverneur fut exécuté par un berger arménien qui apporta sa tête à Bohémond.

À l'exception de sa citadelle principale, la ville était, juste à temps, tombée aux mains des chrétiens. Quelques jours plus tard, les assaillants se trouvèrent à leur tour assiégés par l'armée de l'Atabeg. Les vivres se faisaient rares ; les cadavres s'amoncelaient dans les rues, menaçant de déclencher une épidémie, et les croisés avaient perdu le contrôle du port, repris par l'Atabeg. Sans nourriture et sans secours, les chrétiens ne pouvaient compter que sur eux-mêmes. L'empereur Alexis Ier, après avoir entendu le récit d'Étienne de Blois, décida que toute tentative de lever le blocus était vouée à l'échec. Comme le rapporta la *Gesta Francorum*, « ces incroyants ennemis de Dieu nous tenaient si bien enfermés que beaucoup moururent de faim ». Était-ce la fin de la première croisade ?

La prise d'Édesse

Alors que les croisés se battaient autour d'Antioche, Baudouin de Boulogne envahissait l'Arménie chrétienne. À la tête d'une force de moins de quatre-vingts chevaliers, son but était la ville prospère d'Édesse. La première conquête faite par les croisés en leur nom propre sur ces terres du Levant fut accomplie aux frais des chrétiens.

Ci-dessous : croisés surpris par le luxe de l'Orient, gravure de Gustave Doré, du XIXe siècle. Pour les Francs, habitués à beaucoup moins de raffinement, la splendeur de la culture islamique était souvent confondante. Avec le temps, les croisés s'habituèrent aux coutumes qu'ils observaient.

Édesse (actuelle Urfa) est située à l'est de l'Euphrate, en Mésopotamie. Ville la plus riche et la plus prestigieuse d'Arménie, c'était une possession turque tombée entre les mains des forces arméniennes. Considérée comme étant la ville natale d'Abraham, Édesse avait une importante population chrétienne qui accueillit favorablement les Arméniens, leurs premiers libérateurs chrétiens. Puis vinrent des chrétiens occidentaux, conduits par Baudouin de Boulogne qui avait quitté l'armée des croisés près d'Antioche (*voir page 63*).

Capturée en 1096, la garnison arménienne s'attendait à ce qu'une armée musulmane les

attaque à tout moment, et leur chef, le prince Thoros, avait besoin de l'aide de Baudouin pour défendre sa ville. Les croisés furent accueillis comme des libérateurs. Foucher de Chartres rapporta : « Quand nous passions dans les villages arméniens, il était étonnant de voir les habitants courir à notre rencontre avec des croix et des étendards, baiser humblement nos pieds et nos vêtements pour l'amour de Dieu, car ils avaient entendu dire que nous allions les défendre contre les Turcs. »

Thoros, âgé et sans enfant, était chrétien orthodoxe. Baudouin insista pour qu'il l'adopte comme fils et comme héritier, ce qui était avantageux pour les deux parties. C'est ce que fit Thoros. Un peu plus de deux semaines après le cérémonial de l'adoption, Thoros fut tué au cours d'une émeute, taillé en pièces alors qu'il tentait de s'échapper par une fenêtre du palais. Baudouin ne fit rien pour protéger le prince.

Il fut d'ailleurs presque certainement l'instigateur de cette émeute ; les chroniqueurs arméniens et croisés donnent plusieurs versions des faits. Foucher de Chartres avançait que l'émeute avait été la conséquence d'un différend entre des éléments grecs orthodoxes de la population chrétienne et ceux qui voulaient conserver leur indépendance face à l'Église byzantine et l'État. La plupart des Arméniens étaient monophysites et donc en désaccord avec les églises orthodoxe et catholique. Baudouin devint l'unique chef d'Édesse et de son arrière-pays.

Parti pris pour les indigènes

En théorie, les Arméniens avaient rendu allégeance à l'empereur byzantin Alexis Ier, mais Baudouin refusa cette politique et se proclama comte d'Édesse. De fait il était seul chef et ne dépendait ni des princes croisés ni des princes byzantins. Comme l'Arménie était divisée en plusieurs petits États, tous rivaux, la position de Baudouin devint alors semblable à celle des autres chefs chrétiens de la région.

Les forces croisées consistaient en quatre-vingts chevaliers et peut-être deux cents hommes à pied, ce qui était peu pour tenir une grande ville et un État. Pour conforter sa position, Baudouin épousa une princesse arménienne, Arda, et utilisa les

richesses qu'il avait héritées du prince Thoros pour acheter les chefs musulmans les plus proches. L'indépendance d'Édesse, qui pour le moment était assurée, allait cependant poser des problèmes dans l'avenir.

Baudouin de Boulogne avait gagné un royaume. Il avait également pénétré en Asie Mineure, plus loin qu'aucun autre Européen depuis Alexandre le Grand. Il fut le premier croisé à réaliser son rêve : la fondation d'un royaume féodal. Il fut également le premier prince à abandonner sa mission de reconquérir Jérusalem. Dans sa riche cité, carrefour des routes de caravanes de Perse, Baudouin gouverna une population d'Arméniens, de juifs et de musulmans avec une tolérance religieuse peu commune chez les autres croisés. Le nouveau comte d'Édesse, « devenu natif », s'était assimilé à la population locale. En soutenant l'Église arménienne, lui et sa suite adoptèrent les usages du pays. D'un point de vue stratégique, les Arméniens et le comté d'Édesse allaient jouer un rôle important dans le développement des États croisés. Pour les Byzantins et les croisés, Édesse offrait un flanc nord solide, un véritable rempart contre leurs ennemis musulmans. Comme tel, le comté allait survivre durant un demi-siècle.

La sainte-lance

Piégés par leurs ennemis musulmans, les croisés d'Antioche n'avaient que peu de chance de survivre. Alors qu'ils étaient au plus bas, un humble croisé eut une vision : une relique importante était enterrée dans la ville. La découverte de la sainte lance ranima la ferveur générale. L'armée chrétienne semblait maintenant invincible.

Quand les chrétiens s'emparèrent d'Antioche, la ville était déjà affamée, et les croisés n'avaient pas même de quoi survivre. D'après la *Gesta Francorum*, «il y avait une telle famine dans la cité que l'on vendait des têtes de chevaux, sans la langue, pour deux ou trois solidi (pièce d'or d'origine romaine), les boyaux d'une chèvre pour cinq et une poule pour huit ou neuf». Environ vingt mille croisés auxquels venait s'ajouter une population chrétienne équivalente étaient peu à peu gagnés par la famine. Chacun pensait que les assaillants se livreraient à un massacre analogue à celui qui avait été infligé aux musulmans quelques jours auparavant, et le siège continua.

C'est alors qu'un moine provençal, Pierre Barthélémy, eut une vision. Servant dans un contingent venant du sud de la France, il était connu pour son insubordination et pour ses visions passées. Il affirmait que celle-ci était différente. Saint André lui était apparu en rêve pour révéler que la sainte lance, qui avait percé le flanc du Christ en Croix, était enterrée sous l'église Saint-Pierre, à l'intérieur des murs d'Antioche.

Barthélémy réussit à obtenir une audience de son seigneur Raymond de Saint-Gilles, qui le crut. L'entourage de Raymond doutait de la véracité de cette vision et de l'honnêteté de Barthélémy mais, quand un prêtre respecté fit mention d'une révélation analogue, l'affaire fut prise au sérieux. La nouvelle se répandit rapidement dans Antioche et on vida l'église de

À gauche : sous la protection de la sainte lance, les croisés se sentent invincibles et poussent les musulmans à se battre. Sur cette enluminure du XIVᵉ siècle, chrétiens et musulmans sont représentés avec les mêmes vêtements et sous la même apparence.

la foule. Seuls douze hommes restèrent sur place, dont Pierre Barthélémy et Raymond de Saint-Gilles. Un autre membre de ce groupe, le chroniqueur Raymond d'Agiles, rapporte qu'« après avoir creusé du matin au soir sans rien trouver, certains commencèrent à désespérer… Le jeune Pierre Barthélémy, voyant notre épuisement, se déshabilla… et sauta dans le trou vêtu de sa seule chemise… Enfin, le Seigneur dans sa grande bonté nous montra la sainte lance… Je ne peux décrire la joie et l'allégresse qui saisit la ville à l'annonce de cette découverte ».

Une fausse relique ?

La version musulmane de cet événement est bien différente. L'historien arabe Ibn al-Athir écrivit : « Il y avait un saint homme, un homme de peu d'intelligence, qui affirmait que la lance du Messie était enterrée… Mais auparavant, il avait enterré cette lance dans un certain endroit qu'il gardait secret. » Quelle qu'ait été sa provenance, la sainte relique eut l'effet escompté : elle galvanisa les croisés et conforta leur rectitude spirituelle.

Plusieurs jours plus tard, Pierre Barthélémy eut une autre vision : saint André pressait les croisés de jeûner cinq jours et de se jeter sur les Turcs. Sans plus d'encouragement, et en possession de la sainte lance, les troupes se sentaient invincibles. Le 28 juin 1098, après avoir jeûné en signe de pénitence pour le pardon de leurs péchés, les croisés sortirent d'Antioche pour livrer bataille.

Raymond de Saint-Gilles était dans son lit, malade. Bohémond prit donc seul la tête des croisés. Il les répartit en six lignes de bataille, selon les conseils de l'évêque Adhémar qui portait la sainte lance. Selon la *Gesta Francorum*, « quand tous les hommes furent hors de la cité…, nous priâmes le vrai Dieu vivant et nous nous lançâmes contre les infidèles… et, avec l'aide de Dieu, nous remportâmes la victoire. Les Turcs s'enfuirent en proie à la terreur, nous les poursuivîmes, plus ardents pour cette chasse que pour le pillage ».

On ne put arrêter les croisés : ils mirent en pièces l'armée de l'Atabeg Kurbuka qui les assiégeait. Les divisions politiques internes avaient déjà affaibli ce dernier et nombre de chefs musulmans refusaient de se battre sous son commandement. Pour les croisés, cette victoire était un miracle. Un morceau de lance rouillée venait d'ouvrir la porte de Jérusalem.

Page précédente :

L'évêque Adhémar brandissant la sainte-lance, enluminure du XIVᵉ siècle, extraite du manuscrit français intitulé Livre des *Passages d'Outre-mer*. Antioche était une des plus célèbres cités de la Méditerranée, mais l'église ici représentée relève entièrement de l'imagination de l'artiste. Le style gothique qui la caractérise n'était pas encore inventé lors de la première croisade.

Marche sur Jérusalem

Une épidémie se répandit dans Antioche alors que l'armée chrétienne se préparait à partir. L'évêque Adhémar compta parmi les victimes. Sa mort aggrava la mésentente entre les princes et retarda de six mois la marche des croisés sur Jérusalem.

Pendant que l'armée des croisés se reposait à Antioche, ses chefs réfléchissaient à leur prochaine marche. Le prince Bohémond, qui avait pris Antioche, refusait d'abandonner le contrôle de la ville. Le 1er août 1098, l'évêque du Puy, Adhémar de Monteil, mourait, certainement de la typhoïde. L'épidémie qui se répandait dans la ville encouragea plusieurs princes à lancer des expéditions sur les territoires musulmans environnants, en quête tout à la fois d'un climat plus salubre et de butin. Parmi eux figurait l'opulente cité de Marra (actuelle Ma'arrat), qui tomba le 11 décembre 1098.

L'évêque Adhémar aurait été le seul homme capable de maintenir une unité entre les chefs croisés. Quand les différentes expéditions regagnèrent Antioche pour célébrer la Saint-Michel (Noël), une entente semblait impossible.

Raymond et Bohémond revendiquaient le contrôle d'Antioche et ne s'accordaient pas sur le serment prêté à l'empereur.

Les accords entre les chefs étaient confus, mais dans les rangs régnait l'unité. Raymond d'Agiles écrivait : « Comme les princes… ne sont plus désireux de nous conduire à Jérusalem, choisissons un courageux chevalier que nous pourrons servir loyalement et en toute sécurité et, si Dieu le veut, nous arriverons à Jérusalem avec ce chevalier comme chef. Si cette grande discorde à propos d'Antioche se poursuit longtemps, abattons ses murs. »

La pression venue des soldats força Bohémond et Raymond à trouver une entente et à présenter un front uni face aux autres princes. En janvier 1099, Raymond de Saint-Gilles mena la croisade d'Antioche vers Marra, et Bohémond de Tarente resta à l'arrière, chef incontesté d'Antioche et de ses environs. Le second État croisé allait porter le nom de principauté d'Antioche, mais les croisés n'étaient pas plus près de Jérusalem qu'ils ne l'étaient un an auparavant.

La Ville sainte est en vue

Le 13 janvier, Raymond mit le feu à Marra : il n'y avait plus de retour possible. « Invoquant la miséricorde de Dieu et la protection des saints », Raymond, pieds nus pour bien marquer qu'il

Ci-dessous : ruines d'un ancien aqueduc romain près de Césarée, en Israël. Les croisés se dirigeant vers le sud en longeant la côte méditerranéenne devaient souvent rencontrer des vestiges de la domination romaine, datant des premiers siècles de notre ère.

reprenait le pèlerinage, mena ses hommes vers le sud ; 480 kilomètres les séparaient de la Ville sainte. Les croisés se dirigèrent vers l'intérieur des terres pour prendre la forteresse de Hosn al-Akrad (le château des Kurdes), qui deviendra quarante ans plus tard le fameux krak des chevaliers. De là, ils marchèrent vers le port de Tripoli, rejoignant un corps de Normands qui venait d'Antioche par la route le long de la mer.

Unis une fois encore, les croisés poursuivirent leur marche vers Beyrouth, puis vers Acre (Arqua) et Jaffa. Ils étaient maintenant sur les territoires des Fatimides d'Égypte. Chaque ville accueillit et fêta les croisés. Les Fatimides, qui entretenaient des

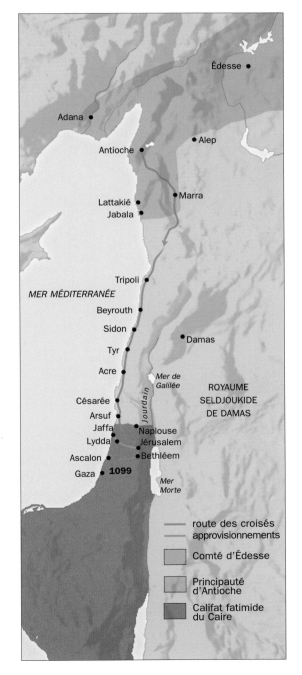

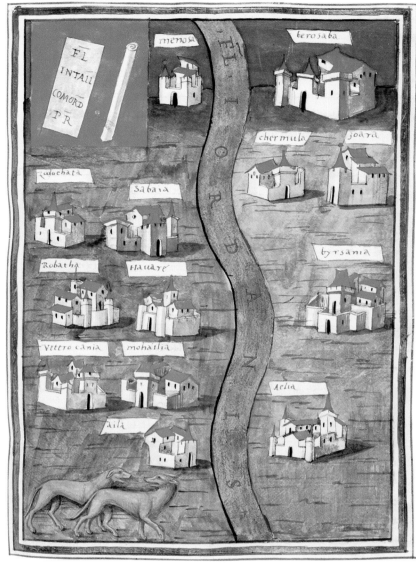

relations cordiales avec Constantinople, espéraient souder une alliance avec les croisés contre leurs adversaires abhorrés, les Seldjoukides. Mais ces projets furent voués à l'échec lorsque l'intention des croisés de prendre Jérusalem fut connue. Les croisés approchaient enfin de leur but. Alors qu'ils se dirigeaient vers Jérusalem, des chrétiens indigènes arrivèrent de Bethléem, leur demandant de délivrer le lieu où était né le Christ. « La nuit suivante près de cent soldats enfourchèrent leurs montures… et se hâtèrent vers Bethléem. » Le lendemain, une messe fut célébrée dans la ville. Le 7 juin 1099, les croisés atteignirent le sommet d'une colline qu'ils appelèrent Montjoie, d'où ils virent la Ville sainte de Jérusalem. Après des années de marche, ils avaient atteint la destination vers laquelle le pape Urbain les avait envoyés. Il ne leur restait plus qu'à prendre la ville.

Ci-dessus : cette carte médiévale de la Palestine indique les principales villes des croisés dispersées dans le pays, ainsi que le Jourdain qui traverse verticalement la Judée.

Le siège de Jérusalem

De tous ceux qui étaient partis pour gagner la Terre sainte, moins de douze mille arrivèrent aux portes de Jérusalem. Les croisés, bien que devant se battre à un contre cinq, établirent le siège tout au long des remparts. Avec peu de vivres, écrasés par la chaleur de l'été, leur tâche semblait très ardue.

L'Égyptien fatimide gouverneur de Jérusalem, Iftikhar al-Daula (« Orgueil de l'État »), avait bien fait son travail. Averti de l'arrivée imminente des croisés, il avait amassé des provisions dans la ville, rempli les citernes et préparé sa garnison formée d'une infanterie d'Arabes et de Soudanais à résister à tout assaut. Les campagnes avaient été dépouillées de leurs récoltes et de leur bétail, les fermes et les villages rasés, et tous les puits, bassins et cours d'eau délibérément empoisonnés ou pollués.

Les Fatimides n'avaient pris Jérusalem aux Seldjoukides que l'année précédente. Les remparts, qui avaient été abattus par l'empereur romain Hadrien, étaient maintenant relevés et renforcés. Ces mesures défensives étaient légères comparées à celles de la colline Montjoie. Quand les croisés virent pour la première fois la Ville sainte, ils furent « pleins de joie et exultèrent, puis ils entamèrent le siège de la cité avec un zèle merveilleux ».

Il leur fallut peu de temps cependant pour reconnaître l'immensité de la tâche qui les attendait. Raymond d'Agiles écrivait : « Selon nos estimations et celles de quelques autres, il y avait 60 000 combattants dans la ville… Quant à nous, nous ne disposions que de 12 000 hommes capables de porter les armes, car beaucoup des nôtres étaient de pauvres gens et en outre malades. Il n'y avait

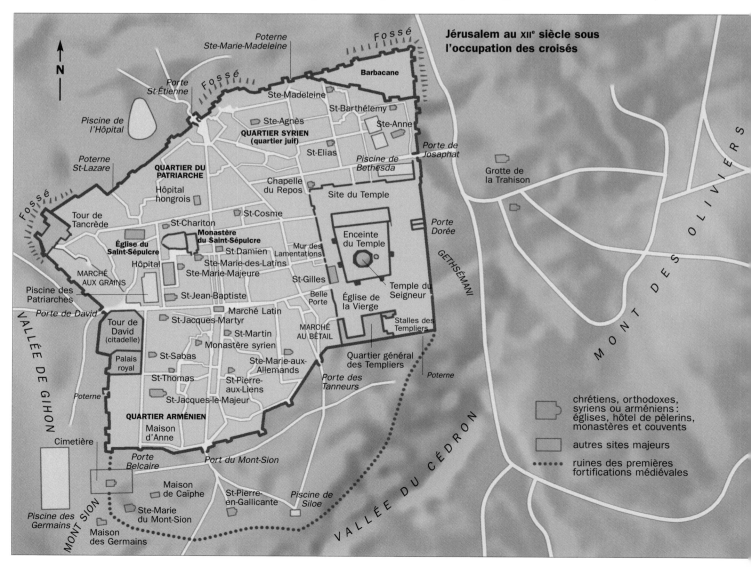

Jérusalem au XIIe siècle sous l'occupation des croisés

chrétiens, orthodoxes, syriens ou arméniens : églises, hôtel de pèlerins, monastères et couvents

autres sites majeurs

ruines des premières fortifications médiévales

guère plus de 1 200 ou 1 300 chevaliers dans notre armée, à ce que je peux savoir. Et je dis ceci : vous devez comprendre que rien, de grand ou de petit, que vous entreprenez au nom du Seigneur ne peut échouer. » Cette foi aveugle caractérisait la mentalité des croisés. Après un si long voyage, il leur semblait inconcevable de ne pas aller jusqu'au bout. Cette conviction les poussait à la conquête d'un royaume.

Un assaut improvisé

Le siège de Jérusalem commença le 8 juin 1099, le lendemain de l'arrivée des croisés devant la ville. Antioche avait cédé au bout de sept mois. Jérusalem céda en cinq semaines. Tout d'abord, des lignes de siège furent établies. Le duc Godefroi et les comtes de Flandre et de Normandie se postèrent au nord de la ville, le comte Raymond approcha par l'ouest. Considérant le fait que la campagne environnante avait été ravagée et que leurs voies d'approvision-nement étaient beaucoup trop distendues, les croisés comprirent qu'il leur serait impossible de maintenir le siège pendant plusieurs mois. Ils en conclurent qu'il n'y avait pas d'autre solution que celle de lancer l'assaut.

Raymond d'Agiles raconte : « Un jour, certains chefs militaires rencontrèrent un ermite sur le mont des Oliviers, qui leur dit ceci : Si vous attaquez la cité demain avant la neuvième heure, le Seigneur la remettra entre vos mains. » Les croisés ne

possédaient ni tour d'assaut ni échelles, mais ils considérèrent les paroles de l'ermite comme un présage et se préparèrent à attaquer le lendemain matin. Des échelles de fortune furent fabriquées pendant la nuit et, à l'aube du 13 juin, l'assaut fut lancé. Contre des forces écrasantes, les croisés prirent pied sur le sommet des remparts extérieurs et forcèrent les défenseurs à battre en retraite. Mais les forces fatimides se regroupèrent et repoussèrent l'attaque. Démoralisés, les croisés regagnèrent leurs campements. Le moral revint lorsqu'une flotte de navires entra à Jaffa, leur apportant des vivres et du matériel de siège. Une colonne fut envoyée vers ce port et les approvisionnements transportés à Jérusalem, accompagnés de marins chargés de cordes et d'outils. On réunit du bois, et on put enfin construire de véritables échelles de siège, des tours d'assaut et des trébuchets, tout ce qui était nécessaire pour mener à bien une attaque.

Quand la nouvelle de l'arrivée imminente d'une relève des forces fatimides parvint aux croisés, Raymond de Saint-Gilles sut qu'il ne pourrait garder son armée en état de combattre si son approvisionnement venait à manquer. Il comprit aussi que sa dernière chance était d'attaquer la ville avant que son armée ne soit contrainte de battre en retraite vers la côte pour éviter d'être attaquée sur ses arrières. L'assaut final allait être donné le 13 juillet.

Ci-dessus : la Tour de David s'appuyait sur le mur ouest de la vieille ville. Une citadelle avait été construite en cet endroit au temps des Romains. Malgré les défenses formidables que Jérusalem opposait aux croisés, le point faible se situait justement au niveau de cette citadelle, délaissée pendant la période de calme qui accompagna l'occupation arabe. Elle fut reconstruite et considérablement renforcée par les croisés, et agrandie plus tard par les mamelouks.

La chute de la Ville sainte

En juillet 1099, les croisés manquaient d'hommes, de vivres… et presque de temps. De puissants renforts égyptiens étaient en route et il ne restait aux chrétiens qu'une solution: donner l'assaut ou se retirer vers la côte. Tirant sur leurs dernières réserves, tant spirituelles que matérielles, ils prièrent, jeûnèrent et, finalement, donnèrent l'assaut aux remparts. Après deux jours de violents combats, Jérusalem tomba entre les mains des chrétiens.

faites pas, tous les maux dont vous avez souffert seront multipliés par le Seigneur.» Croyant en la volonté divine, les croisés s'y conformèrent une fois encore. Le jeûne commença immédiatement.

Le 8 juillet, les défenseurs de la ville furent stupéfaits de voir les évêques et les prêtres menant une procession de

À droite: le siège de Jérusalem est décrit dans l'*Histoire* de Guillaume de Tyr. Au premier plan à droite, on distingue un trébuchet. Au centre, les croisés utilisent des échelles, tandis que l'image du Christ surplombe le haut des remparts.

Le 6 juillet, l'évêque Adhémar apparut à un clerc, Pierre Didier, lui enjoignant, ainsi qu'à ses compagnons, de se laver de leurs fautes et de redresser leurs mauvais penchants. «Puis, pieds nus, marchez autour de Jérusalem en invoquant le Seigneur, tout en jeûnant. Si vous faites cela, vous pourrez lancer une grande attaque sur la ville le neuvième jour et vous la capturerez. Si vous ne le

croisés, pieds nus, qui faisaient le tour des remparts. Les moqueries de la garnison furent couvertes par le son des trompettes et les prières. Quand le cortège atteignit le mont des Oliviers, les évêques demandèrent à chacun des participants de pardonner à ses frères. Selon Raymond d'Agiles, «chacun se réconcilia avec ses compagnons et, avec de généreuses offrandes,

nous implorâmes le pardon de Dieu qui ne devait pas abandonner son peuple alors qu'Il l'avait mené si glorieusement et si miraculeusement jusqu'ici ». Les croisés renforcèrent leurs tours de siège avant de lancer l'assaut. Godefroi devait attaquer le rempart nord et Raymond le rempart sud.

La nuit suivante, du 13 au 14 juillet, des engins de siège furent mis en place alors que les adversaires lançaient contre les attaquants une pluie de projectiles. À l'aube du 15 juillet, ce fut le moment décisif, et bien que les tours aient été gravement endommagées et, pour certaines, incendiées, elles permirent d'atteindre les murs de la cité, au nord comme au sud.

Une victoire sanglante

« Quand l'heure approcha… nos chevaliers commencèrent à se battre avec bravoure dans l'une des tours du duc Godefroi et de son frère Eustache, comte de Boulogne. Un de nos chevaliers, un flamand nommé Letold, escalada la muraille, et bientôt les défenseurs s'enfuirent à travers la cité. » Les croisés avaient envahi le mur nord de Jérusalem.

Simultanément, Raymond de Saint-Gilles et ses hommes escaladaient les remparts sud, forçant les défenseurs à se réfugier dans la citadelle connue sous le nom de Tour de David. Tandis que Godefroi ouvrait la Porte de Damas,

Iftikhar gagna la citadelle d'où il commença à parlementer pour sauver sa vie. Raymond se saisit de la rançon et escorta le général et sa garnison hors de la ville. D'autres infidèles n'eurent pas cette chance.

Les musulmans furent tous abattus, quels que fussent leur sexe ou leur âge. Les croisés pénétrèrent dans la mosquée el-Aqsa et exécutèrent tous ceux qu'ils rencontraient, y compris « de nombreux imams et de nombreux élèves des écoles coraniques… qui avaient quitté leurs pays d'origine pour pratiquer une vie pieuse et retirée du monde dans la Ville sainte ». La population juive trouva refuge dans les principales synagogues de la ville qui furent incendiées, leurs occupants immolés par le feu. Le massacre continua jusqu'à ce qu'il n'y ait plus que des chrétiens vivants dans Jérusalem. Daimbert, l'évêque de Pise, écrivit au pape : « Si vous désirez savoir comment nous avons traité les ennemis que nous avons trouvés là, sachez que dans la Porte de Salomon et dans son temple, les chevaux de nos hommes pataugeaient dans le sang des Sarrasins jusqu'à leurs genoux. » La *Gesta Francorum* rapportait pour sa part : « L'armée ravagea la ville et s'empara d'un butin d'or et d'argent… et d'habitations pleines de marchandises de toutes sortes. » Les croisés avaient réussi l'impossible tout en perpétrant ce qui fut le pire massacre de toute l'histoire des croisades.

Ci-dessus : aux yeux las des croisés, les formidables fortifications qui protégeaient Jérusalem devaient sembler imprenables. En fait, elles tombèrent en cinq semaines.

La fin du voyage ?

La chute de Jérusalem et la saignée qui s'ensuivit furent accompagnées d'un conflit entre les intérêts séculiers et spirituels. La croisade avait été un pèlerinage autant qu'une campagne de conquête et, alors que les croisés savouraient les satisfactions spirituelles et temporelles de leurs exploits, ils avaient aussi à décider du sort de la ville qu'ils venaient de conquérir.

L'une des villes les plus riches du Moyen-Orient se trouvait aux pieds des croisés et « nos hommes pénétraient dans les maisons des habitants et s'emparaient de tout ce qu'ils pouvaient. Le premier qui rentrait dans la maison, quels que soient sa position ou son rang, avait le droit de la piller, et c'était reconnu par les Francs ». Ceux dont l'esprit était plus élevé se rendaient dans les Lieux saints, pour achever le pèlerinage qu'ils avaient entrepris depuis si longtemps.

Une semaine après que les prêtres aient marché nu-pieds autour des murs de la ville et enduré les sarcasmes de la garnison, les princes allèrent en procession solennelle à travers les rues de la Ville sainte, au soir de leur surprenante victoire. Le but de la procession était l'église du Saint-Sépulcre, lieu le plus saint de la plus sainte des villes. En touchant les dalles où les disciples du Christ avaient oint le corps de leur sauveur, les croisés étaient persuadés que la sainteté des lieux leur serait transmise. Ils assistèrent à la messe et remercièrent Dieu pour la victoire qu'ils avaient remportée et pour la fin de leur pèlerinage.

Le chroniqueur Raymond d'Agiles écrivit : « Maintenant que la ville était prise, tous nos travaux et nos souffrances passés étaient récompensés à la vue de la dévotion des pèlerins du Saint-Sépulcre. Ils se réjouissaient, ils exultaient et chantaient un nouvel hymne au Seigneur ! Un nouveau jour, une nouvelle joie, un nouveau et perpétuel bonheur… jaillissaient de tout nouveau mot et de toute nouvelle musique. Ce jour, je le proclame, sera célèbre dans tous les temps à venir. Ce jour, je le proclame, marque la justification de toute la chrétienté, l'humiliation du païen, et le renouveau de notre foi. C'est le jour qu'a fait le Seigneur, réjouissons-nous et soyons heureux en Lui. »

Le choix d'un chef féodal

Beaucoup de croisés n'avaient aucun doute sur les motivations de leur voyage même s'ils avaient convoité les riches récompenses de la victoire ; en fait leurs mobiles spirituels l'emportaient sur les avantages temporels. À une époque de profonde dévotion, les plus dévots des hommes de la chrétienté avaient accompli leur mission. Mais quelle conduite adopter à présent ?

Une fois les rues débarrassées des cadavres qui les encombraient, on envoya des messages en Europe via Constantinople, Antioche et Édesse. Les réactions furent mitigées. Alexis Ier, l'empereur de Byzance, était déçu que les croisés aient agi seuls, sans respecter leurs engagements à son égard. Le patriarche de Jérusalem, qui avait aidé les croisés avant Antioche, constata que ses prêtres orthodoxes se trouvaient dépossédés des Lieux saints de Jérusalem, qui semblaient maintenant être la propriété personnelle de l'Église de Rome. Pour les musulmans qui avaient perdu, eux aussi, l'un de leurs lieux les plus saints, il était impensable que ces infidèles puissent avoir le droit de conserver leur conquête. Le pape Urbain II, l'instigateur de la croisade, mourut avant d'apprendre la prise de Jérusalem.

Tandis que certains croisés regagnaient leur pays, d'autres comprirent que leur avenir se trouvait en Orient et qu'ils allaient devoir défendre les territoires dont ils s'étaient emparés. Cela impliquait l'organisation d'un contrôle féodal sur la Terre sainte. Les chefs décideraient de celui qui allait gouverner Jérusalem et devenir le seigneur des croisés. On choisit en premier Raymond de Saint-Gilles, comte de Toulouse, qui déclara qu'il ne se sentait pas digne de porter une couronne sur les lieux où le Christ avait porté sa couronne d'épines. Le prochain candidat fut Godefroi de Bouillon qui déclina le titre de roi, mais accepta, toutefois, celui plus diplomatique d'avoué du Saint-Sépulcre. La hiérarchie féodale était instituée et les États croisés du Levant venaient de naître. On se demandait maintenant comment ils allaient pouvoir survivre.

Ci-dessus : Godefroi de Bouillon aurait pu être le premier roi de Jérusalem, mais il préféra un titre plus modeste. Ici, il est représenté à cheval, portant les « instruments de la passion du Christ ».

Page de droite :
l'église du Saint-Sépulcre, à Jérusalem, peinte dans un livre d'heures français du XIVe siècle.

La création d'un royaume croisé

Les conquérants de Jérusalem, d'Édesse et d'Antioche joignirent leurs forces à celles de leurs alliés arméniens pour créer un royaume croisé, alliance de quatre États qui s'étendait d'Antioche à Jérusalem et même au-delà. Ils durent d'abord consolider leurs positions en Terre sainte et repousser les armées musulmanes qui s'étaient regroupées autour d'eux.

L'allégresse spirituelle qui suivit la prise de Jérusalem ne suffit pas pour unir les chefs des différentes factions croisées. Bohémond d'Antioche et le comte Baudouin d'Édesse s'opposaient à toute réunification sous la bannière de Godefroi, l'avoué du Saint-Sépulcre. Raymond de Saint-Gilles, comte de Toulouse, campait le long de la vallée du Jourdain et Tancrède et s'était lancé dans le siège de Naplouse un mois à peine après la chute de Jérusalem. Godefroi restait dans la capitale afin d'y renforcer son contrôle.

Ci-dessous : fresque peinte sur le mur d'une église au XIIᵉ siècle représentant un chevalier croisé chargeant sur son destrier.

Aux premiers jours d'août 1099, Godefroi fut averti qu'une armée égyptienne menaçait de couper Jérusalem de la côte. Il appela donc Raymond et Tancrède à la rescousse, et une armée croisée se porta à la rencontre des musulmans. Jérusalem était alors entre les mains du clergé dont le pouvoir spirituel était aussi fort que celui des armées.

Les deux armées se retrouvèrent face à face dans la plaine d'Ashdod. La bataille d'Ascalon qui s'ensuivit démontra une fois encore la supériorité des croisés. D'après la *Gesta Francorum*, « nos hommes entrèrent dans une magnifique vallée située près du rivage de la mer et déployèrent leurs lignes de bataille… Les infidèles se trouvaient devant nous ». Les chevaliers francs chargèrent l'ennemi et « le comte de Normandie (le duc Robert), voyant la pomme dorée que portait l'étendard de l'émir, se rua sur

celui qui le tenait et lui infligea une blessure mortelle. Le comte de Flandre attaqua sur l'autre flanc et Tancrède chargea au centre du camp ennemi ».

Le commandant égyptien, le vizir al-Afdal, et son armée furent pétrifiés par la férocité de la charge des croisés. Des Égyptiens se précipitèrent dans la mer pour tenter de rejoindre la flotte qui les y attendait, mais beaucoup se noyèrent et d'autres se réfugièrent derrière les murs d'Ascalon. Ceux qui restaient, environ dix mille hommes, furent massacrés ou noyés sur les plages. L'étendard de l'émir fut rapporté en triomphe et installé dans l'église du Saint-Sépulcre. Le tout jeune royaume croisé avait été sauvé par une simple charge de cavalerie.

Le roi de Jérusalem

La seule menace qui subsistait venait du Nord, en la personne du calife abbasside de Bagdad, al-Mustazhir. Des rescapés lui avaient demandé assistance pour attaquer les infidèles, mais ses moyens militaires étaient insuffisants. Le prince turc seldjoukide qui régnait à Bagdad était occupé à mener contre son frère une guerre qui requérait toutes ses troupes disponibles. Une contre-attaque coïncidant avec la campagne égyptienne aurait pu réussir, car les croisés, peu nombreux, n'auraient pu se défendre sur deux fronts à la fois. Alors qu'un coup de main décisif aurait pu éviter deux siècles de domination chrétienne sur la Terre sainte, les musulmans de Syrie furent incapables de contre-attaquer. La faiblesse des Turcs et leur indifférence politique à l'égard du destin de leurs coreligionnaires du Sud leur firent perdre une occasion de chasser les chrétiens.

À ce moment crucial, un nouveau représentant du pape, l'évêque Daimbert, vint remplacer l'évêque Adhémar. Il fut nommé patriarche de Jérusalem et, en retour du soutien politique que lui apporta Tancrède, il nomma celui-ci prince de Galilée. Il confirma Bohémond dans sa position de prince d'Antioche. Godefroi s'en offusqua, mais sa mort évita un sérieux conflit. Son frère, Baudouin d'Édesse, se préparait à marcher sur Jérusalem alors que Bohémond, pour sa part, s'apprêtait à l'arrêter. L'évêque dressait les princes les uns contre les autres.

Le destin intervint avec la capture de Bohémond par les Seldjoukides, laissant le champ libre à Baudouin pour s'emparer de Jérusalem. Contrairement à son frère, Baudouin n'avait aucun scrupule à se voir couronner et, le jour de Noël 1100, il devint le premier roi chrétien de Jérusalem et le chef incontesté des États croisés. Un nouveau royaume était né.

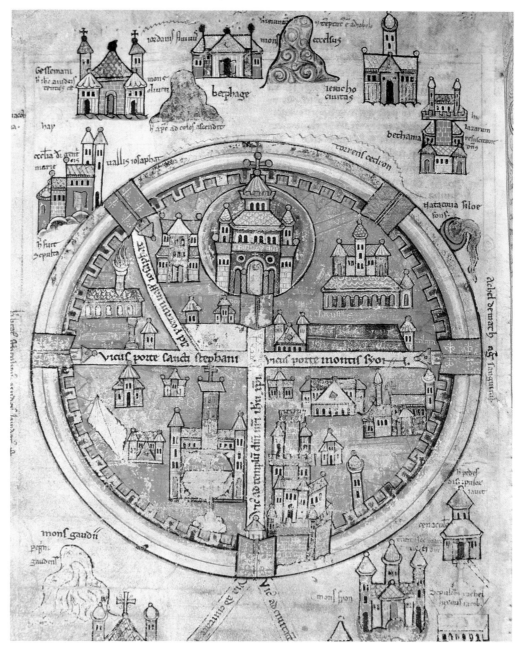

Ci-dessus : Jérusalem vue par le moine Robert dans sa *Chronique des croisades*, vers 1099. L'orientation est tournée de 90 degrés par rapport aux cartes modernes, c'est-à-dire que le nord se situe à gauche, là où est marqué l'ouest. Le jardin de Gethsémani et le mont des Oliviers sont placés en haut.

CHAPITRE 4

Les États francs
du Levant

La première croisade terminée, la Terre sainte libérée, les croisés pouvaient rentrer chez eux. Toutefois, nombre d'entre eux restèrent sur place et créèrent leurs propres domaines féodaux au Moyen-Orient. Bien qu'entourés d'ennemis musulmans, les États croisés survécurent près de deux siècles. Après 1100, les croisés protégèrent les terres chrétiennes plus que les Lieux saints. Ces terres portaient le nom d'États du Levant. Pour beaucoup de chrétiens, ces États se mirent à représenter la raison d'être du mouvement des croisades : la défense d'un État chrétien au milieu de religions ennemies.

Le royaume de Jérusalem, et ses partenaires plus petits – la principauté d'Antioche, le comté d'Édesse et le comté de Tripoli – furent créés sur le modèle des États de l'Europe féodale, mais adaptés aux conditions particulières de la Terre sainte. Godefroi de Bouillon fut nommé avoué du Saint-Sépulcre, titre qui signifiait qu'il était là pour défendre la propriété de l'Église. Il mourut un an plus tard, laissant la place à son frère Baudouin, comte d'Édesse, qui n'eut aucun scrupule à s'appeler roi de Jérusalem. Quand il fut couronné le jour de Noël 1100, il se trouva de facto à la tête d'un état féodal – il n'était plus le simple défenseur de l'Église.

Pendant la plus grande partie de leur existence, les États du Levant furent presque toujours sur le point de disparaître. Au cours du XIIe siècle, l'opposition musulmane aux croisés se fit plus âpre, et ces derniers durent faire face à de constantes actions de harcèlement, de blocus et d'invasion. Manquant cruellement de ressources humaines, les souverains des États croisés comptaient sur un ensemble de fortifications pour préserver leurs frontières, et sur la venue de nouveaux croisés qui les aideraient à se défendre. Bien que n'étant pas particulièrement riches, les États du Levant se présentaient comme une communauté vigoureuse, un lien entre l'Orient et l'Occident. Malgré leur effondrement en 1187, ils survécurent encore un siècle et, même après la chute d'Acre en 1291, des avant-postes croisés se maintinrent en mer Égée.

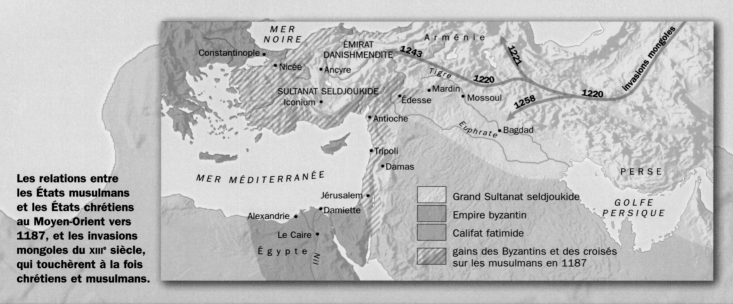

Les relations entre les États musulmans et les États chrétiens au Moyen-Orient vers 1187, et les invasions mongoles du XIIIe siècle, qui touchèrent à la fois chrétiens et musulmans.

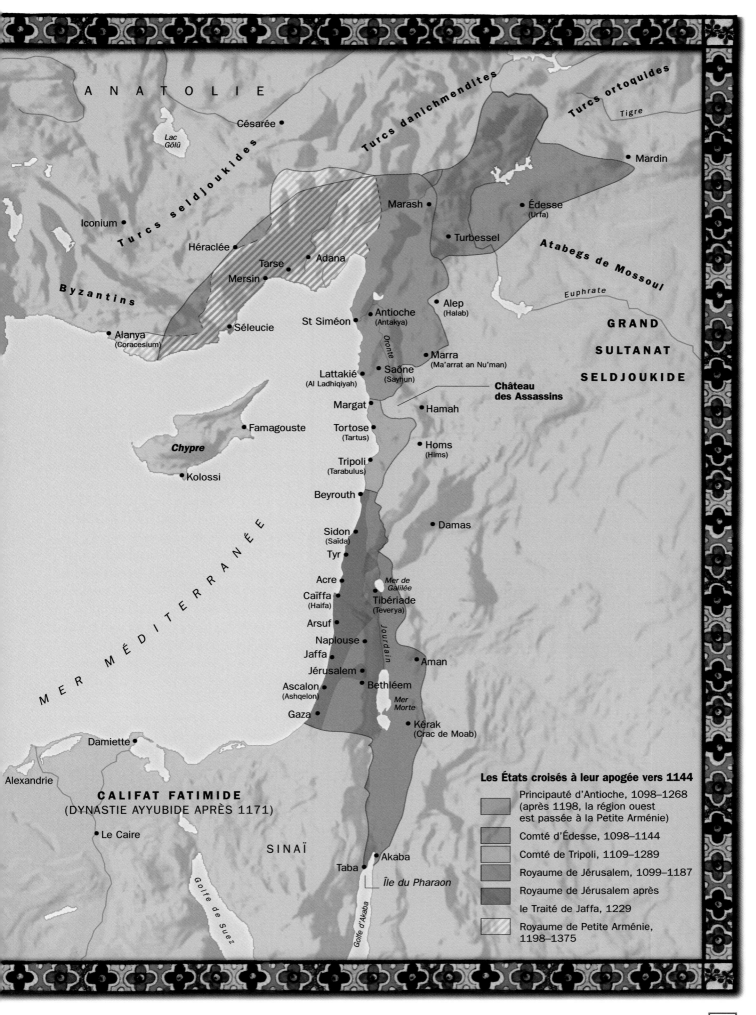

ANATOLIE

Césarée

Lac Gölü

Iconium

Turcs seldjoukides

Héraclée

Tarse
Adana
Mersin

Byzantins

Alanya
(Coracesium)

Séleucie

St Siméon

Antioche
(Antakya)

Turcs danichmendites

Marash

Turbessel

Édesse
(Urfa)

Turcs ortoquides

Tigre

Mardin

Atabegs de Mossoul

Euphrate

Alep
(Halab)

GRAND

SULTANAT

SELDJOUKIDE

Marra
(Ma'arrat an Nu'man)

Oronte

Lattakié
(Al Ladhiqiyah)

Saône
(Sayhun)

Château
des Assassins

Hamah

Margat

Famagouste

Chypre

Tortose
(Tartus)

Homs
(Hims)

Kolossi

Tripoli
(Tarabulus)

Beyrouth

Damas

Sidon
(Saïda)

Tyr

Acre

MER MÉDITERRANÉE

Caïffa
(Haifa)

*Mer de
Galilée*

Tibériade
(Teverya)

Arsuf

Jourdain

Naplouse

Jaffa

Aman

Jérusalem

Ascalon
(Ashqelon)

Bethléem

*Mer
Morte*

Gaza

Kérak
(Crac de Moab)

Damiette

Alexandrie

CALIFAT FATIMIDE
(DYNASTIE AYYUBIDE APRÈS 1171)

Le Caire

SINAÏ

Taba

Akaba

Golfe de Suez

Golfe d'Akaba

Île du Pharaon

Les États croisés à leur apogée vers 1144

Principauté d'Antioche, 1098–1268
(après 1198, la région ouest
est passée à la Petite Arménie)

Comté d'Édesse, 1098–1144

Comté de Tripoli, 1109–1289

Royaume de Jérusalem, 1099–1187

Royaume de Jérusalem après
le Traité de Jaffa, 1229

Royaume de Petite Arménie,
1198–1375

Le royaume de Jérusalem

Lorsqu'il apprit la mort de son frère Godefroi à Jérusalem, Baudouin en vit tout l'intérêt politique et prit la route de la Ville sainte pour réclamer la couronne que Godefroi avait toujours dit appartenir à l'Église. Son couronnement ne créa pas seulement un nouveau royaume, il ouvrit aussi une nouvelle ère dans l'histoire des croisades.

Page suivante : le problème le plus grave qu'aient eu à résoudre les chefs de la première croisade fut celui de leurs effectifs. Les premières batailles avaient été menées avec les troupes qui avaient atteint Byzance pour traverser ensuite l'Asie Mineure. Quand le nombre des combattants diminua suite à des décès, les croisés eurent grand-peine à remplacer les disparus. Tandis que les renforts des croisés devaient parcourir un long et dangereux chemin par terre ou par mer, les musulmans possédaient une source inépuisable de guerriers dans laquelle ils pouvaient puiser à volonté. Ce fragment légèrement endommagé d'un manuscrit du XIᵉ siècle montre une troupe armée s'apprêtant à se mesurer à l'armée musulmane. Le chef, à gauche, est le seul à porter une armure complète, ce qui rappelle probablement combien il était difficile pour les chevaliers de remplacer leurs équipements, éloignés qu'ils étaient de leurs sources traditionnelles d'approvisionnement.

Lorsque Baudouin Iᵉʳ (r. 1100-1118) créa le royaume de Jérusalem, il se trouvait menacé au sud par les armées égyptiennes fatimides (Sarrasins), qui tentèrent par trois fois de l'envahir en cinq ans. Les croisés étaient aidés par des bateaux venant des ports d'Italie, qui les approvisionnaient en vivres et en hommes, en retour de quoi ils bénéficiaient d'une lucrative tête de pont sur les marchés du Moyen-Orient. Alors que les Vénitiens s'étaient assurés un accord commercial avec Constantinople, leurs rivaux de Pise et de Gênes voyaient dans le royaume de Jérusalem une terre d'avenir.

À mesure que les villes côtières devenaient chrétiennes, les musulmans non seulement perdaient leurs bases, mais se trouvaient incapables de mettre à mal, voire de couper, le lien par lequel se renforçait le Royaume. Toutefois, le manque d'homme commençait à devenir un sérieux problème pour Baudouin, et allait affaiblir le règne de ses successeurs. Une deuxième croisade avait été organisée en Europe. Elle réunissait les chevaliers et leur suite qui avaient manqué le départ de la première croisade. Ces renforts entrèrent en Anatolie en trois colonnes séparées qui furent chacune anéantie par des Turcs de la région, eux-mêmes appuyés par de grandes armées seldjoukides envoyées de Bagdad et d'Alep. Les quelques croisés qui survécurent trouvèrent finalement le chemin de Jérusalem où ils vinrent se joindre aux défenseurs.

Le royaume de Jérusalem et les autres États croisés furent créés sans qu'on tînt compte des conséquences de la prise de la Ville sainte. Les croisés étaient aussi des pèlerins qui, ayant atteint Jérusalem, se voyaient lavés de tous leurs péchés, ce qui était leur objectif premier. La grâce divine s'était manifestée en leur faveur, et beaucoup désiraient s'installer dans le pays où Dieu les avait bénis. Ils pensaient aussi que mourir pour défendre la Terre sainte leur apporterait l'indulgence divine rédemptrice et donc le bonheur éternel.

La création de royaumes féodaux

À une époque de profonde dévotion, alors que la vie était courte et brutale, les sentiments religieux revêtaient une suprême importance. Des hommes comme Raymond de Saint-Gilles ou Godefroi de Bouillon pensaient qu'ils reviendraient dans leurs terres, mais après la prise « miraculeuse » de Jérusalem, ils décidèrent de consacrer la fin de leurs vies au service du Saint-Sépulcre. Les États croisés furent créés autant pour un idéal spirituel que pour répondre à l'ambition de quelques barons.

Afin de défendre les territoires nouvellement conquis, les croisés durent organiser leurs États. La seule façon d'y parvenir consistait à imposer une structure féodale en Terre sainte. Naturellement, tous les croisés ne partageaient pas la ferveur spirituelle de Raymond de Saint-Gilles ou de Godefroi de Bouillon. Le prince Bohémond de Tarente se considérait lui-même comme le supérieur social et féodal de beaucoup de ses compagnons croisés et, quand il créa son propre État autour d'Antioche, il en fit une principauté. De la même manière, son neveu Tancrède affirma que les territoires qu'il avait obtenus en Galilée formaient également une principauté. D'autres nobles croisés, comme le comte de Toulouse, gardèrent le terme de « comté » pour leurs terres féodales.

Ces partages territoriaux allaient amener une division des chefs croisés qui aurait pu entraver la défense des États du Levant. Qu'ils le veuillent ou non, les princes avaient besoin d'une forme de commandement supérieur. Lorsque Baudouin Iᵉʳ se couronna, il prit un titre qui s'enracinait au plus profond de la Bible. Parmi les rois de Jérusalem, on comptait Salomon et David, en héritant de ce titre royal, Baudouin portait un poids spirituel jusque-là inconnu des monarques occidentaux. Le peuple d'Israël avait été gouverné par le roi de Jérusalem, et le nouveau roi écartait toute ingérence juive en ajoutant à son titre « des Latins ». L'Église accepta, mais rappela à Baudouin qu'il avait maintenant des obligations morales et spirituelles en tant que souverain chrétien.

Les rois du Levant au XIIᵉ siècle

Au cours du XIIᵉ siècle, les rois de Jérusalem prétendirent régner sur la totalité des États du Levant. En fait, ils n'avaient qu'une faible influence sur les États croisés du Nord. De plus, des conflits de factions et des querelles dynastiques fragilisaient leur Cour.

Page suivante : cette enluminure du début du XIVᵉ siècle représente une bataille entre les chevaliers chrétiens et les musulmans. Beaucoup d'illustrations semblables ornaient les livres populaires sur les croisades. Le portrait du musulman enturbanné et sans armure n'est pas fidèle, car les musulmans eux-mêmes portaient des armures comme les chevaliers. On remarque que les nombreuses têtes qui jonchent le sol appartiennent à des musulmans, ce qui indique l'origine chrétienne du document.

Avant même la prise de Jérusalem, les croisés étaient divisés selon leurs pays ou leurs régions d'origine. Les Normands italiens suivaient Bohémond de Tarente, les Francs du Sud soutenaient Raymond de Saint-Gilles, et les partisans de Godefroi de Bouillon venaient de Lotharingie et de Brabant. Il était difficile pour ces hommes de désigner un roi parmi leurs pairs ou quelqu'un qui appartiendrait à un groupe différent.

Godefroi, puis Baudouin Iᵉʳ, avaient une autorité limitée sur les autres princes et une influence souvent restreinte hors de leur royaume. Le royaume de Jérusalem adopta la hiérarchie féodale franque, fondée sur l'hérédité. Le descendant ou le parent le plus proche du monarque lui succédait, mais l'Église se réservait la possibilité de choisir en cas de doute. C'était elle qui choisissait alors l'héritier.

La faiblesse de ce système apparut quand les successions couronnèrent des enfants imposant une régence. Les proches étaient écartés, les favoris promus, ce qui entraînait d'inévitables conflits qui affaiblissaient l'autorité centrale. Cette forme de pouvoir féodal allait se montrer fatale pour les États du Levant, entourés d'ennemis.

C'est pourquoi les cours des États croisés se rapprochèrent de l'Empire byzantin où la fluctuation permanente des alliances entre les nobles rendait la situation plus ouverte.

Le règne de Baudouin Iᵉʳ fut marqué par la consolidation des régions côtières, qui étaient encore, pour une large part, entre les mains des musulmans. Il repoussa aussi plusieurs tentatives d'invasion des troupes égyptiennes fatimides. Quand Baudouin mourut sans descendance au cours d'une expédition contre l'Égypte, le trône fut réclamé par son frère Eustache, comte de Boulogne, et par son cousin Baudouin du Bourg qui avait succédé à Baudouin Iᵉʳ comme comte d'Édesse. Eustache étant alors en Europe, la couronne échut à Baudouin.

La dynastie des Baudouin

Baudouin II (r. 1118-1131) n'inspira jamais confiance à ses opposants pour une bonne raison. Lorsqu'il fut capturé par les Seldjoukides (1123-1124), les nobles rivaux se proposèrent de le remplacer par Charles, comte de Flandre. En négociant sa propre libération, Baudouin assura sa succession en mariant sa fille aînée, Mélisende, à Foulques, comte d'Anjou. Foulques lui succéda en 1131, mais son favoritisme discrédita la noblesse parmi laquelle figurait sa propre femme.

À la mort de Foulques, en 1143, Mélisende gouverna comme régente au nom de son jeune fils Baudouin III. N'étant pas disposée à abandonner son pouvoir, Mélisende y fut contrainte par son

propre fils qui l'envoya en exil. Baudouin III mourut en 1163. Amaury (r. 1163-1173), son plus jeune frère, lui succéda. Les dissensions de la dynastie affaiblirent l'influence de la couronne, et aucun de ces souverains ne fut capable d'imposer son autorité à ceux d'Antioche, de Tripoli ou d'Édesse.

Baudouin IV (r. 1174-1185) – l'un des meilleurs souverains des États francs du Levant – contracta la lèpre, ce qui l'empêcha de maîtriser les intrigues dynastiques de la cour de Jérusalem, dont c'était un trait byzantin permanent. Étant aussi sans

héritier, c'est le fils de sa sœur Sybille qui monta sur le trône. Beaudouin V ne vécut qu'un an, puis sa mère Sybille – avec son mari Guy de Lusignan – s'empara du pouvoir en 1186, ce qui écarta Guy de Lusignan des autres princes, spécialement du comte Raymond de Tripoli auquel le trône avait été promis. Cette division se révéla fatale lors de la désastreuse campagne contre Saladin en 1187. Guy de Lusignan devint roi sous le nom de Guy Iᵉʳ de Jérusalem (r. 1186-1192), mais il est surtout connu pour avoir été celui qui perdit la Ville sainte au profit des musulmans.

Ci-dessous:

la vieille ville de Jérusalem au soleil couchant.

Les premiers princes d'Antioche

En 1098, le prince Bohémond de Tarente devint le premier prince d'Antioche. Pendant la plus grande partie des siècles suivants, luttant pour leur survie, les princes dépensèrent plus d'énergie dans leurs rivalités et leur résistance à la domination de Jérusalem que pour combattre les ennemis musulmans qui les entouraient.

Ci-dessous: un manuscrit du XIVe siècle montre l'armée escortant un convoi. La sécurisation des voies d'approvisionnement était le problème logistique le plus difficile à résoudre pour les croisés. Même après la prise d'Antioche, la principauté dut faire face à des attaques maritimes de la part de la flotte fatimide à l'encontre des navires qui ravitaillaient les croisés. Et quand les vivres arrivaient à bon port, il n'y avait pas assez d'hommes pour protéger leur transport terrestre.

Pour assurer la sécurité de sa principauté, Bohémond de Tarente renia ses vœux de croisé en créant son propre royaume féodal plutôt que d'aller chasser les musulmans. Même s'il était soutenu par ses compagnons, les chevaliers normands d'Italie, ce comportement entraîna le ressentiment des autres princes croisés.

Bohémond fut capturé par les Turcs en été 1100, au cours d'une de ses nombreuses expéditions autour d'Antioche. Son neveu Tancrède prit alors la régence. Quand Bohémond fut libéré trois ans plus tard contre une grosse rançon, il confia à Tancrède la charge de la principauté et revint en Italie pour y chercher des renforts. Il y mourut, laissant comme successeur un fils de trois ans. L'infant Bohémond II resta en Italie, et Tancrède assura la régence jusqu'à sa mort en 1112.

La régence passa alors entre les mains d'un de ses cousins, Roger de Salerne, qui hérita le pouvoir en des temps critiques. Ilghazi, émir de Mardin, était également devenu, peu de temps avant, émir d'Alep. C'était un commandant militaire habile, qui joignit ses forces à celles de l'émir de Damas pour envahir la principauté d'Antioche. Le roi Baudouin II de Jérusalem apporta immédiatement son soutien à Roger mais, le 29 juin 1119, à 24 kilomètres d'Alep, les musulmans encerclèrent les croisés du régent.

Ce fut le massacre. Selon le chroniqueur musulman Ibn al-Qalanisi, «en moins d'une heure, tous les Francs étaient couchés, morts». De source chrétienne, on laisse entendre que seuls vingt chevaliers réussirent à s'échapper et à regagner Antioche. Parmi les morts figurait Roger de Salerne. Cette bataille resta sous le nom d'*Ager sanguinis*, le «champ du sang». Ce désastre soulignait une fois encore le cruel manque d'hommes chez les croisés. Ils ne pouvaient plus se permettre la perte de tant de combattants face à des musulmans qui se multipliaient sans cesse pour combattre les infidèles.

Avec la destruction de ses forces, Antioche devenait ville ouverte. Les marchands de la

principauté se réunirent avec les clercs pour former des milices et protéger la ville alors que le roi Baudouin en assumait le contrôle direct. Un conflit au cœur de l'alliance seldjoukide empêcha les musulmans d'envahir la cité. L'émir Ilghazi, considéré comme un héros à Alep, préféra célébrer sa victoire plutôt que de l'exploiter. Il mourut trois ans après la bataille sous, dit-on, les effets de l'alcool.

L'alliance avec les Byzantins

En octobre 1126, quinze ans après la mort de son père, Bohémond II entra à Antioche. Baudouin II accueillit le jeune prince et lui demanda de prendre pour épouse sa fille Alix. Il assurait ainsi l'union entre le royaume et la principauté mais, quatre ans plus tard, Bohémond II mourait entre les mains des Turcs qui offrirent sa tête au calife seldjoukide de Bagdad. Cette perte était significative du renforcement de l'opposition musulmane contre les croisés. Les États francs du Levant devaient s'unir pour faire face aux menaces des Fatimides et des Seldjoukides. Mais au lieu de cela, les croisés allaient se perdre dans une nouvelle querelle de succession.

Un nouveau roi avait pris le pouvoir à Jérusalem et, lorsqu'Alix lui demanda de restituer le royaume de son époux, Foulques Iᵉʳ (r. 1131-1143) se proclama lui-même régent de la principauté au nom de la fille d'Alix, Constance. En 1136, la jeune princesse fut mariée à Raymond de Poitiers, un partisan de Foulques Iᵉʳ. Raymond Iᵉʳ assura le gouvernement d'Antioche jusqu'à sa mort en 1149 à la bataille de Fons Muratus, où il fut défait par les forces de Nour el-Din, le légendaire Seldjoukide. Une fois encore, le roi de Jérusalem, alors Baudouin III, se retrouva régent d'une principauté sans souverain et sans armée.

Baudouin III évita un effondrement militaire et gouverna le royaume au nom de Constance jusqu'au mariage de celle-ci en 1153. Son nouvel époux, Renaud de Châtillon, dirigea la principauté pendant huit ans, jusqu'à ce qu'il soit capturé par les Turcs en 1161. La princesse Constance se maintint à Antioche grâce à une alliance qu'elle négocia avec Byzance. Sa fille Marie épousa l'empereur Manuel Iᵉʳ Comnène (r. 1143-1180), qui devint le régent titulaire d'Antioche, mais Constance garda la mainmise sur le royaume au nom de son gendre. Toutes ces intrigues eurent un prix : à la suite de ses deux défaites militaires, Antioche ne pouvait plus se défendre par ses propres moyens.

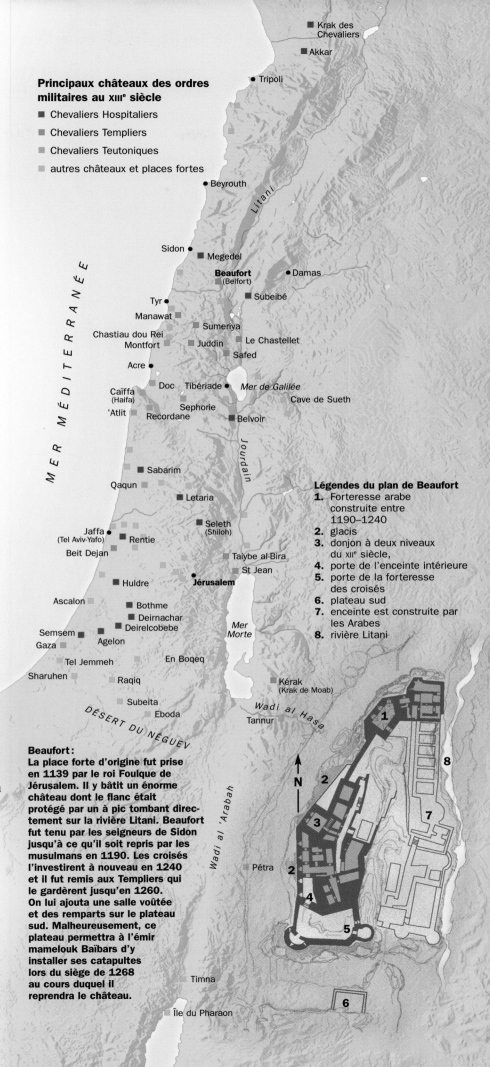

Principaux châteaux des ordres militaires au XIIIᵉ siècle

- ■ Chevaliers Hospitaliers
- ■ Chevaliers Templiers
- ■ Chevaliers Teutoniques
- ■ autres châteaux et places fortes

Légendes du plan de Beaufort
1. Forteresse arabe construite entre 1190–1240
2. glacis
3. donjon à deux niveaux du XIIᵉ siècle,
4. porte de l'enceinte intérieure
5. porte de la forteresse des croisés
6. plateau sud
7. enceinte est construite par les Arabes
8. rivière Litani

Beaufort :
La place forte d'origine fut prise en 1139 par le roi Foulque de Jérusalem. Il y bâtit un énorme château dont le flanc était protégé par un à pic tombant directement sur la rivière Litani. Beaufort fut tenu par les seigneurs de Sidon jusqu'à ce qu'il soit repris par les musulmans en 1190. Les croisés l'investirent à nouveau en 1240 et il fut remis aux Templiers qui le gardèrent jusqu'en 1260. On lui ajouta une salle voûtée et des remparts sur le plateau sud. Malheureusement, ce plateau permettra à l'émir mamelouk Baïbars d'y installer ses catapultes lors du siège de 1268 au cours duquel il reprendra le château.

Les comtés d'Édesse et de Tripoli

Les comtes d'Édesse et de Tripoli créèrent deux États féodaux florissants en Terre sainte. Bien qu'étroitement liés aux autres États croisés du Levant, ils protégeaient jalousement leur indépendance, tout en vivant à l'ombre de leurs voisins musulmans.

Ci-dessus : la plaine syrienne devant Tripoli, au Liban, un paysage que les armées du comté devaient déjà contempler il y a des siècles. Pour les croisés, cette terre représentait la richesse et le pouvoir pour lesquels ils avaient quitté l'Europe.

Édesse devint le centre du comté du même nom en 1098, lorsque la cité arménienne fut conquise par Baudouin de Boulogne (*voir pages 66-67*). Quand, deux ans plus tard, il devint le premier roi de Jérusalem, il confia la province à son cousin, Baudouin du Bourg. À la mort de Baudouin Iᵉʳ, dix-huit ans plus tard, Baudouin du Bourg monta à son tour sur le trône de Jérusalem sous le nom de Baudouin II. Il confia alors le comté d'Édesse aux Courtenay, famille franque de la région du Gâtinais.

Jocelin Iᵉʳ (r. 1119-1131), premier Courtenay

comte d'Édesse, fut suivi de Jocelin II qui perdit la cité face aux Seldjoukides en 1144. Il installa alors sa nouvelle capitale à Turbessel, ville située à mi-chemin entre Édesse et Antioche. Cinq ans plus tard, il était enfermé dans une prison turque d'Alep. Ce qui restait de son fief revint à son épouse, Béatrice, qui n'eut d'autre solution de se placer sous la protection de Byzance.

En 1148, le drame de la deuxième croisade se joua en face de Damas et, avec l'échec de cette expédition, disparurent toutes les chances de reconquérir Édesse. La comtesse Béatrice et son fils se retirèrent dans une relative sécurité à la cour de Jérusalem. Pendant ce temps, les Arméniens d'Édesse et de ses alentours devenaient sujets des Seldjoukides.

La division de Tripoli

L'histoire du comté de Tripoli se présente comme un écheveau inextricable de féodalités meurtrières et de gouvernants à court terme. En 1102, n'ayant pas accepté la couronne de Jérusalem, Raymond de Saint-Gilles prit le titre de comte de Tripoli. La cité portuaire était encore entre les mains des musulmans et, bien que le comte l'ait assiégée, Tripoli se trouvait toujours sous domination musulmane à sa mort, trois ans plus tard. Sa veuve et son jeune fils, Alphonse, retournèrent à Toulouse, et les survivants du contingent venus du sud de la France élurent le cousin de leur dernier chef. Guillaume Jourdain, comte de Cerdagne prit le titre de comte de Tripoli, position qui fut immédiatement contestée par le fils aîné de Raymond de Saint-Gilles, Bertrand.

Appelé en médiation, le roi Baudouin Iᵉʳ en profita pour tenter d'examiner les prétentions du neveu de Bohémond sur le comté d'Édesse. Il proposa une solution compliquée dans laquelle Tripoli serait divisé entre Guillaume et Bertrand, ce dernier, en contrepartie, devenant le vassal du roi. En même temps, et pour son renoncement à Édesse, Tancrède devenait le seigneur féodal du comte Guillaume.

Tripoli tomba en 1109 après un siège de cinq ans et Guillaume fut tué peu après dans de mystérieuses circonstances. Tancrède se voyait maintenant forcé d'accepter le fils de Bertrand, Pons, comme son vassal en remplacement de Guillaume. Mais en réalité, Bertrand et Pons gouvernèrent ensemble le comté de Tripoli. En 1137, peu après la mort de Bertrand, les Seldjoukides tuèrent Pons, et Tripoli accepta comme seigneur le frère de Bertrand, Raymond II (r. 1137-1152), malgré les réclamations du plus jeune fils de Raymond de Saint-Gilles, Alphonse, qui était son héritier direct.

Lorsque des terroristes musulmans, connus sous le nom d'Assassins, exécutèrent Raymond, le fils d'Alphonse, âgé de douze ans, devint le comte Raymond III et gouverna Tripoli jusqu'à sa capture par les Turcs. Il resta en captivité à Damas de 1164 à 1172, le roi Amaury de Jérusalem (r. 1163-1173) assurant le rôle de régent du comté. À sa libération, Raymond retrouva son titre et la ville de Tripoli jusqu'à sa défaite à la bataille de Hattin (1187).

Raymond III s'était montré un chef compétent dans son rôle de régent du roi Baudouin IV de Jérusalem, atteint fatalement de la lèpre. Le temps qu'il avait passé en captivité lui avait permis de mieux comprendre les musulmans qu'il considérait plus comme des voisins que comme des ennemis. Accusé injustement de trahison et après le désastre de Hattin (*voir pages 118-119*), Baudouin, marqué du sceau du traître, fut chassé de sa charge et mourut quelques mois plus tard, brisé. Si le roi Guy Iᵉʳ de Jérusalem avait écouté ses conseils avant Hattin, les États francs du Levant auraient pu survivre à l'effondrement de leurs frontières.

Ci-dessous : une promenade ombragée au bord des bassins de cérémonie et dominée par une mosquée entoure le château de l'ancienne ville mésopotamienne d'Édesse. La cité, capitale du comté d'Édesse, a été renommée Urfa au XVᵉ siècle.

L'économie féodale des États francs du Levant

La nouvelle élite latine de la Terre sainte avait importé le système féodal franc qui s'était imposé en Europe. Dans les États francs du Levant, on se rendit compte rapidement qu'il fallait un mode de gouvernement plus souple pour prendre en main la population indigène et, dans le même temps, faire face à la dramatique pénurie de chevaliers guerriers entraînés.

Ci-dessous : paysans dans des vignes, vers 1160. Dans l'Europe féodale, la richesse des chevaliers dépendait des serfs qui travaillaient sur leurs terres. Dans les États francs du Levant, les paysans étaient peu nombreux (ceux qui auraient pu rejoindre la Terre sainte avaient été exterminés lors de la croisade populaire). Finalement, se mit en place une sorte de féodalisme colonial, les populations indigènes étant chargées d'entretenir les plantations d'olivier et les vignobles.

Les États francs du Levant furent créés alors que le système féodal évoluait. Les liens de dépendance entre les rangs hiérarchiques étaient devenus plus souples, et la croissance des villes et du commerce avait changé la nature de l'économie du début de l'Europe médiévale. De plus, les règles féodales n'étaient pas appliquées de la même façon au nord et au sud de l'Europe. Cela était particulièrement apparent dans les États du Levant où les croisés venaient de ces régions.

Le royaume de Jérusalem, la principauté d'Antioche et les comtés d'Édesse et de Tripoli étaient indépendants les uns des autres comme l'étaient les royaumes européens. Mais, contrairement à ces derniers, au Levant on avait besoin de ses voisins pour se défendre. L'Église

elle-même était divisée entre le centre patriarcal de Jérusalem et celui d'Antioche, de telle sorte que, comparé à l'Europe, il n'existait pas d'autorité spirituelle embrassant tous les États.

Bien que le royaume de Jérusalem n'ait eu aucun fondement politique pour imposer sa prééminence aux autres États, les comtes d'Édesse lui prêtaient allégeance. Ce fut le roi Baudouin Ier qui offrit le comté à la famille régnante lorsqu'il devint roi. Bien que les premiers comtes de Tripoli aient également rendu hommage au roi de Jérusalem, une partie de leurs terres se retrouva sous l'influence politique de leur voisin, la principauté d'Antioche, lorsque Tancrède devint le seigneur féodal des régions situées au nord du comté. Grâce à des manœuvres politiques, plusieurs rois de Jérusalem imposèrent une suzeraineté directe sur les régions du Sud.

Dans un premier temps, les princes d'Antioche, farouchement indépendants, s'insurgèrent devant toute ingérence de Jérusalem. Mais leur position évolua après plusieurs désastres militaires qui, sans l'intervention de

TAT · VINEAM · SEPEM · CIRCVDAT · FODI

Jérusalem, auraient entraîné la chute de la principauté entre les mains des musulmans. Après la bataille de l'Ager sanguinis, le roi Baudouin II exerça un droit de contrôle sur la succession de la principauté. Il s'assura que le nouveau prince lui prêterait allégeance, établissant ainsi sa prééminence féodale. En contrepartie, le roi lui offrait la protection de son armée.

La dénaturation du système

Dans les États francs du Levant, le modèle européen où un seigneur occupait une étendue de terre en tant que fief du roi n'était pas suivi. Au lieu de cela, les liens féodaux s'imposaient par des serments de fidélité et des allégeances pour une assistance mutuelle en cas de crise. En 1122, le comte Pons de Tripoli se dressa contre la prééminence féodale du roi. La rébellion fut écrasée et la primauté du roi Baudouin II fermement rétablie.

Plus ils étaient bas dans la hiérarchie féodale, moins les chevaliers avaient à défendre un royaume croisé rival. Se joindre à des aventures militaires n'était possible qu'en cas de crise grave mettant en danger tous les États francs du

Levant. Pour leur part, les petits nobles et chevaliers étaient responsables de l'administration directe de l'économie féodale, à travers la production agricole de leurs fiefs et du recouvrement des impôts dans les villes pour le compte de leurs seigneurs.

L'expérience montra que pour tirer le maximum de bénéfices, les nobles croisés devaient adapter leurs méthodes pour répondre à la situation particulière du Moyen-Orient. Les administrateurs régionaux d'origine non latine apparurent au cours du XIIe siècle : particulièrement dans les villes, des Grecs, des Arméniens et même des Arabes occupèrent ces postes. Alors que l'élite féodale latine se maintenait dans une position de supériorité par rapport à une population hétérogène, elle devint à terme de plus en plus une élite militaire, laissant l'administration des États croisés aux clercs et à des dirigeants professionnels non latins. Cette situation transforma les méthodes de gouvernement de ces pays. Sans le vouloir, les princes adaptèrent peu à peu le système féodal dans les États francs du Levant pour répondre aux problèmes que posaient la Terre sainte et ses populations.

Ci-dessus : *Pêcheurs au bord d'une rivière,* illustration extraite d'un manuscrit datant approximativement de 1350. L'un pêche avec un filet tandis que l'autre porte sur son épaule une outre pleine de poissons frais pour le marché. Les dynasties omeyyade et abbasside avaient favorisé l'établissement de bonnes techniques agricoles à travers tout le monde musulman. Les Seldjoukides continuèrent cette action, en développant même l'agriculture dans une Anatolie ruinée par des années d'indifférence byzantine. Plus tard, les croisades ravagèrent la Palestine. Finalement, les États croisés adoptèrent des méthodes plus souples qui tenaient compte d'une meilleure connaissance des populations locales.

CHAPITRE 5

Le djihad :

la réponse islamique

A u début du XIIe siècle, le monde musulman fut ébranlé par l'invasion des croisés en Syrie et en Palestine et par la chute de Jérusalem. Lors de la prise de la Ville sainte, la population musulmane fut massacrée sans merci. En 1109, les croisés prirent Tripoli et détruisirent la grande bibliothèque de Dar al-Ilm, un des trésors de la culture musulmane. Des histoires analogues de massacres, d'expulsions et de barbarie parvinrent dans les cités islamiques lointaines avec les milliers de réfugiés fuyant la Terre sainte.

Considéré par le monde musulman comme le successeur de Mahomet, le calife de Bagdad subit une pression croissante pour rassembler les diverses factions de l'Islam en un *djihad* (guerre sainte) au nom de l'Islam tout entier. Le calife pacifique avait tenté de suivre une voie de conciliation, comme l'avait fait le sultan turc seldjoukide qui représentait le principal pouvoir politique du monde musulman. Pendant les deux décennies qui suivirent, alors que l'opposition aux croisés se faisait de plus en plus vive, les pressions pour lancer un *djihad* s'intensifièrent.

En réponse, de nombreux émirs régionaux prirent l'affaire en main. Sous le commandement d'Ilghazi, émir de Mardin, une armée musulmane infligea une sévère défaite aux Francs. Le neveu de l'émir, Balak, et Imad al-Din Zengi devinrent les nouveaux modèles de l'Islam. Sous l'autorité de Zengi et de Nur al-Din, les armées musulmanes

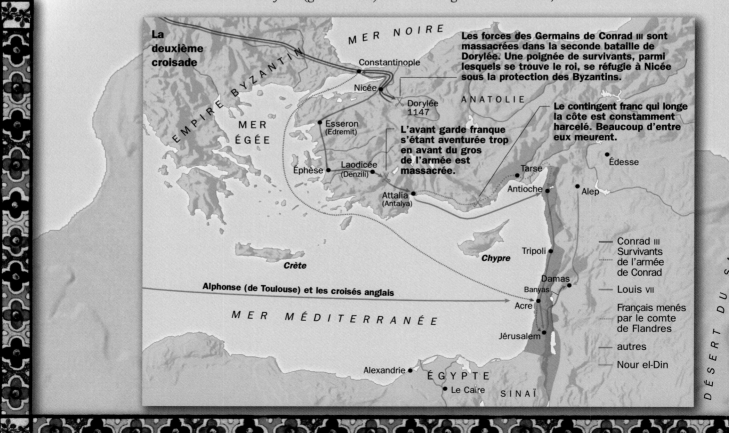

La deuxième croisade

MER NOIRE

EMPIRE BYZANTIN

Constantinople

Nicée

MER ÉGÉE

Esseron (Edremit)

Dorylée 1147

ANATOLIE

Les forces des Germains de Conrad III sont massacrées dans la seconde bataille de Dorylée. Une poignée de survivants, parmi lesquels se trouve le roi, se réfugie à Nicée sous la protection des Byzantins.

L'avant garde franque s'étant aventurée trop en avant du gros de l'armée est massacrée.

Le contingent franc qui longe la côte est constamment harcelé. Beaucoup d'entre eux meurent.

Éphèse

Laodicée (Denzili)

Tarse

Édesse

Attalia (Antalya)

Antioche

Alep

Crète

Chypre

Tripoli

Damas

Banyas

Conrad III
Survivants de l'armée de Conrad

Louis VII

Français menés par le comte de Flandres

autres

Nour el-Din

Alphonse (de Toulouse) et les croisés anglais

Acre

MER MÉDITERRANÉE

Jérusalem

DÉSERT DU SAH...

Alexandrie

ÉGYPTE

Le Caire

SINAÏ

conquirent Édesse et anéantirent les croisés
francs et germains de la deuxième croisade.

Pour la première fois, les musulmans s'étaient
unis dans leur opposition aux croisés des États
francs du Levant. Seuls les Assassins, une secte
locale, avaient encore quelques rapports avec les
Francs lorsque le nouveau durcissement de la
politique à leur égard fut adopté. Toutes
cohabitations ou conciliations furent exclues.
À partir du milieu du XIIᵉ siècle, les musulmans
respecteraient le *djihad* qui ne se terminerait qu'avec
l'expulsion de leurs terres du dernier croisé.

Légende des campagnes des croisés et des musulmans en Syrie et en Égypte.

1. Campagnes d'Imad el-Din Zengi, atabeg de Mossoul, pour conquérir Alep 1126-1128.
2. 1128-1134, campagne de Zengi contre Antioche, attaque de Saint-Siméon.
3. 1134-1135, campagne de Zengi contre les Assassins et le roi Foulques de Jérusalem.
4. Zengi marche sur Édesse et assiège la cité qu'il prend en 1144.
5. Le fils de Zendi, Nour el-Din marche sur Damas assiégée par Louis VII, Conrad III et Baudouin III. Fin de la Deuxième Croisade.
6. 1163, la première expédition du roi Amaury contre les Fatimide d'Égypte s'arrête à Peluse.
7. En réponse à l'appel du vizir fatimide déposé Shawar, Nour el-Din déploie son armée au sud.
8. L'armée turque refuse de quitter l'Égypte. Les croisés interviennent et se heurtent aux Turcs à Bilbais en 1164. Il s'ensuit une négociation et un traité qui laisse l'Égypte seule.
9. Sous les ordres de Sirkuh, l'armée de Nour el-Din marche à nouveau vers le sud et envahit l'Égypte. Elle se heurte à celle d'Amaury le long du Nil. Sirkuh se retire pour aller assiéger Alexandrie.
10. 1167, troisième invasion d'Amaury en Égypte. Le roi rejoint Shawar et combat l'armée zengide le long de la vallée du Nil en la poursuivant jusqu'à Alexandrie.
11. 1168, Amaury envahit l'Égypte pour la quatrième fois, prenant Bilbais et massacrant ses habitants.
12. 1169, l'armée de Nour el-Din arrivant du sud joint ses forces à celles à celles de l'armée égyptienne fatimide et oblige Amaury à battre en retraite.
13. La flotte des croisés attaque Tanis à la fin de 1168. Les habitants sont massacrés.
14. La flotte byzantine se joint à Jérusalem pour attaquer Damiette en octobre 1169.
15. Cinquième invasion d'Amaury avec l'aide de la flotte byzantine en octobre 1169 à Damiette. Malgré la double attaque par mer et par terre, le siège est un échec.

Le djihad et l'unité islamique

Beaucoup de musulmans croyaient que la guerre sainte était un concept archaïque datant des conquêtes arabes du VIIe siècle. Mais en réponse à la croisade chrétienne, certains chefs musulmans s'entendirent pour remettre le *djihad* au goût du jour.

L e *djihad* est une extension de la doctrine islamique : en combattant les ennemis de l'islam, un guerrier accomplit la volonté d'Allah. En ce Moyen Âge, islam et chrétienté se ressemblaient : chacune de ces religions offrait une récompense spirituelle qui compensait tous les tourments que pouvait endurer un soldat sur la Terre. Le premier *djihad* fut déclaré par le calife, successeur de Mahomet. Il en résulta la vague des conquêtes

C'était un raïs, l'équivalent d'un maire, un *quadi*, un juge, et un des hommes les plus importants de la ville. Au cours de la première décennie de la croisade, Alep se trouva directement impliquée. À une époque où les divers États musulmans étaient divisés, voire en guerre, les croisés furent libres de se tailler un royaume chez les «infidèles», ne rencontrant que peu ou pas d'opposition. Il en résulta une dispersion à grande échelle de la population, poussant des milliers de survivants à fuir à l'intérieur des terres vers Alep et Damas.

Un réfugié de Marra a témoigné de la prise de la ville par les croisés en 1099 : «Mon ami, je viens d'une ville qu'Allah a condamnée à la destruction. Tous ses habitants sont morts.» Des récits analogues

arabes qui imposèrent l'Empire islamique au VIe siècle, et établit la foi musulmane de l'Afrique du Nord à l'Asie centrale en passant par l'Égypte, le Moyen-Orient et la Perse.

Au début du XIIe siècle, le concept de *djihad* relevait d'une histoire islamique vieille de plus de cinq cents ans. Un des premiers à mentionner cette notion fut Abu al-Fad Ibn al'Khashsab d'Alep.

arrivèrent à Alep de Jérusalem, d'Antioche, de Tyr et de Tripoli. Ibn al'Khashsab fut exaspéré par ces témoignages de la barbarie des croisés, rapportés par les fuyards. C'était un Arabe, qui, de plus, appartenait à la noblesse turque seldjoukide. Alors que d'autres peuples islamiques devaient tenir les rênes de la politique au Moyen-Orient, les Arabes se considéraient eux-mêmes comme les gardiens de la

foi islamique et, plus particulièrement, de la volonté islamique. Ibn al'Khashsab devint le chef de file d'un mouvement destiné à forcer l'autorité seldjoukide à prendre les armes contre les croisés. En 1111, il persuada à la fois le calife et le sultan de Bagdad de rassembler une armée pour répondre à l'agression.

La division favorise les Francs

Ce n'était pas la première action militaire entreprise par les Seldjoukides. Une armée turque, placée sous le commandement de Mawdud, atabek de Mossoul, avait déjà attaqué Édesse, bien que ne faisant pas partie du *djihad* unifié. Les sultans et les émirs locaux restaient circonspects vis-à-vis de toute guerre entreprise par l'autorité politique et religieuse de Bagdad. En 1111, lorsque l'armée de Mawdud apparut à Alep, l'émir Ridwan refusa de coopérer. En 1114, une seconde tentative de déclarer le *djihad* à Damas se solda par un échec, lorsque l'émir de Damas vit en Mawdud une menace pour lui-même. Mawdud fut assassiné et, l'année suivante, l'émir

signa un traité de paix avec les croisés.

Bien que l'idée de *djihad* soit devenue de plus en plus populaire, les petits souverains indépendants du monde musulman n'étaient convaincus ni de la nécessité de s'unir ni de leurs chances de succès militaire. Le bouleversement entraîné par l'arrivée des croisés était vécu très différemment à travers l'immensité musulmane qui était encore loin de se sentir directement concernée. Pour beaucoup, les Francs ne représentaient qu'un revers temporaire dû à une puissance extérieure. On observait également une certaine réticence à déclencher un mouvement de ferveur religieuse que les petits seigneurs auraient eu de la peine à maîtriser.

C'est seulement quand il devint clair que les croisés ne pourraient être vaincus que par une action militaire longue et concertée qu'on tint compte de l'appel au *djihad*. Les musulmans avaient besoin d'un chef fervent, dégagé des suspicions régionales, qui pourrait mettre le *djihad* sur une voie qui bénéficierait au monde islamique tout entier.

Les ruines de Saint-Siméon, **page de gauche**, et la Grande Mosquée, **à gauche**, résument la cité d'Alep. L'église chrétienne, construite au Ve siècle, est dédiée à l'ermite qui s'était retiré du monde en s'installant au sommet d'une colonne. Cette région de Syrie garda ses croyances chrétiennes, même après l'invasion arabe du VIIIe siècle sous la dynastie des Omeyyades, époque de la construction de la Grande Mosquée d'Alep. La première croisade et ses conséquences apportèrent la division religieuse au cœur de la traditionnelle tolérance qu'on observait au Moyen-Orient. Curieusement, l'éviction des chrétiens de la région, fut à l'opposé des intentions du pape Urbain II.

Les émirs d'Alep

Tandis que le sultan et le calife de Bagdad tentaient de réunir l'Islam autour d'une guerre sainte, les souverains locaux du Moyen Orient, Seldjoukides et Fatimides, essayaient de défendre leurs territoires contre la menace franque. Il devient bientôt évident que sans un chef militaire de tout premier plan, les musulmans seraient incapables de retourner le cours des choses.

Ci-dessous : la citadelle d'Alep devint une des plus puissantes forteresses musulmanes, dominant la ville de ses 49 mètres, accrochée à flanc de coteau. On voit ici le glacis de pierre et la porte massive construite par l'Ayyubide Malik az Zahir en 1203-1204.

Bien que, en théorie, les Turcs seldjoukides fussent unis derrière le sultan de Bagdad, les premières réponses musulmanes aux assauts des Francs ne furent pas concertées. Des années de lutte pour le pouvoir avaient fait disparaître l'unité, et chaque émir régional considérait toute remise en cause de son autorité comme une menace personnelle. Stratégiquement, les croisés s'étaient répartis le long de la bande côtière, avec une enclave au nord, Édesse, et une au sud, Jérusalem. Une attaque coordonnée sur les points les plus faibles des lignes chrétiennes couperait leur territoire en deux.

La destruction de chacune des parties ainsi isolées serait beaucoup plus aisée.

Heureusement pour les croisés, une telle stratégie demandait une unité politique et un chef capable de susciter une coalition chez les musulmans, ce qui était exclu dans les premières décennies du XIIe siècle. Seul l'appel grandissant au *djihad* paraissait soutenir l'unité de l'Islam.

En 1113, l'émir Ridwan d'Alep mourut et Ibn al'Khashshab favorisa pour la succession le jeune fils de l'émir, Alp Arslan, âgé de moins de 20 ans. Contrairement à son père, qui souhaitait négocier avec les croisés, Alp Arslan était un partisan du *djihad*. C'était aussi un tyran. Après une année au cours de laquelle presque tous les opposants possibles du jeune émir furent exécutés, Lulu, un eunuque de la Cour, prit les choses en main et assassina son propre maître en 1114. Il fut lui-même exécuté peu après et l'émirat fut plongé dans une

période de troubles meurtriers.

Une fois encore, Ibn al'Khashsab joua le rôle de dispensateur de pouvoir. Il choisit Ilghazi, émir de Mardin, pour devenir émir d'Alep. À première vue, c'était un choix étrange : Ilghazi était intempérant et s'était opposé à l'appel au *djihad* ; mais c'était un des meilleurs commandants militaires de Syrie. Quand, en 1118, Ilghazi joignit ses forces à celles de l'émir de Damas, les Seldjoukides pressentirent qu'il s'agissait là de la première opposition unie sérieuse contre les Francs.

Le Dragon furieux

Au cours de l'été 1119, l'armée seldjoukide coalisée marcha sur Antioche, gouvernée alors par Roger de Salerne. Le prince appela à la rescousse Baudouin II, roi de Jérusalem, qui, venant juste de monter sur le trône, n'était pas préparé à faire face à des événements si précipités. Roger fut forcé de rencontrer l'armée d'Ilghazi au nord-est d'Antioche à environ 25 kilomètres d'Alep, et les croisés, dominés par le nombre, furent écrasés. Le massacre de l'armée chrétienne en cette occasion fut le plus grand désastre infligé à la croisade depuis son arrivée en Terre sainte. Cette bataille est connue sous le nom d'*Ager sanguinis*, le «champ du sang».

La destruction de totalité de la puissance militaire d'Antioche en une seule journée laissait la voie libre à Ilghazi qui n'avait plus qu'à s'emparer de la principauté. Mais un plus grand désastre fut épargné aux croisés, l'émir ayant été incapable de maintenir l'unité de ses troupes sur le terrain. De retour à Alep, il fut fêté comme un héros de l'Islam, mais il mourut avant le lancement d'une autre expédition.

À peu près au même moment, un deuxième chef seldjoukide fit son apparition. Balak, le neveu d'Ilghazi, était considéré comme son successeur militaire. En 1122, il captura Jocelin de Courtenay, le cousin du roi Baudouin II. Un an plus tard, Balak capturait Baudouin lui-même. Surnommé «le Dragon furieux», il conquit l'émirat d'Alep pour lui-même en 1124 et commença à réduire systématiquement les forteresses franques.

Le monde musulman semblait avoir trouvé son maître. Mais ce n'était pas le cas. Alors qu'il faisait le siège d'une ville située au nord de la Syrie, Manbij, Balak fut tué par une flèche. Ses derniers mots furent : «Ce projectile sera fatal à tous les musulmans.» Pour l'anecdote, Manbij était une ville musulmane qui s'était rebellée contre l'autorité seldjoukide. L'Islam n'avait pas encore trouvé le chef qui unifierait les musulmans.

Ci-dessus : *Le Massacre des moines de l'abbaye de Saint-Siméon* par les Sarrasins. Cette illustration du XVIe siècle rapporte un événement qui se serait produit, pense-t-on, juste après la prise d'Alep par le général turc Zengi en 1128. Alors qu'il harcelait la principauté d'Antioche, Zengi aurait investi le monastère, situé dans les montagnes entre Antioche et la mer, proche du port du même nom. Encore marqués par les actes de barbarie des chrétiens à Antioche et dans d'autres villes, les guerriers turcs auraient passé les moines au fil de l'épée.

Les Assassins

Au début du XIIᵉ siècle, une secte terrible menaça de saper la stabilité du royaume turc seldjoukide en exécutant des meurtres « sur contrat » et en passant des alliances dangereuses avec les chrétiens infidèles.

Les Assassins étaient une secte extrémiste chiite musulmane, créée pour répondre à l'engagement des Seldjoukides en faveur de la branche sunnite de l'Islam. La division entre les sunnites et les chiites était apparue à la suite de la mort de Mahomet (*voir pages 16-17*). Au début du XIIᵉ siècle, tandis que la dynastie des Fatimides en Égypte se ralliait aux enseignements des chiites, les Turcs seldjoukides restaient les fermes défenseurs des sunnites.

Les Assassins étaient des ismaéliens, opposés au calife abbasside d'obédience seldjoukide de Bagdad. Pour ces chiites, drapés dans leurs codes mystiques et dans leur sens de la fraternité secrète, il existait une exigence religieuse : combattre pour l'interprétation authentique de leur foi. Alors que beaucoup de ces croyants se contentaient d'une opposition théologique à la branche sunnite, d'autres adoptaient une conception plus militante. Le terme « Assassin » (*hachichiyyin* en arabe) avait été forgé par les Francs, sans doute à partir du mot haschisch, nom de la plante que la secte consommait. On pensait que les *haschischi*, ou fumeurs de haschisch, combinaient l'usage de la drogue et la ferveur religieuse qui pouvaient les mener à des meurtres provoqués par leur suicide.

La secte des Assassins avait été fondée par Hasan as-Sabah, un Perse qui avait fui en Égypte en 1071 quand les Seldjoukides avaient envahi son pays. Il était soutenu par le calife chiite du Caire qui s'opposait au calife sunnite de Bagdad. Le calife

du Caire encouragea Hasan et ses disciples à s'infiltrer en Syrie seldjoukide, tandis que les ressources de l'Égypte fatimide seraient utilisées pour chasser les Seldjoukides des lieux saints de l'islam.

Les Assassins créent le chaos

Les partisans d'Hasan as-Sabah s'établirent à travers toute la Syrie et plus spécialement dans la place forte de Qadmus. Puis ils exécutèrent une série de meurtres destinés à retirer aux Seldjoukides leur suprématie politique. Les Assassins commettaient leurs actes dans les lieux publics, contre les opposants les plus influents à leur croyance. Leur première victime fut le vizir seldjoukide Nizam al-Mulk, suivi par le sultan Malik Shah. Bien que ces meurtres aient plongé l'Empire seldjoukide dans le chaos, des rivalités internes au Caire empêchèrent les Fatimides de tirer avantage de la situation.

Les Assassins se séparèrent finalement du soutien du Caire et Hasan continua la guerre sainte pour son propre compte. Solidement établis dans la

forteresse d'Alamut, le « nid d'aigle », dans la région montagneuse située près de la mer Caspienne, Hasan et ses successeurs, qui portaient tous le surnom de « vieil homme des montagnes », continuèrent à déstabiliser l'Empire seldjoukide. On les vit même aux côtés des croisés quand cela favorisait leurs objectifs religieux.

Au milieu du XIIe siècle, les effectifs de la secte étaient estimés à 40 000 hommes, faisant des Assassins les détenteurs d'un notable pouvoir au Moyen-Orient. En Syrie, leurs places fortes, qui bordaient la principauté d'Antioche et le comté de Tripoli, influençaient le développement politique de toute la région. Les émirs de Mossoul, d'Alep et de Damas étaient leurs cibles préférées et, en assassinant Balak, ils avaient évité aux Francs une contre-attaque des musulmans. Parmi les victimes qui avaient échappé à leurs manigances figuraient Édouard Ier d'Angleterre et Saladin. La puissance de la secte fut brisée en 1256 avec la capture d'Alamut par les Mongols et, à la fin du XIIIe siècle, le dernier repaire des Assassins était enfin détruit.

Ci-dessus : aujourd'hui, un village syrien escalade les flancs de l'ancienne citadelle de Qadmus, à 25 kilomètres de la côte méditerranéenne. Entre la première et la deuxième croisade, cette région aux limites mal définies se situait entre la frontière sud de la principauté d'Antioche et la frontière nord du comté de Tripoli. Les Assassins maintenaient des relations prudentes mais commercialement fructueuses avec leurs voisins croisés.

Les Fatimides d'Égypte : défenseurs du chiisme

Quand les croisés avancèrent sur Jérusalem, le monde islamique était divisé par une guerre de religion qui l'avait affaibli face aux assauts dont il pouvait être l'objet. Au cours du XIIᵉ siècle, les Fatimides égyptiens lancèrent une série d'attaques qui avaient pour objectif de récupérer leurs territoires. Ils mirent même de côté leurs différends religieux avec leurs rivaux seldjoukides pour renforcer la résistance musulmane face aux envahisseurs francs.

Ci-dessous : illustration fatimide montrant le combat de deux cavaliers. Sous la dynastie fatimide, l'Égypte était cultivée, riche et en paix. Mais à l'époque des croisades, elle était déchirée par des guerres civiles provoquées par des intrigues politiques et des luttes pour le pouvoir.

Le mouvement fatimide prend son origine au cours du Xᵉ siècle dans ce qui est aujourd'hui la Tunisie. C'est une combinaison de la version ismaélienne du chiisme et de la dynastie qui y régnait. Fatima, la fille de Mahomet, avait épousé un cousin du prophète, Ali. Après le meurtre de ce dernier, Fatima et son enfant furent considérés par les chiites comme les véritables imams, les seuls à pouvoir interpréter le Coran. Le mouvement soutint le droit de ces descendants fatimides à gouverner le monde islamique contre les ambitions des califes sunnites de Bagdad. La dynastie fatimide, en effet, tenait entre ses mains le pouvoir séculier comme le pouvoir religieux.

Les Fatimides conquirent la plus grande partie de l'Afrique du Nord. En 969, l'Égypte y fonda une nouvelle cité, Al-Qâhira (Le Caire), qui devint le centre administratif de leur empire.

Les califes fatimides et leurs ministres, les vizirs (ou *wasirs*) poursuivirent une politique de conquête au cours du XIᵉ siècle. Les troupes fatimides, recrutées principalement parmi les Arabes, les Nubiens et les Arméniens, conquirent la Syrie. Les Fatimides étendirent ainsi leur contrôle jusqu'à l'Arabie et l'Azerbaïdjan. Déjà, en 1030, le développement de l'Empire turc de Mahmud de Ghazni menaçait les frontières orientales de ces provinces fatimides, bien que les campagnes menées par les Turcs dans le Pendjab aient ralenti leur expansion militaire au Moyen-Orient.

Le déclin du pouvoir fatimide

L'apogée du Califat fatimide se situa en 1059 avec la prise de contrôle de Bagdad. À partir de cette date, les territoires gagnés furent perdus et les frontières du

califat repoussées peu à peu vers l'Égypte. Les Fatimides avaient cependant gardé le contrôle d'une bande côtière s'étirant d'Antioche jusqu'à Ascalon au sud. Les raisons de ce recul résident dans la perte de l'élan révolutionnaire. La dissidence chiite du groupe druze survenue au début du XIᵉ siècle et l'apparition de la secte des Assassins pendant les dernières décennies du siècle captèrent toute la ferveur messianique des *da'is*, les prêcheurs ismaéliens qui répandaient le message chiite à travers tout le monde islamique. Au Caire, la ferveur religieuse avait été remplacée par la satisfaction d'avoir mené l'empire jusqu'à Bagdad. Les assauts des Turcs seldjoukides sunnites touchèrent au cœur l'État chiite, qui laissa le calife sunnite de Bagdad devenir le chef spirituel de la plus grande partie du Moyen-Orient. Ce mouvement fut accéléré par une vive opposition théologique au chiisme qui entraîna des changements profonds dans les alliances religieuses des populations arabes de la plupart de ces régions.

À la suite de l'attaque des croisés et de la chute de Jérusalem, le calife fatimide lança un appel pour former un front uni contre les envahisseurs. Cela entraînait *de facto* la mise à l'écart des divergences religieuses et la réunion des forces seldjoukides et fatimides.

Malgré les nombreuses attaques lancées par les Fatimides contre le royaume de Jérusalem au cours des premières décennies du XIIᵉ siècle, les assauts n'étaient pas coordonnés, et les croisés les repoussaient sans difficulté. L'infériorité militaire des Égyptiens fut démontrée aux batailles d'Ascalon (1099), Ramla (1101), Ramla-Jaffa (1102) et à la troisième bataille de Ramla (1105). Incapables de renforcer leur enclave côtière, les Fatimides perdirent le contrôle de la côte de la Palestine. Après cette suite de défaites, les Fatimides parurent accepter de laisser aux Turcs seldjoukides le soin de continuer le combat et abandonnèrent toute

prétention à unir le front musulman. Malgré les meilleures intentions des califes fatimides, ce furent les musulmans sunnites de Syrie qui devinrent les véritables propagandistes du *djihad*.

Dans les années 1160, les Seldjoukides durent intervenir dans les affaires égyptiennes pour aider les

Fatimides à repousser une invasion. Lors de la bataille connue sous le nom de Jour de Al-Babein (1167), toutes les armées musulmanes réunies remportèrent une victoire stratégique, forçant les croisés à se retirer. Le général musulman qui avait pris le commandement principal était un jeune soldat kurde appelé Salah al-Din. Il allait devenir célèbre sous le nom de Saladin, le chef suprême qui finira par unifier l'Islam dans une guerre sainte contre les croisés.

Ci-dessous : fresque fatimide représentant un homme assis, une coupe à la main.

La Syrie et les Turcs seldjoukides

Au milieu du XIᵉ siècle, les Seldjoukides nomades migrèrent des steppes et des montagnes situées au-delà de la mer Caspienne vers le Moyen-Orient. En deux décennies, ils contrôlèrent la plus grande partie du monde islamique. À l'arrivée des croisés, l'Empire seldjoukide semblait être un État unifié, mais des souverains indépendants et des gouverneurs de cité autonomes divisaient la région, ce qui la rendait fragile.

Ci-dessous:

cavaliers arabes vus par les chrétiens. Une croyance populaire veut que seuls les chevaliers chrétiens aient été brillamment caparaçonnés mais les bannières, des étendards et des boucliers richement décorés avaient joué un rôle majeur dans les guerres du Moyen-Orient bien avant l'époque islamique. Les musulmans, cependant, ont élevé les formes militaires visuelles au niveau d'un grand art.

Les Turcs seldjoukides étaient une des tribus connues sous le nom collectif de Ghuzz (ou Oghuz). Ces peuples étaient originaires de Mongolie et avaient migré vers une région située près de la mer d'Aral. De là, ils avaient gagné la Perse, dans les années 1030, pénétrant dans l'empire de Mahmud de Ghazni, l'État le plus oriental du monde islamique. En 1040, cette intrusion s'était transformée en une annexion pure et simple de l'Empire ghaznévide. Les Seldjoukides avaient ensuite envahi l'émirat de Buyid à l'ouest. Leur chef, Toghril, devint le premier sultan turc à régner à Bagdad en 1055. Une décennie plus tard, les Seldjoukides avaient conquis la Syrie (formée

à l'époque des émirats de Diyarbakir, de Mossoul et d'Alep). Dans la plupart des cas, ces conquêtes étaient pacifiques, les Seldjoukides se contentant de remplacer l'élite gouvernante en place et de garder l'administration arabe qui gérait l'économie.

Après leur victoire sur les Byzantins lors de la bataille de Manzikert, l'immense Empire seldjoukide s'étendait de l'Indus à la mer Méditerranée. À l'arrivée des croisés, les Turcs avaient ajouté à leur domaine l'Anatolie et la plus grande partie de l'Arabie. Se trouvant *de facto* gardiens des croyances orthodoxes de l'Islam, la plus sérieuse menace à laquelle ils devaient faire face venait de leurs compagnons musulmans d'Égypte, les chiites, jusqu'à ce que l'établissement des États francs du Levant offre aux musulmans l'ennemi mortel qui leur manquait. L'État seldjoukide reposait essentiellement sur une aristocratie militaire. En théorie, le sultan de Bagdad exerçait son autorité sur tout le grand sultanat seldjoukide, mais, en réalité, son pouvoir était réduit. Sous cet aspect, sa position était analogue à celle des

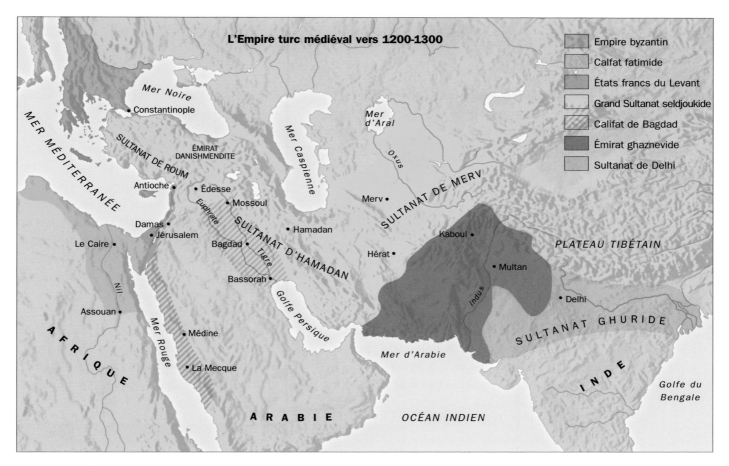

L'Empire turc médiéval vers 1200-1300

- Empire byzantin
- Calfat fatimide
- États francs du Levant
- Grand Sultanat seldjoukide
- Califat de Bagdad
- Émirat ghaznevide
- Sultanat de Delhi

monarques féodaux européens. Dans les deux cas, des potentats ou des nobles régionaux juraient fidélité à leurs suzerains, mais gouvernaient leurs territoires en n'accordant qu'un regard discret à l'autorité centrale. Ce n'était nulle part plus apparent dans le sultanat seldjoukide qu'en Syrie. C'est à cause de la faiblesse de l'autorité centrale que les croisés avaient pu envahir si facilement la Terre sainte et en prendre le contrôle.

Diviser et conquérir

Les problèmes que devaient résoudre les sultans seldjoukides au XIIᵉ siècle avaient pour origine l'évolution de leur rôle, eux qui étaient passés en quelques décennies des responsabilités de chefs tribaux à celles de souverains d'une dynastie. Le pouvoir était habituellement partagé avec les émirs locaux, et aucun sultan n'était capable de se placer lui-même dans une position autocratique au-dessus de ces seigneurs locaux. Leur plus grand allié était le calife abbasside de Bagdad, dont la position à la tête de la branche sunnite de l'Islam avait été utilisée par des sultans successifs pour décider seuls de la politique et décourager toute délégation de pouvoir de Bagdad.

En Syrie, la plus grande partie de la bande côtière restait d'obédience chiite tandis que les villes qui s'y trouvaient étaient entre les mains des Fatimides, jusqu'à ce que les croisés les chassent. Les montagnes de Syrie et du Liban moderne étaient utilisées comme bases pour les extrémistes religieux tels les Druzes et les Assassins. Les émirs seldjoukides, retirés dans des villes comme Damas ou Alep, restaient très prudents quant à toute tentative du sultan d'étendre son autorité. La Syrie se présentait donc comme une juxtaposition de diversités religieuses et régionales qu'il était extrêmement difficile de réunir sous une même férule. Au-delà du petit État que formait la Syrie, le Grand Sultanat seldjoukide était divisé en trois royaumes virtuellement autonomes : le sultanat de Roum, en Anatolie, le sultanat d'Hamadhan, qui contrôlait la partie centrale de l'Empire seldjoukide, et le sultanat de Merv, qui comprenait une partie du Turkestan, de l'Afghanistan et de la Perse.

Sans autorité centrale, une contre-attaque concertée contre les croisés en Syrie semblait impossible. Tandis que les sultanats orientaux étaient submergés par les invasions des autres tribus ghuzz et que le sultanat de Roum devait se battre pour garder le contrôle de l'Anatolie centrale, une nouvelle vague de conquérants islamiques s'était levée pour assurer leur pouvoir sur la Syrie et sur le Croissant fertile, la Mésopotamie. De nouvelles forces apparaissaient en Syrie qui voulaient accomplir l'unité politique et militaire que les Seldjoukides avaient été incapables d'imposer. En outre, les musulmans voulaient rendre coup pour coup.

La chute d'Édesse

Dans les années 1120, le trouble régnait en Syrie. Les Assassins avaient exécuté plusieurs chefs prometteurs, et ils étaient peu à s'opposer à l'avance des croisés. Dans les heures les plus noires de la Syrie, un nouveau défenseur de la foi était apparu qui allait porter les premiers coups sérieux contre les États francs du Levant.

En 1126, le calife abbasside de Bagdad organisa un soulèvement populaire destiné à renverser le sultanat seldjoukide. Il espérait prendre le pouvoir, mais la révolte fut écrasée par un général turc, Imad al-Din Zengi. En récompense, le sultan le nomma atabek de Mossoul. Deux ans plus tard, Zengi avait pris le contrôle d'Alep, alors que l'émir Balak venait d'être assassiné (*voir page 97*). Il consacra quelques années à consolider son pouvoir, le défendant contre les Assassins, les croisés et les prières de son supérieur, le sultan seldjoukide.

En 1135, Zengi était prêt à marcher contre les croisés et, après avoir capturé plusieurs forteresses autour d'Antioche, il descendit vers le sud. Deux ans plus tard, il assiégeait le roi Foulques de Jérusalem à Montferrand, un petit château près de Tripoli. Ayant appris que les Byzantins avaient envoyé au sud une expédition punitive pour neutraliser le roi, Zengi proposa un échange. Il négocia le paiement d'une rançon et la remise des clefs du château contre la liberté de Foulques. Cet arrangement enthousiasma le monde musulman.

Les plans de Zengi pour prendre Damas, alors aux mains du vieil Unur, le gouverneur turc, furent déjoués lorsqu'Unur s'allia lui-même au roi Foulques. En contrepartie de l'aide que lui apportaient les croisés contre Zengi, il leur offrait une compensation financière et leur retour dans la ville frontière fortifiée de Banyas et son château conquis plus tôt par Zengi. Évitant la bataille, Zengi se retira et l'armée chrétienne investit à nouveau Banyas. Zengi avait compris que, s'il voulait étendre son influence en Syrie, il devait lancer une attaque contre les croisés, puis réduire Damas pendant qu'ils étaient occupés ailleurs.

L'occasion se présenta à Zengi en 1144 lorsque le roi Foulques mourut, laissant Baudouin III lui succéder. La lutte pour le pouvoir à Jérusalem avait créé une division entre les souverains de la principauté d'Antioche et du comté d'Édesse. Jocelin II, comte d'Édesse, ayant perdu ses alliés, était vulnérable. Zengi décida de l'attaquer. À la fin de 1144, il captura un chapelet de villes et d'avant-postes fortifiés à l'est d'Édesse, puis il entreprit le siège de la ville elle-même le 28 novembre. Le comte était alors à Turbessel, une ville située à une quarantaine de kilomètres à l'ouest d'Édesse, où il s'était rendu, trompé par une diversion organisée par Zengi.

À droite : une armée musulmane à l'assaut d'une ville. Enluminure extraite des *Byzantines chronicles* de John Skylitzes.

Une fin ignoble

Les musulmans voulaient prendre Édesse avant l'arrivée des renforts. Les murs furent minés tandis que des engins de siège bombardaient les défenses de la cité.

Le 26 décembre, Zengi demanda aux défenseurs de se rendre. Devant leur refus, Zengi fit écrouler une partie des remparts en faisant s'effondrer une mine, et s'engouffra dans la ville qui tomba en quelques heures.

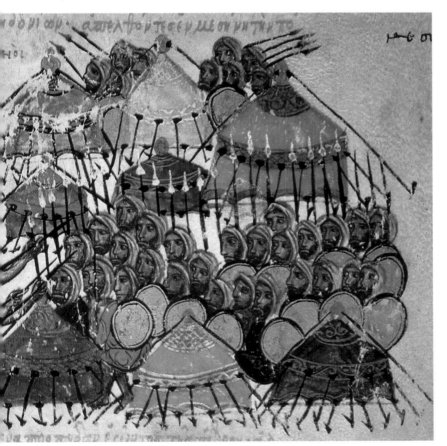

Pour se venger du traitement barbare que les croisés avaient fait subir aux musulmans d'Antioche et de Jérusalem lorsqu'ils les avaient conquises, Zengi ordonna de massacrer tous les Francs, à l'exception des Arméniens chrétiens qui furent épargnés.

Pour un monde musulman habitué aux divisions, à l'échec et à l'apathie, la nouvelle du démantèlement de l'un des quatre États croisés fut comme un coup de fouet. Les partisans du *djihad* furent encouragés à renouveler leur appel à la guerre sainte et chacun considéra que Zengi était le chef qu'il fallait pour conduire les forces islamiques à la victoire. Mais il fut assassiné dans son lit par un de ses serviteurs, et la chute d'Édesse fut plutôt considérée comme étant à l'origine de la deuxième croisade qu'à celle du *djihad* islamique.

Le royaume de Zengi fut sauvé de la disparition par son deuxième fils, Nur al-Din, qui chevaucha jusqu'à Alep pour s'assurer du contrôle du royaume zengide. Ce jeune homme était un fondamentaliste sunnite, ce qui lui valut le titre de « saint roi », et sa piété entraînait le respect des populations arabes. Contrairement aux autres seigneurs seldjoukides, Nur al-Din s'était fait l'avocat à la fois de l'unité et du *djihad*. Quand il chassa les chiites de ses terres, il s'assura le soutien du calife et garantit que d'autres sunnites le rejoindraient si son royaume était menacé. Il allait avoir besoin de leur assistance dans les années à venir.

Ci-dessus :

les ruines du château de Shobak surplombent la ville jordanienne d'Ash Shawbak, au nord de Pétra. Suivant une ligne s'étirant du nord du comté de Tripoli, passant par Banyas en Galilée jusqu'à l'extrême sud de la Jordanie, les châteaux des croisés semblables à celui-ci formaient la frontière fortifiée des États francs du Levant. Beaucoup d'entre eux tombèrent après des luttes sanglantes, furent repris et de nouveau perdus. Il arrivait souvent que ces places fortes aient été des îlots de chrétienté cernés par les forces musulmanes et totalement coupées du reste des forces croisées jusqu'à ce qu'une expédition ait été organisée pour assurer leur relève.

La deuxième croisade

Lorsque le pape Eugène III apprit la chute d'Édesse, il appela à la deuxième croisade afin de reprendre le comté perdu. Encouragés par Bernard de Clairvaux, des contingents germains, français et anglais partirent pour la Terre sainte sous le commandement du roi de France Louis VII.

Dans un premier temps, l'appel du pape Eugène III (p. 1145-1153) pour la deuxième croisade n'eut pas une grande résonance populaire. Le roi de France Louis VII (r. 1137-1180) eut beau annoncer sa participation, ils ne furent que quelques-uns à accepter de prendre la croix. Mais tout cela changea quand Bernard, abbé de Clairvaux, prit le parti du pape.

Le 31 mars 1146, le sermon que prononça l'abbé de Clairvaux à Vézelay, en France, déclencha un nouvel élan de ferveur pour la croisade qui balaya l'Europe. À l'image du pape Urbain II, l'abbé galvanisa les foules qui s'étaient rassemblées autour de lui. Il leur offrit les mêmes chances de rédemption et d'absolution que celles qui avaient été promises aux participants de la première croisade.

Après avoir répété son message à travers toute la France, Bernard fit de même en Germanie, avec un effet identique. Il le dit lui-même : « Je parlais, et les croisés se multipliaient à l'infini. Villes et villages étaient maintenant désertés. On avait de la peine à y trouver un homme pour sept femmes. » Comme précédemment, la propagation du message fut accompagnée de persécutions antisémites.

Les croisés de Germanie partirent pour la Terre sainte en mai 1146 et le contingent français peu après. Conduits par le roi Conrad III (r. 1137-1152), les croisés germains comptaient Frédéric, duc de Souabe, qui deviendra bientôt Frédéric Barberousse, et le duc

Welf VI, seigneur de Toscane, le rival politique le plus sérieux du roi. Tandis que le gros de la croisade des Germains faisait route vers Constantinople à travers la Hongrie, la «croisade des Wendes», organisée par des barons de l'est de la Germanie, vint attaquer des tribus slaves païennes au-delà de la frontière orientale du Saint Empire germanique. On a écrit qu'ils étaient près de 70 000, mais, en réalité, leur nombre ne devait pas dépasser 10 000.

Abandonnés par leur roi

Le pape Eugène présenta Louis VII et son oriflamme et les croisés de France se rassemblèrent sous son saint étendard. La bannière papale allait représenter la fierté militaire des Français pendant les deux siècles à venir. La plus grande partie du contingent français avait gagné Constantinople par voie de terre, selon un itinéraire bien connu. Elle avait atteint la capitale byzantine en octobre 1148, un mois après les Germains. D'autres croisés étaient arrivés en Terre sainte par la mer. Parmi ceux-ci Alphonse, le fils de Raymond de Saint-Gilles, ainsi qu'un contingent anglais relativement important. Les chevaliers anglais, qui avaient interrompu leur voyage pour participer à une brève campagne contre les Maures en Espagne, arrivèrent à Acre à la fin de l'année 1147.

Conrad s'était mis en route pour les rejoindre. Mais il avait ignoré les conseils des Byzantins qui lui suggéraient de suivre la côte pour éviter le harcèlement des Turcs, et avait lancé ses troupes en diagonale à travers l'Anatolie. Celles-ci n'allèrent pas bien loin. Les Seldjoukides de Roum, qui avaient des espions à Constantinople, leur tendirent une embuscade près de Dorylée. Lors de cette seconde bataille de Dorylée, seuls le roi et une poignée de ses partisans réussirent à s'enfuir et à regagner le Bosphore. L'empereur Manuel Iᵉʳ Comnène affréta un navire pour conduire le roi et ses compagnons à Acre d'où ils gagnèrent Jérusalem.

Louis VII, avisé pour une fois, tint compte des propos byzantins et opta pour le Sud, marchant à travers l'ouest de l'Anatolie pour gagner Attalia (Antalya). Depuis ce port méditerranéen, l'empereur avait accepté de fournir les navires nécessaires au transport de l'armée vers Antioche, évitant ainsi la dangereuse traversée de la Cilicie. Mais en arrivant à Attalia, les croisés ne trouvèrent que quelques bateaux et une faible quantité des marchandises dont ils avaient besoin.

Impatients de se trouver en Terre sainte, Louis et sa cour embarquèrent avec autant de soldats qu'il était

possible et firent voile vers Antioche où ils arrivèrent avec «la plus grande magnificence». Le reste de la troupe, sous le commandement du comte de Flandre, quitta Attalia vers l'est, en suivant la côte d'Anatolie. Constamment harcelés par les Turcs, seuls quelques survivants atteignirent Antioche, le reste ayant succombé sous les flèches des Turcs ou d'inanition.

À Antioche, le prince Raymond tenta de persuader Louis de lancer une attaque sur Alep, la place forte de l'ouest de Nur al-Din, qui lui servirait de tremplin pour reconquérir Édesse, la raison première de cette deuxième croisade. Mais le monarque français avait d'autres plans. Les relations entre le prince d'Antioche et le roi se rompirent à la suite du scandale entraîné par la conduite de la reine Aliénor d'Aquitaine qui avait entretenu une liaison avec le prince Raymond. Sans informer ce dernier, Louis et le contingent français quittèrent subrepticement Antioche pour Acre où ils rejoignirent le reste des croisés. Édesse était définitivement perdue en raison des amours d'une jeune femme de 26 ans. Le mariage fut annulé en 1152 et, quelques mois plus tard, Aliénor épousa Henri d'Anjou, juste avant qu'il devienne Henri II d'Angleterre (de cette union naîtra Richard Cœur de Lion).

Ci-dessus : illustration médiévale d'un chevalier germain. Conrad III perdit la plupart de ses chevaliers à la seconde bataille de Dorylée, et les chevaliers germains restèrent peu nombreux jusqu'à la création de l'ordre des Chevaliers teutoniques lors de la Troisième Croisade (*voir page 147*).

Page précédente : le roi Louis VII prononce ses vœux devant le pape Eugène III et prend la croix. Le panneau du bas montre l'armée française partant pour la Terre sainte.

En direction de Damas

Apprenant que les participants de la deuxième croisade se rassemblaient à Acre, Louis de France et Conrad de Germanie devaient se fixer un objectif. Encouragés par le roi de Jérusalem, ils décidèrent d'attaquer Damas, à 160 kilomètres au nord-est de la ville où ils se trouvaient. Mal préparés et sans expérience du pays, les croisés mettaient leur destin entre les mains de Dieu.

Les assises d'Acre se réunirent le 24 juin 1148. Sous la conduite de Louis VII et de Conrad III, les débats réunirent de nombreux nobles entourés de leurs suites. La reine Mélisende de Jérusalem et son jeune fils Baudouin III s'étaient rendus à Acre accompagnés des principaux nobles et des principaux clercs du royaume. Mélisende, cependant, était fortement suspectée d'avoir empoisonné Alfonse de Toulouse qui s'était présenté comme un rival du comte de Tripoli, le beau-frère de la reine.

Bien que Baudouin ait déjà prêté serment, c'était sa mère qui gouvernait encore le royaume. Elle était déterminée à prendre Damas, même si, stratégiquement et diplomatiquement, il était plus sensé d'attaquer Alep. Jusqu'à cette date, Jérusalem avait entretenu des relations cordiales avec Unur, le gouverneur de Damas et seul allié musulman des États francs du Levant. Face à l'incohérence de la politique latine à Jérusalem, Louis et Conrad décidèrent que Mélisende avait raison. Alep n'était pas un objectif suffisamment prestigieux.

En apprenant le projet d'assaut contre Damas, Unur se vit forcé de changer ses alliances et de rejoindre la cause de son ancien ennemi musulman, l'émir d'Alep, Nur al-Din. Unur, qui avait combattu le père de Nur al-Din, tendait donc la main à son fils

À gauche: détail d'une fresque de l'église de Cressac, France, qui montre deux chevaliers croisés du XIIᵉ siècle, partant à la bataille. Il s'agit peut-être des Francs qui combattirent victorieusement Nur al-Din en 1163.

pour que l'armée zengide vienne défendre Damas. Nur al-Din obtenait ainsi ce que Zengi avait toujours recherché, Damas d'où il pourrait, par le sud, gouverner l'Égypte et, par le centre, attaquer les chrétiens infidèles au cœur de leurs États côtiers.

Sous une sombre forêt

L'armée de la deuxième croisade quitta Acre en juillet 1149, Baudouin commandant l'avant-garde, Louis le corps principal et Conrad l'arrière-garde. La troupe suivit son chemin le long du lac Tibériade, la mer de Galilée, dont elle allait faire sa base avancée. Puis la plus grande partie des troupes s'attaqua à Banyas d'où il était prévu de gagner le nord à travers des collines, puis de rejoindre le plateau du Golan et de marcher sur Damas, en approchant la cité par l'ouest. Les croisés croyaient prendre un avantage en se saisissant des très nombreux puits qui longeaient cette route. Mais ils se trompaient, Unur ayant détruit tous les trous d'eau entre Banyas et Damas. Heureusement, malgré la mauvaise préparation de l'expédition, l'armée était suffisamment approvisionnée pour atteindre Damas.

Le plan d'attaque ne fut dressé qu'après l'arrivée des croisés à Damas le 24 juillet. Il apparaissait évident que les clefs de la défense de la ville se trouvaient dans les vergers qui s'étendaient à 8 kilomètres à l'ouest de la cité, «comme une forêt dense et sombre». Ces vergers étaient non seulement entourés de murs, mais parcourus par un entrelacs de clôtures, et défendus par des tours. En détruisant l'enceinte extérieure, les croisés

espéraient approcher la cité sous le couvert des arbres.

L'ouverture de cette brèche s'effectua sans difficulté malgré la présence d'une milice locale, mais plus les croisés s'approchaient de la cité plus ils rencontraient de défenseurs derrière chacun des murs qu'ils devaient franchir. Des fanatiques musulmans lançaient des attaques suicides contre les chrétiens, mais étaient incapables d'arrêter les croisés dans leur mouvement vers les remparts principaux de la ville. Après un statu quo de plusieurs jours, Louis décida de porter son attaque à l'est de la ville où il n'existait pas de vergers pour gêner ses mouvements. Alors que les croisés quittaient les vergers, des éléments avancés de l'armée de Nur al-Din tentèrent une sortie. Les croisés se trouvaient alors en terrain découvert, sans assez d'eau, et devant la partie la plus puissante des défenses de la ville.

Ibn al-Qalanisi, un témoin, décrit ce qui se passa ensuite: «Les Francs apprirent que… les musulmans (les forces principales de Nur al-Din) étaient envoyés pour les attaquer et les exterminer, et que leur défaite était certaine. Après s'être concertés, ils décidèrent que la seule façon d'échapper au drame dans lequel ils se précipitaient… était la fuite. À l'aube du jour suivant, ils battirent en retraite dans une confusion et un désordre misérables.»

La deuxième croisade se terminait par un désastre. Les musulmans avaient obtenu une victoire qui allait les inspirer pour mener d'autres actions contre les États croisés. Louis et Conrad repartirent en Europe, laissant à Nur al-Din la gloire de les avoir défaits.

Page précédente: la mosquée omeyyade de Damas entourée d'habitations. Pour les croisés, Damas aurait été une prise aussi importante que celle de Jérusalem. Pendant des siècles, la ville avait occupé une position prééminente dans le monde musulman. En 661, Mu'awia (le beau-frère de Mahomet) devint le premier calife de la dynastie omeyyade sunnite et fit de Damas sa capitale. Même après 762, alors que la dynastie montante des Abbassides portait le centre politique des affaires arabes à Bagdad, Damas demeura puissante et riche.

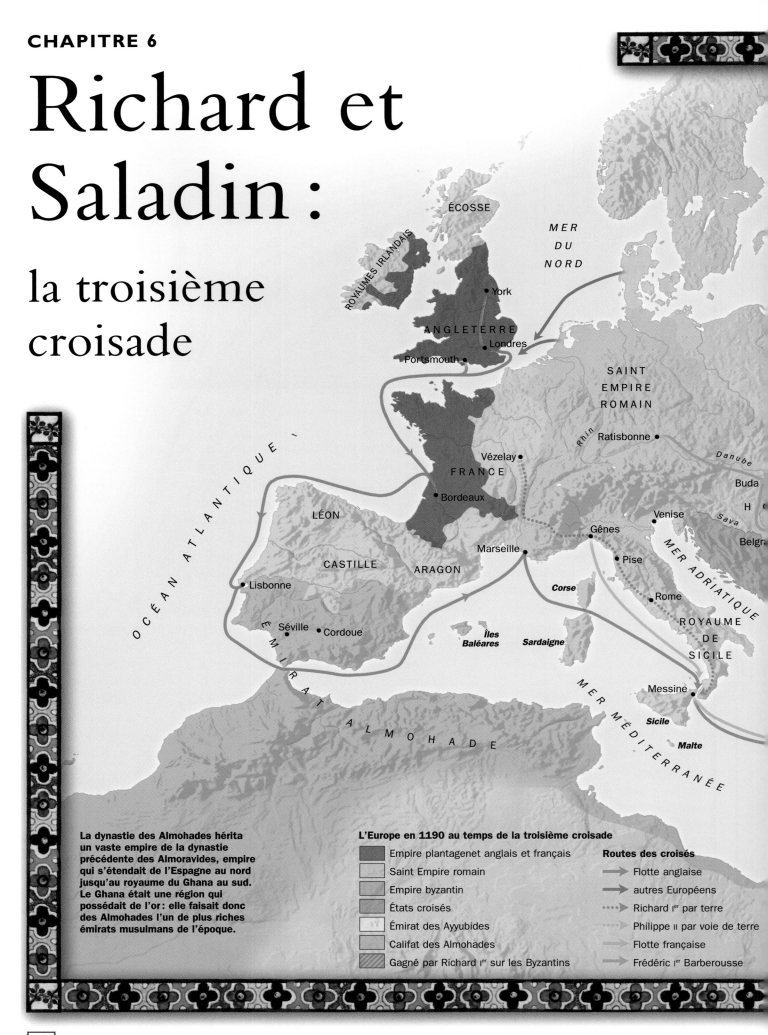

CHAPITRE 6

Richard et Saladin :

la troisième croisade

ÉCOSSE

MER DU NORD

ROYAUMES IRLANDAIS

• York

ANGLETERRE

• Londres

Portsmouth •

SAINT EMPIRE ROMAIN

Rhin   Ratisbonne •

Danube

Vézelay •

FRANCE

Buda

• Bordeaux

Sava

H

OCÉAN ATLANTIQUE

LÉON

Venise •

Gênes •

MER ADRIATIQUE

Belgr

CASTILLE

ARAGON

Marseille •

• Pise

• Lisbonne

Corse

Rome •

ROYAUME DE SICILE

• Séville • Cordoue

Îles Baléares

Sardaigne

É M I R A T   A L M O H A D E

Messine •

Sicile

MER MÉDITERRANÉE

Malte

La dynastie des Almohades hérita un vaste empire de la dynastie précédente des Almoravides, empire qui s'étendait de l'Espagne au nord jusqu'au royaume du Ghana au sud. Le Ghana était une région qui possédait de l'or : elle faisait donc des Almohades l'un de plus riches émirats musulmans de l'époque.

L'Europe en 1190 au temps de la troisième croisade

Empire plantagenet anglais et français
Saint Empire romain
Empire byzantin
États croisés
Émirat des Ayyubides
Califat des Almohades
Gagné par Richard Iᵉʳ sur les Byzantins

Routes des croisés

→ Flotte anglaise
→ autres Européens
⋯▸ Richard Iᵉʳ par terre
Philippe II par voie de terre
Flotte française
Frédéric Iᵉʳ Barberousse

110

Après 1145, des divisions internes et des intrigues politiques harcelèrent les États croisés du Levant. Malgré des chefs comme Nur al-Din en Syrie qui faisaient en sorte que le pouvoir militaire musulman se renforce, le manque d'unité du monde islamique empêchait des offensives de grande ampleur d'être entreprises afin de tirer avantage des querelles des croisés.

Vers 1170, tout allait changer. Un petit guerrier kurde voyait croître son pouvoir et sa réputation au point d'être capable d'unir l'Égypte et la Syrie en un puissant État islamique. Saladin devint le nouveau champion de l'Islam et entama une campagne de reconquête qui allait détruire l'ensemble disparate des États croisés du Levant. Pour la première fois, sous le commandement d'un fin stratège doublé d'un habile tacticien, les musulmans avaient le pouvoir de repousser les envahisseurs chrétiens et de jeter les infidèles à la mer.

La terrible défaite des croisés à Hattin (1 187)

paralysa leur capacité de défense et Saladin exploita au maximum sa victoire. En moins de quelques années, presque toutes les forteresses croisées de la région étaient tombées entre les mains des musulmans. Jérusalem elle-même était une fois encore redevenue musulmane. Saladin était sur le point de chasser complètement les croisés lorsque, au moment critique, des renforts venus d'Europe sauvèrent la situation.

Une troisième croisade fut annoncée en Europe, et la noblesse saisit cet appel aux armes pour aller au secours des chrétiens qui demeuraient encore en Terre sainte. L'empereur germanique Frédéric Barberousse, le roi de France Philippe II et Richard Iᵉʳ d'Angleterre étaient rivaux en Europe, mais également en désaccord en Terre sainte. Tandis que les renforts de croisés étaient déchirés par des disputes internes, Richard Cœur de Lion se révéla l'homme capable d'arrêter les assauts de Saladin. La scène était dressée pour l'affrontement des deux géants militaires de l'époque.

Frédéric Barberousse se noie en traversant le Selef, le 10 juin 1190. L'armée refuse d'élire à sa place son fils, Frédéric de Souabe, et les détachements se dirigent vers les États croisés.

Chypre est sous le commandement d'un despote qui n'obéit plus à l'Empire byzantin. Il encourage le roi Richard Iᵉʳ Cœur de Lion à envahir l'île alors qu'il fait route vers la Terre sainte. Chypre allait devenir un important relais pour l'approvisionnement des croisés et sera finalement rattaché au royaume de Jérusalem.

L'ascension de Saladin

Durant les années 1160, le centre du conflit se déplaça de Syrie en Égypte. Le califat des Fatimides, affaibli, incitait à l'attaque, et bientôt les croisés et les Turcs se battirent pour le contrôle du pays le plus riche du Moyen-Orient. Finalement, personne ne l'emporta. La nouvelle dynastie égyptienne des Ayyubides fut fondée par un Kurde, Salah al-Din Yusuf (ou Saladin).

L'Égypte fatimide était dirigée par le calife chiite, chef spirituel et séculier de son peuple. Mais dans cette cour presque byzantine, aux nombreux administrateurs et bureaucrates, le véritable pouvoir était entre les mains du *wazir* (vizir) du calife. Et en écho de cette même cour byzantine, une lutte presque continuelle parmi les puissants pour obtenir les postes influents se faisait jour en une suite sans fin d'intrigues, d'attaques sournoises et de coups d'États.

En 1163, Shawar, le vizir récemment évincé, alla voir Nur al-Din à Damas afin d'obtenir son soutien pour reprendre le contrôle du Caire et de l'Égypte. Le chef zengide reçut aimablement Shawar et lui offrit son plein soutien. En retour, ce dernier devait donner à Nur al-Din quelque chose de très important à ses yeux – l'occasion d'étendre l'influence des Zengides. Sous le commandement de son général vétéran Shirkuh, l'armée de Nur al-Din marcha vers le sud afin de rétablir Shawar dans ses fonctions vizirales. Shirkuh était Kurde, ce qui n'était pas surprenant dans l'armée de Nur al-Din qui comprenait des hommes venant de tous les horizons du Grand Sultanat seldjoukide.

La campagne atteignit son but : Shawar retrouva ses fonctions de vizir en mai 1164, au Caire. Mais ce ne fut pas entièrement satisfaisant pour Shawar quand il comprit qu'il n'était plus qu'un jouet entre les mains de Nur al-Din et que l'armée seldjoukide n'avait pas l'intention de quitter l'Égypte. Shawar se tourna donc vers le roi de Jérusalem pour lui demander assistance. Amaury (r. 1163-1173) était plus qu'heureux d'être invité à se battre contre Shirkuh et aider les Fatimides, car le nouveau roi avait aussi des visées hégémoniques sur l'Égypte. Durant l'été de 1164, il traversa le Negev et envahit l'Égypte, assiégeant l'armée turque de Shirkuh dans Bilbeis, ville située au nord-est du Caire (*voir carte page 93*). Le vizir rassembla une armée et rejoignit ses alliés chrétiens.

Le résultat fut une impasse, car Amaury fut forcé de se retirer en toute hâte pour se porter vers le nord au secours de la principauté d'Antioche qui avait été attaquée par Nur al-Din. Le plan zengide était d'alléger la pression que supportait Shirkuh mais, grâce à l'incompétence des croisés, les choses tournèrent beaucoup mieux. Avant qu'Amaury n'ait pu atteindre la Syrie, Nur al-Din avait battu les armées de Bohémond III d'Antioche et de Raymond III de Tripoli à Harim (Harenc). Les deux princes chrétiens étant prisonniers à Damas, Amaury n'avait guère d'autre solution que de signer la paix avec les Seldjoukides et d'abandonner ses rêves de conquête, au moins pour un temps.

Retrait mutuel

En 1166, une seconde armée d'occupation turque, commandée par Shirkuh, prit la route de l'Égypte. Amaury reçut une seconde demande de Shawar et

La citadelle du Caire, de la fin du XIIᵉ siècle, fut construite sur des plans semblables à ceux de Bagdad, bien qu'à une moindre échelle. La construction fut entreprise par Saladin et achevée par son fils.

décida que ses forces étaient suffisantes pour se mesurer aux Turcs dans une autre expédition en Égypte. En empruntant la route la plus courte par la côte, Amaury arriva en Égypte en même temps que Shirkuh. Tandis qu'Amaury faisait la jonction avec ses alliés fatimides au Caire, l'armée de Shirkuh traversait le Nil et campait aux pieds des pyramides. Ce dernier était accompagné de son neveu, un jeune commandant kurde du nom de Salah al-Din.

Quand l'armée des Francs et des Fatimides se mit à sa poursuite, Shirkuh se dirigea vers le sud en haute Égypte, avant de faire volte-face pour livrer bataille. Au cours de l'engagement, connu sous le nom de bataille de Balbain (1167), Saladin feignit de fuir et fit tomber les croisés dans une embuscade avec Shirkuh. Ce fut une humiliation pour les coalisés plus qu'une défaite. Quand Shirkuh se dirigea de nouveau vers Alexandrie au nord, les armées croisée et égyptienne le suivirent de près. Shirkuh avait l'intention de se servir d'Alexandrie, avec son accès à la mer, comme d'une base pour la conquête de l'Égypte. Mais la flotte d'Amaury contrecarra ce projet et l'armée turque fut assiégée dans la ville.

Shirkuh comprit que sa situation était délicate. Il accepta de livrer Le Caire à Amaury pour que celui-ci rende la ville à Shawar. Puis les deux armées d'envahisseurs se retirèrent, laissant le contrôle de l'Égypte à Shawar… mais pas pour longtemps.

L'année suivante, Amaury revint en Égypte avec l'intention d'y rester. Pour soustraire la place forte de Bilbeis aux factions musulmanes, il attaqua la ville et massacra ses habitants. Apeuré, Shawar fit à nouveau appel à Damas.

Deux mois après le massacre de Bilbeis, Shirkuh lança une armée en Égypte et marcha sur Le Caire, mais sans intention d'aider Shawar. Avec le soutien du calife, le général zengide tua Shawar et se déclara lui-même vizir. Mais Shirkuh n'en profita pas longtemps : il mourut peu après, en avril 1169, et son neveu Saladin fut nommé vizir. Ce jeune Kurde de 31 ans devenait le maître de l'Égypte.

Le plus grand ennemi des États croisés du Levant

Saladin en Égypte et Nur al-Din à Damas constituaient de sérieux ennemis pour les États croisés du Levant. Durant presque deux décennies après 1169, Saladin se battit pour étendre son pouvoir et gagner le contrôle de la Syrie. En atteignant ses objectifs, il devint le premier commandant musulman susceptible de détruire les États croisés.

Ci-dessous : les ruines de Qalat al-Gundi coiffent le sommet de Jebal Raha, au Sinaï. Saladin avait fait construire cette forteresse pour surveiller la route de La Mecque afin de protéger les pèlerins musulmans des attaques des croisés.

En tant que nouveau vizir du calife al-Adid, Saladin devait veiller sur sa propre sécurité au milieu d'une cour réputée pour ses nombreuses intrigues. De plus, il était sunnite dans un royaume essentiellement chiite. Bien qu'il eût écrasé brutalement une rébellion des « gardes noirs » du palais des Fatimides, sa tolérance religieuse et la stabilité de son gouvernement lui gagnèrent peu à peu la confiance du peuple égyptien. Il dut remplacer le pouvoir judiciaire chiite par des musulmans orthodoxes, mais la population chiite eut le droit de pratiquer sa religion sans être persécutée.

À l'extérieur du royaume, il y avait toujours la menace des croisés. La même année, une attaque franque du port de Damiette, essuyée en mer par la flotte byzantine, fut neutralisée : les forces chrétiennes se retirèrent. Cette campagne mit un terme au rêve du roi Amaury de se tailler un nouvel État chrétien en Égypte. En 1170, une série de tremblements de terre en Syrie et en Palestine interrompit les hostilités, mais en décembre Saladin, à la tête d'une armée, quitta le Sinaï, attaqua Gaza et massacra les chrétiens de la ville.

Cette première opération n'était qu'un début. Mais avant de pouvoir mener son armée vers

d'autres succès contre les Francs, Saladin avait à traiter avec son supérieur zendige à Damas. Au nom de sa foi orthodoxe, Nur al-Din demandait sans cesse à Saladin d'imposer l'orthodoxie sunnite en Égypte, et de détruire toutes traces des croyances religieuses des Fatimides. Saladin, craignant une insurrection, n'avait aucune envie d'engager une telle action dans une région à prédominance chiite. Cependant, il lui manquait le pouvoir militaire ou politique pour pouvoir défier Nur al-Din. Mais, en 1171, la mort du calife al-Adid résolut le problème de Saladin.

Saladin étendit alors l'autorité spirituelle du calife sunnite de Bagdad sur toute l'Égypte, espérant ainsi satisfaire Nur al-Din, mais en même temps il continua à permettre aux chiites de pratiquer leur propre religion. Le décès du calife fatimide assura le pouvoir de Saladin en Égypte, ce qui amena inévitablement des tensions dans ses relations avec son seigneur en titre, Nur al-Din. Saladin, qui était politiquement dans une position difficile, fit campagne sans enthousiasme en Transjordanie – ou Outre-Jordanie – au nom de Nur al-Din, mais évita de le rencontrer.

Un arriviste qui monte

Durant les deux années qui suivirent, les faux-fuyants de Saladin conduisirent Nur al-Din à considérer son ancien protégé comme un « parvenu ». Une guerre entre la Syrie et l'Égypte semblait inévitable et les plans étaient déjà faits quand le sort en décida autrement. Au printemps de 1174, Nur al-Din mourut, laissant son royaume entre les mains de son fils al-Salih, âgé de 10 ans. Peu de mois après, le roi Amaury mourut aussi à Jérusalem ; son fils de 13 ans lui succéda sous le nom de Baudouin IV. Le jeune Baudouin était un roi potentiellement doué, mais il était atteint de la lèpre et ne fut qu'un chef peu efficace. La chance continuait à sourire à Saladin.

L'atabek d'Alep se déclara lui-même régent pour al-Salih, mais l'élite de Damas comprit que Saladin était le seul capable d'unifier la Syrie et de protéger la région contre les croisés. En octobre 1174, Saladin entra dans Damas et prit le pouvoir sans effusion de sang, se déclarant le successeur de Nur al-Din et le régent d'al-Salih. Saladin, de basse extraction mais chef d'un *djihad*, était devenu le dirigeant de presque tout le monde islamique et ses territoires encerclaient les États croisés du Levant.

L'atabek d'Alep ne cessait de rappeler qu'il était le véritable régent et que Saladin n'était qu'un usurpateur. Mais personne ne l'écoutait. Saladin était en pleine ascension. Il avait instauré un commandement militaire et un gouvernement centralisé efficaces en Syrie comme en Égypte, et il tenait bien en main une vague croissante de ferveur religieuse. Il était devenu le plus dangereux adversaire que les croisés aient jamais eu. Une intervention immédiate des croisés aurait pu neutraliser Saladin durant la courte période qu'il lui fallut pour unifier le monde musulman, mais les princes chrétiens étaient – comme à l'accoutumée – empêtrés dans leurs petits jeux politiques, ce qui servit les desseins de Saladin.

Ci-dessus : Saladin tenant un cimeterre. Les peintres de l'Occident médiéval représentaient Saladin sous les apparences d'un monarque européen, avec un turban symbolique enroulé autour de sa couronne.

Les divisions dans les États francs

Alors que Saladin unifiait les royaumes d'Égypte et de Syrie, l'élite des croisés se perdait dans une lutte de pouvoir dynastique, le roi Baudouin IV, malade, devenant de moins en moins capable de gouverner. À une époque où l'union contre un ennemi puissant était la seule voie possible, les États francs préféraient se déchirer.

Selon son tuteur, l'archevêque Guillaume de Tyr, le roi Baudouin IV le Lépreux (r. 1174-1185), était un adolescent particulièrement doué. S'il n'avait pas contracté la lèpre, il aurait pu devenir un des meilleurs rois des États francs du Levant. Mais son règne fut une longue agonie dans laquelle sa tragédie personnelle ne fit que renvoyer l'image des divisions du royaume. Plus sa maladie évoluait, moins il était capable de contrer les intrigues et les factions qui minaient la cour de Jérusalem.

Agnès, la première femme de son père Amaury, avait guidé son fils lors de ses débuts sur le trône. La sœur du roi, Sybille, s'était mariée en 1176, mais son mari, Guillaume de Montferrat, mourut trois mois plus tard, laissant un enfant à naître et à élever. Le jeune prince, qui allait devenir Baudouin V, avait besoin d'un tuteur. Baudouin IV nomma à ce titre son oncle, le comte Raymond III de Tripoli. Ce dernier venait d'être libéré de sa prison de Damas par Nur al-Din après avoir versé une forte rançon rassemblée par la vente de la plus grande partie de ses terres et de son titre aux chevaliers hospitaliers.

Bien que proche du roi Baudouin, le comte apportait avec lui sa propre influence politique sur la Cour. Malgré la perte de presque tout son domaine, Raymond III était encore un personnage puissant. Un mariage lui avait donné des terres en Galilée et il restait en relations étroites avec les hospitaliers. En outre, il méprisait le nouveau chevalier servant de Sybille, Guy de Lusignan, un autre conseiller proche de Baudouin IV.

Renaud de Châtillon construisit son château de Kérak dans le Moab, en Jordanie. De ce repaire, il contrôlait une des principales routes de pèlerinage allant du Croissant fertile et de la Syrie vers le golfe d'Akaba, et les routes côtières ou maritimes vers La Mecque. Châtillon devint le croisé le plus brillant et le plus exécré jusqu'à son exécution par les mains mêmes de Saladin qui eut la satisfaction de se voir remettre Kérak en 1188.

En 1176, la santé du roi empira et il s'appuya plus encore sur Lusignan et Raymond III pour mener les armées croisées à la bataille. Malheureusement, leur inimitié entraîna confusion et animosité au cœur des troupes. Guillaume de Tyr décrit Lusignan comme « n'étant pas de taille, à la fois en force et en sagesse ». Mais le roi étant de plus en plus faible, le pouvoir de Lusignan augmenta, ce qui ne fit qu'accroître les tensions à la Cour. En 1180, son mariage avec Sybille le plaça au centre d'une conspiration.

Le sabotage de Châtillon
Une autre faction de la Cour était réunie autour des deux épouses du roi Amaury. Son premier mariage avec Agnès de Courtenay avait été annulé, bien que les enfants d'Agnès, Baudouin (le Lépreux) et Sybille soient restés de possibles successeurs au trône. Amaury avait ensuite épousé la princesse byzantine Marie Comnène qui lui donna une fille, Isabelle. Marie, la reine douairière, s'était remariée à Balian II, sire d'Ibelin, de la suite de Raymond III, comte de Tripoli. Elle formait, avec les chevaliers hospitaliers, une autre faction opposée à Guy de Lusignan.

Agnès, la mère du roi, avec les Templiers et l'ancien prince d'Antioche Renaud de Châtillon, soutenait pour sa part Guy de Lusignan et Sybille. Après avoir été capturé par les Turcs en 1161, Châtillon passa quatorze ans en captivité, perdant sa principauté durant son incarcération. Relâché en 1175, il gagna la seigneurie de Transjordanie, l'Outre-Jordanie, en se mariant : il redevint puissant, animé d'un appétit de vengeance à l'égard des musulmans. À la cour de Jérusalem, le mélange de haine et d'animosité de Châtillon allait finalement générer l'effondrement du royaume.

En 1181, Baudouin IV négocia un traité de paix avec Saladin, qui comportait un droit de passage pour les pèlerins voulant se rendre en Terre sainte. Mais Châtillon n'avait que faire de cette paix et son obsession paranoïaque de tuer des musulmans sabota ce fragile accord. En 1181, de son château de Kérak en Outre-Jordanie, il attaqua des caravanes musulmanes partant pour La Mecque. Deux ans plus tard, il organisait une expédition navale descendant du golfe d'Akaba jusqu'à la mer Rouge où il attaqua des ports musulmans. Il alla même jusqu'à menacer La Mecque. Saladin, furieux, exécuta tous les membres de l'expédition que ses forces avaient capturés. Il décida aussi que la guerre était inéluctable et se prépara à lancer une opération préventive contre le royaume de Jérusalem.

À ce moment crucial, la politique de non-agression poursuivie par Baudoin IV et Raymond trouva un terme brutal en mars 1185, quand le jeune roi, âgé de 24 ans, mourut de la lèpre. La guerre était alors inévitable.

Sur le Qarn Hattin

Après la mort du roi Baudouin IV, Saladin et les croisés se trouvèrent pris dans un conflit qui ne pouvait aboutir qu'à une lutte pour l'hégémonie de la Terre sainte. Le roi Guy de Jérusalem affronta Saladin à Hattin en 1187, bataille qui devait entraîner à terme l'effondrement des États croisés du Levant.

À droite : à Hattin, en Galilée, se déroula la pire défaite que les croisés aient jamais essuyée. La bataille dura toute une journée, sur une colline élevée, et atteignit même le lendemain matin les rives du lac de Tibériade (mer de Galilée). L'enluminure du manuscrit représente une vue fantaisiste de la Galilée, avec la ville de Tibériade au bord du lac, dans le fond. Le Jourdain serpente jusqu'à l'horizon.

La mort du roi Baudouin IV en 1185 précipita la lutte pour le pouvoir. Le fils de sa sœur Sybille fut couronné sous le nom de Baudouin V (r. 1185-1186) et Raymond III de Tripoli assura la régence. Le comte conclut une trêve de quatre ans avec Saladin. Les États du Levant semblaient devoir alors profiter d'une période de stabilité qui prit malheureusement fin en août avec la mort de l'enfant, âgé de 8 ans. Il s'ensuivit une lutte pour le trône dont la faction d'Agnès de Courtenay (la première épouse du roi Amaury) sortit victorieuse. Elle prit Jérusalem et couronna sa fille Sybille dont le mari, Guy de Lusignan, devint roi sous le nom de Guy Ier (r. 1186-1192). Le pire est que Guy

de Lusignan avait pour principal conseiller Renaud de Châtillon. Libéré des édits de paix de Baudouin IV le Lépreux, il attaqua sans attendre une caravane de musulmans. Saladin considéra que le traité de paix était rompu et mobilisa son armée.

Au cours de la décennie passée, Saladin avait été accusé d'intentions belliqueuses à l'égard des musulmans beaucoup plus qu'à l'égard des Francs. Il avait plusieurs fois livré bataille à l'émir d'Alep,

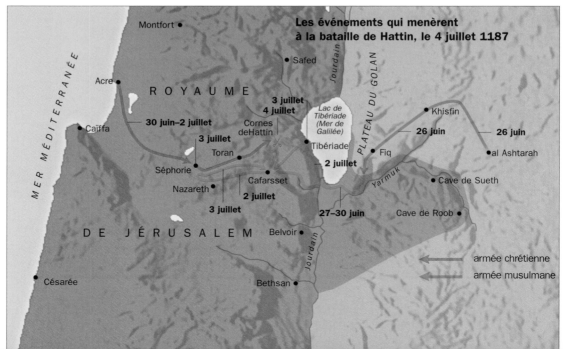

qui continuait à se servir de l'héritier de Nur al-Din, al-Salih, pour se présenter lui-même comme l'héritier légitime de la Syrie zengide. Saladin avait survécu à deux tentatives d'assassinat.

Quand le jeune al-Salih mourut en 1181, des rumeurs coururent selon lesquelles Saladin l'aurait empoisonné, mais ce ne fut jamais prouvé. Le prince zendige au tombeau, l'émir sollicita la paix, et la prise d'Alep en 1183 se fit sans effusion de sang. La Syrie était maintenant unie sous le commandement de Saladin qui pouvait alors compter sur ses immenses ressources militaires – en 1187, il disposait d'une force de 30 000 hommes qui comptait des Égyptiens et des volontaires pour le *djihad*. Le roi Guy fut informé de ses activités et rassembla son armée croisée qui était légèrement moins nombreuse mais comprenait 2 000 chevaliers, dont la moitié appartenait aux ordres religieux. Un contingent religieux, conduit par l'évêque d'Acre et détenteur d'un morceau de la Vraie Croix – relique la plus sacrée des États du Levant –, accompagnait également l'armée croisée.

Le piège des sources

À la fin de juin 1187, Saladin envahit la Galilée et mit le siège devant Tibériade (Teverya actuelle), dans le comté de Tripoli. Echive, la femme du comte Raymond, se trouvait dans la ville. Pendant ce temps le roi Guy avait rassemblé son armée près d'Acre, où Raymond recommandait la prudence. Mais le roi préféra suivre les conseils de Renaud de Châtillon. Châtillon était un homme d'action qui ne mesurait pas les conséquences de ses actes, même absurdes ; et dans le cas présent, il était évident que sont but était de délivrer la dame. Il visait aussi à embarrasser Raymond III qui, suggérait-il, n'était même pas capable de prendre soin de sa propre femme. Le roi donna l'ordre à l'armée de marcher sur Tibériade, Raymond III commandant l'arrière-garde.

Le 3 juillet, les croisés se trouvaient à 16 kilomètres environ de la ville quand ils furent accrochés par les musulmans qui les harcelèrent tout le reste de la journée. Malgré l'avis de Raymond, le roi Guy fit avancer ses troupes dans la plaine aride de Toran, puis vira vers le nord en direction des sources de Hattin, à quelques kilomètres de l'ouest de Tibériade. L'armée progressait

lentement, continuellement attaquée et sans eau sous une chaleur débilitante. Épuisée, elle s'arrêta au milieu de l'après-midi. À l'aube du 4 juillet, les croisés tentèrent à nouveau de gagner le lac, mais juste au pied des hauteurs connues sous le nom de Qarn Hattin (les Cornes de Hattin), Saladin avait dressé son piège. La fumée des feux allumés par les musulmans désorienta les croisés et l'armée perdit sa cohésion. L'arrière-garde fut coupée du reste de l'armée et presque tous les chevaliers furent tués. Le comte Raymond, cependant, put s'échapper.

L'évêque d'Acre fut tué au combat et la relique de la Vraie Croix fut emportée par l'évêque de Lydda. Quand ce dernier fut capturé par ses ennemis, la relique disparut. Le nombre des Francs avait considérablement diminué, mais ils tentèrent cependant une dernière charge : les pertes, la fatigue et la soif forcèrent la poignée de survivants à se rendre. Tandis que le roi Guy et ses principaux chevaliers étaient faits prisonniers, Saladin exécutait Châtillon pour ce que l'on appellerait aujourd'hui ses « crimes de guerre ». La seule armée croisée ayant été décimée, les États du Levant se trouvaient à la merci de Saladin. Hattin fut la plus grande victoire de Saladin qui ne tarda pas à l'exploiter. Sa prochaine cible était Jérusalem, le fleuron de la Terre sainte.

Ci-dessous :

La Perte de la Vraie Croix. L'artiste qui peignit cette enluminure médiévale semble avoir confondu deux événements : la bataille de Hattin au cours de laquelle les musulmans prirent la relique, et le siège d'Acre par les chrétiens en 1191 (*voir page 123*), après lequel on espéra que Saladin allait rendre la croix.

La chute de Jérusalem

Après la victoire de Hattin, il ne fut pas très difficile pour Saladin de soumettre les autres États croisés. Durant les deux années qui suivirent, il conquit le pays tout entier, à l'exception des villes de Tyr, de Tripoli et d'Antioche, ainsi que de quelques petits châteaux. Une fois encore, l'appel à la prière des musulmans allait se faire entendre dans Jérusalem.

Page de droite : Balian d'Ibelin annonce au peuple de Jérusalem qu'il n'y a plus aucun espoir de vaincre les musulmans. Au bas de l'illustration, Balian rencontre Saladin à l'extérieur des murs pour discuter de la capitulation de la Ville sainte.

Après l'exécution de Renaud de Châtillon, Saladin livra les chevaliers-moines à ses disciples fondamentalistes, des dévots soufis, qui les massacrèrent tous. En ayant terminé avec ses pires adversaires religieux, Saladin envoya à Damas les autres, dont faisait partie le roi Guy, comme prisonniers, tandis qu'il avançait pour occuper le royaume sans défense. Moins de 3 000 croisés avaient échappé à la bataille et cette petite armée était incapable d'affronter Saladin qui occupait les États du Levant sans rencontrer la moindre opposition.

Le 7 juillet, Saladin envoya son lieutenant Tapi al-Din faire le siège d'Acre, le centre commercial des États croisés. Il arriva le lendemain, juste au moment où des envoyés se disposaient à discuter des termes d'une paix. Toute résistance contre l'armée musulmane qui dépassait en nombre les forces des croisés aurait été vaine et se serait soldée inévitablement par un massacre. Saladin occupa la ville et offrit même une protection d'un style féodal aux marchands francs et aux nobles. Il libéra le frère de l'empereur de Byzance qui avait été fait prisonnier dans la ville, et en fit son envoyé pour s'assurer de bonnes relations avec les Byzantins. Il ne voulait pas d'intervention dans son démembrement des États croisés du Levant.

Saladin avançait vers le sud, à travers la Palestine. Il s'empara de la puissante forteresse de Mirabel et de villes côtières avant de remonter vers le nord : Jaffa, Beyrouth, Caïffa (actuelle Haïfa), Sidon et les villes de Galilée tombèrent toutes aux mains des musulmans. Sous Reginald de Sidon (et plus tard sous Conrad de Montferrat), Tyre résista, ainsi que les villes de Tripoli et d'Antioche. Il est probable qu'elles furent sauvées par le désir de Saladin de faire la conquête du royaume de Jérusalem avant de s'occuper des États croisés situés plus au nord. Au mois d'août, à l'exception de Gaza, des châteaux d'Outre-Jordanie et de quelques défenses de moindre importance, seules Jérusalem et Tyr, au sud de la Terre sainte, demeuraient encore entre les mains des croisés.

Entre les mains des musulmans

Le 25 août, Saladin fit le siège d'Ascalon, et le 5 septembre, la ville tombait entre ses mains. Libre de marcher sur Jérusalem, l'armée de Saladin arriva en vue des remparts le 20 septembre. Héraclius, le patriarche de Jérusalem, était en charge de la défense de la ville, assisté par Balian d'Ibelin, le nouvel époux de la reine Marie Comnène ; la reine Sybille était également là ; Hiéraclus et sa garnison demandèrent l'aide de Balian, car

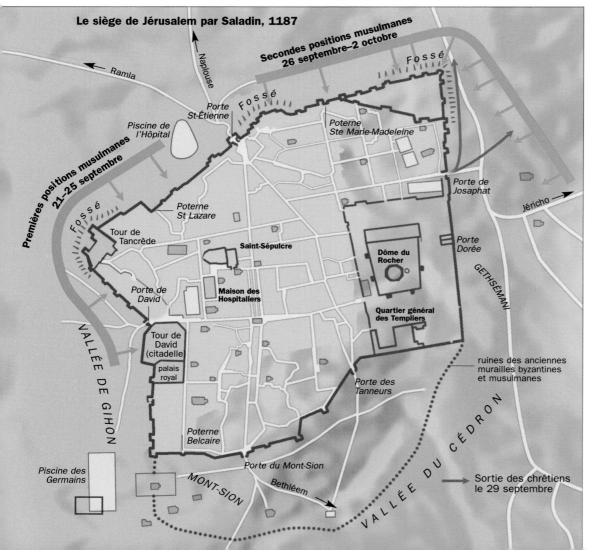

Le siège de Jérusalem par Saladin, 1187

Ramla

Naplouse

Secondes positions musulmanes
26 septembre–2 octobre

Fossé

Fossé

Porte St-Étienne

Piscine de l'Hôpital

Poterne Ste Marie-Madeleine

Premières positions musulmanes 21–25 septembre

Fossé

Poterne St Lazare

Tour de Tancrède

Saint-Sépulcre

Porte de Josaphat

Jéricho

Dôme du Rocher

Porte Dorée

GETHSÉMANI

Porte de David

Maison des Hospitaliers

Quartier général des Templiers

Tour de David (citadelle
palais royal

ruines des anciennes murailles byzantines et musulmanes

VALLÉE DE GIHON

Porte des Tanneurs

Poterne Belcaire

Piscine des Germains

Porte du Mont-Sion

MONT-SION

Bethléem

VALLÉE DU CÉDRON

Sortie des chrétiens le 29 septembre

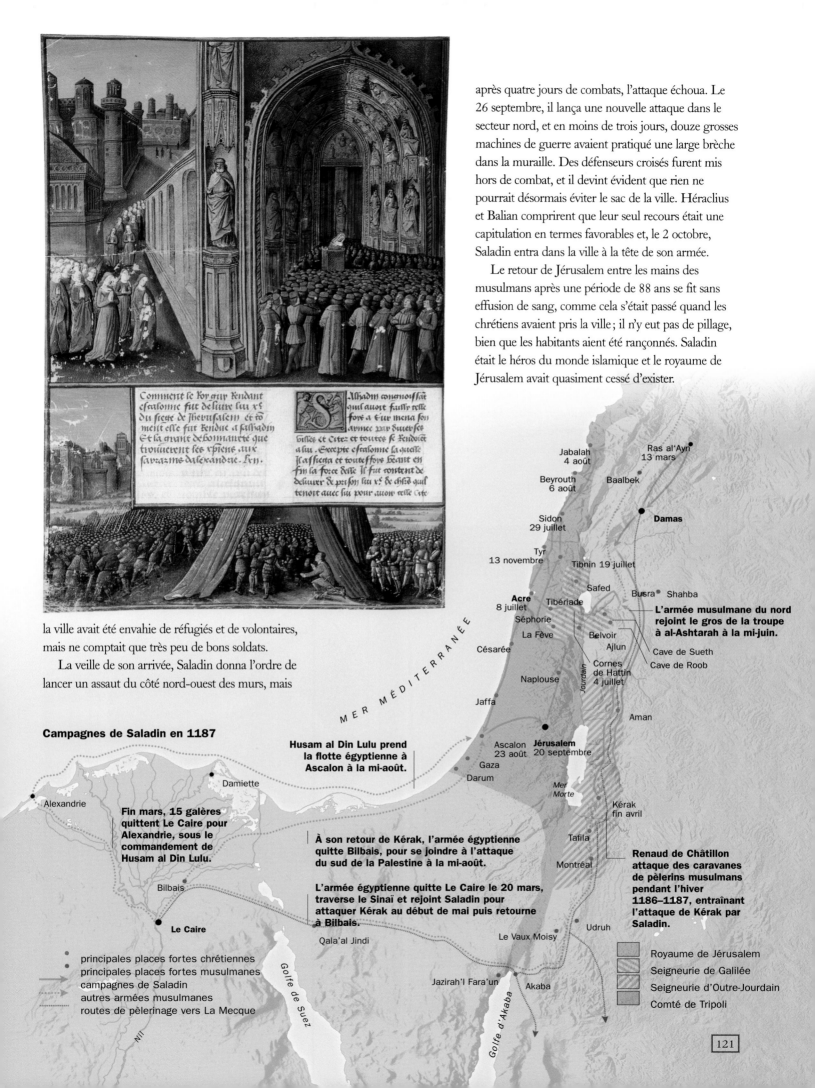

après quatre jours de combats, l'attaque échoua. Le 26 septembre, il lança une nouvelle attaque dans le secteur nord, et en moins de trois jours, douze grosses machines de guerre avaient pratiqué une large brèche dans la muraille. Des défenseurs croisés furent mis hors de combat, et il devint évident que rien ne pourrait désormais éviter le sac de la ville. Héraclius et Balian comprirent que leur seul recours était une capitulation en termes favorables et, le 2 octobre, Saladin entra dans la ville à la tête de son armée.

Le retour de Jérusalem entre les mains des musulmans après une période de 88 ans se fit sans effusion de sang, comme cela s'était passé quand les chrétiens avaient pris la ville ; il n'y eut pas de pillage, bien que les habitants aient été rançonnés. Saladin était le héros du monde islamique et le royaume de Jérusalem avait quasiment cessé d'exister.

la ville avait été envahie de réfugiés et de volontaires, mais ne comptait que très peu de bons soldats.

La veille de son arrivée, Saladin donna l'ordre de lancer un assaut du côté nord-ouest des murs, mais

Campagnes de Saladin en 1187

Jabalah
4 août

Ras al'Ayn
13 mars

Beyrouth
6 août

Baalbek

Sidon
29 juillet

Damas

Tyr
13 novembre

Tibnin 19 juillet

Safed

Busra • Shahba

Acre
8 juillet

Tibériade

L'armée musulmane du nord rejoint le gros de la troupe à al-Ashtarah à la mi-juin.

Séphorie

La Fève

Belvoir

Ajlun

Cave de Sueth

Césarée

Cornes
de Hattin
4 juillet

Cave de Roob

Naplouse

Jaffa

Aman

MER MÉDITERRANÉE

Husam al Din Lulu prend
la flotte égyptienne
à Ascalon à la mi-août.

Ascalon
23 août

Jérusalem
20 septembre

Gaza

Darum

Mer
Morte

Damiette

Kérak
fin avril

Alexandrie

**Fin mars, 15 galères
quittent Le Caire pour
Alexandrie, sous le
commandement de
Husam al Din Lulu.**

Tafila

À son retour de Kérak, l'armée égyptienne
quitte Bilbais, pour se joindre à l'attaque
du sud de la Palestine à la mi-août.

Montréal

**Renaud de Châtillon
attaque des caravanes
de pèlerins musulmans
pendant l'hiver
1186–1187, entraînant
l'attaque de Kérak par
Saladin.**

Bilbais

L'armée égyptienne quitte Le Caire le 20 mars,
traverse le Sinaï et rejoint Saladin pour
attaquer Kérak au début de mai puis retourne
à Bilbais.

Le Caire

Qala'al Jindi

Udruh

Le Vaux Moisy

• principales places fortes chrétiennes
• principales places fortes musulmanes
→ campagnes de Saladin
- - autres armées musulmanes
···· routes de pèlerinage vers La Mecque

Golfe de Suez

Jazirah'I Fara'un

Akaba

Golfe d'Akaba

Nil

Jourdain

	Royaume de Jérusalem
	Seigneurie de Galilée
	Seigneurie d'Outre-Jourdain
	Comté de Tripoli

Richard Cœur de Lion

La chute de Jérusalem fut un choc pour toute la chrétienté. Le pape Grégoire VIII (p. 1187) lança donc la troisième croisade qui fut, curieusement, très bien accueillie par les monarques européens. Tandis que Frédéric Barberousse conduisait une armée germanique vers la Terre sainte, Richard Ier d'Angleterre et Philippe II de France menaient leurs contingents venus d'Europe de l'Ouest.

Ci-dessous : détail d'un manuscrit médiéval sur les rois d'Angleterre représentant Henri II, à gauche, regardant son fils Richard Ier. En dépit du rendu un peu maladroit, l'artiste a su traduire la violence masquée qui caractérisait la dynastie des Plantagenet.

En Angleterre et en France, une taxe appelée « dîme de Saladin » fut levée pour financer la troisième croisade, mais le roi Henri II d'Angleterre (r. 1154-1189) était trop impliqué dans la guerre contre la France pour prendre la croix. Son fils aîné Richard répondit à l'appel ; avant son départ, Henri II mourut et le prince devint Richard Ier (r. 1189-1199), roi d'Angleterre, duc de Normandie et comte d'Anjou.

Aliénor d'Aquitaine (1122-1204), la mère de Richard, avait pris part à la deuxième croisade avec son premier mari, le roi de France Louis VII. À la suite d'un scandale survenu à Antioche (*voir page 107*) et de son divorce en 1152, elle avait épousé Henri Plantagenet, duc d'Anjou, qui devint Henri II, deux ans plus tard. Né en 1157, Richard était leur deuxième fils ; après la mort de son frère aîné Henri en 1183, il devint l'héritier de l'Empire angevin, immenses domaines de son père situés en Angleterre et dans l'ouest de la France.

En dépit de son passé quelque peu agité, il demeurait le successeur consacré de son père. On disait de lui qu'il était beau, gracieux et soldat de qualité. Juste après son couronnement, il remit le royaume entre les mains de son frère Jean et se prépara à partir pour la croisade. Il fut rejoint par Philippe II Auguste, roi de France (r. 1180-1223). Ils étaient amis, bien que rivaux pour le contrôle des territoires angevins français. Richard ne passait que peu de temps en Angleterre, préférant de beaucoup ses possessions françaises. Mais leur amitié ne devait pas durer.

En 1190, Richard et Philippe Auguste se retrouvèrent à Vézelay pour regrouper leurs forces et préparer leur voyage. Alors que le second décidait d'expédier ses troupes par mer, en partant de Gênes, le premier préféra prendre les bateaux anglais qui devaient embarquer ses troupes à Marseille. Richard traverserait l'Italie et retrouverait son armée, ainsi que Philippe, à Messine, en Sicile, où la flotte française était déjà arrivée de Gènes. Le tumulte régnait à Messine.

Une princesse éconduite

Le roi Tancrède de Sicile avait récemment hérité l'île de son cousin illégitime et avait fait emprisonner la femme du précédent monarque, la reine Jeanne. Jeanne était la sœur de Richard ; le roi se servit donc de l'hostilité locale comme d'excuse pour attaquer Tancrède après avoir laissé ses hommes mettre Messine à sac. Jeanne fut libérée et rejoignit la suite de Richard. À ce moment, sa mère Aliénor arriva avec la princesse Bérangère de Navarre qu'elle destinait comme épouse à Richard. Cela posait un problème au roi qui avait, pour des raisons politiques, décidé de se fiancer à Alice, la sœur de Philippe Auguste. Cependant, Richard avait la preuve qu'Alice avait été la maîtresse de son père Henri II.

Philippe accepta à regret les fiançailles de Richard avec Bérangère, mais en réalité le refus du roi d'Angleterre d'épouser sa sœur le toucha profondément. Cela jeta entre eux un froid qui allait se transformer en véritable hostilité et influencer l'issue de la troisième croisade. L'hiver étant terminé, la flotte de Philippe prit la mer pour Acre le 30 mars 1191. Comme le temps pressait, le mariage de Richard et de Bérangère fut remis à plus tard. Alors que la flotte anglaise quittait Messine le 10 avril, Bérangère reçut son propre navire qui devait aussi transporter la caisse spéciale de Richard.

La flotte essuya de fortes tempêtes dans l'est de la Méditerranée. Plusieurs navires s'échouèrent sur les côtes de Chypre, dont celui de Bérangère. La princesse fut sauvée dès que le reste de la flotte de Richard arriva sur les lieux, mais pas avant que la caisse spéciale de Richard et les survivants de deux autres navires ne soient tombés entre les mains d'Isaac Comnène. Ce prince byzantin qui gouvernait l'île avait rejeté l'autorité de Constantinople. Le roi demanda que lui soient restitués son trésor et ses hommes, mais cela lui fut refusé. Il débarqua alors à Limassol et fit le siège de la ville qui tomba rapidement. Comnène se réfugia à l'intérieur des terres. Richard le poursuivit. Une sanglante bataille avec la garde royale éclata, au cours de laquelle le tyran s'échappa. Cependant, Comnène avait laissé derrière lui non seulement le trésor de Richard, mais également toutes ses richesses personnelles dont le roi s'empara.

Trois jours plus tard, Guy de Lusignan entrait à

Limassol avec une petite flotte. L'ex-roi de Jérusalem, qui avait été libéré par Saladin, tentait de coordonner les défenses des dernières places fortes des croisés. Depuis 1189, il faisait le siège d'Acre, mais la victoire lui échappait. Il demandait à Richard et à sa puissante flotte de regagner immédiatement Acre avec lui, où il devait rejoindre l'armée de Philippe Auguste récemment arrivée. Richard accepta si, en retour, Guy lui prêtait allégeance, ce qu'il fit. Guy de Lusignan participa donc avec Richard à la conquête éclair de Chypre, au cours de laquelle Comnène fut fait prisonnier. Alors qu'il demandait de ne pas être mis aux fers, Richard lui fit fabriquer des chaînes en argent.

Avant de quitter Chypre en mai 1191, Richard épousa Bérangère de Navarre.

Ci-dessus : prêt à quitter l'Angleterre pour entreprendre la troisième croisade, un chevalier s'agenouille devant un moine qui lui remet un crucifix. Enluminure du XIVᵉ siècle.

La croisade de Frédéric Barberousse

En 1190, Frédéric Ier Barberousse dirigeait le Saint Empire germanique depuis presque quatre décennies : il était l'un des monarques les plus puissants et les plus respectés de son temps. En dépit de son âge et de ses désaccords avec la papauté, Frédéric décida de mener une armée germanique pour reprendre Jérusalem.

Frédéric Barberousse (r. 1152-1190) partit de Ratisbonne, au sud de la Germanie, pour la Terre sainte en mai 1189. Dans un règne marqué par des conflits incessants avec l'Église, ce fut un acte de dévotion tout à fait inattendu pour un empereur âgé de 67 ans. Frédéric fut élevé au milieu d'une rivalité entre les deux principales maisons germaniques de Hohenstauffen et Welf.

nord de l'Italie, entraîna un conflit avec le pape, qui redoutait une autre atteinte à la suprématie papale. La lutte la plus âpre dura dix-sept ans, à partir de 1160, date à laquelle Frédéric fut excommunié par le pape Alexandre III (p. 1159-1181). En réponse, l'empereur nomma un antipape. Les deux parties se réconcilièrent en 1177, mais les ressentiments ne disparurent pas pour autant. Alexandre supposa sans doute que l'engagement de Frédéric dans une croisade était le fruit de sa culpabilité. En fait, Frédéric voyait dans la croisade le moyen de rappeler à l'ordre les nobles germaniques qui — contrairement à leurs homologues francs — avaient un profond mépris pour les principes du système féodal. Sous prétexte

Ci-dessus : des chevaliers germaniques se mettent en route pour la troisième croisade conduite par Frédéric Ier Barberousse, empereur du Saint Empire romain germanique (manuscrit du XIIe siècle).

Fils d'un duc de Hohenstauffen, ses pairs l'élurent empereur en 1152 car on le considérait comme le meilleur candidat capable de mettre un terme à une période de guerres et de rivalités.

Frédéric passa le plus clair de son règne à assurer à la Germanie une stabilité politique, tout en combattant pour améliorer le pouvoir politique de sa charge. La conquête de la Lombardie, au

d'une cause religieuse commune, il espérait rassembler la noblesse sous son commandement.

L'armée des croisés germaniques comptait 15 000 hommes, dont 3 000 chevaliers. Frédéric avait pris soin de recruter à cette cause la fleur de la noblesse germanique. Contrairement aux rois d'Angleterre et de France, l'empereur choisit de traverser la Hongrie et l'Empire byzantin. Des

éclaireurs s'assuraient que l'armée passerait sans encombre. Le roi de Hongrie ne fit pas de difficultés, mais l'empereur byzantin Isaac II Ange (r. 1185-1195) se montra moins coopératif. Il donna toutes assurances à Frédéric, lui promettant des guides et du ravitaillement, mais bloqua les passages menant à son royaume. Pour ne pas être en reste, Frédéric s'allia aux princes serbes rebelles et évita les Byzantins.

De nombreuses pertes en hommes

Quand les croisés germaniques arrivèrent à Constantinople, ils trouvèrent la ville barricadée. Frédéric déclara immédiatement la guerre à l'empereur de Byzance. Il vainquit une armée byzantine en Thrace et fit campagne en Macédoine avant de prendre ses quartiers d'hiver dans la ville d'Andrinople. Les Byzantins firent la paix, permettant aux croisés de traverser l'Asie Mineure.

En mars 1190, Frédéric emmena son armée vers l'est, en direction des territoires des Turcs seldjoukides. Les Germains battirent les Turcs près de Philomelium, puis prirent la ville d'Iconium. Le sultan local signa la paix et ravitailla les croisés qui mouraient presque de faim. Puis ces derniers se mirent immédiatement en route pour la Cilicie.

Les Germains franchirent la chaîne du Taurus, puis descendirent à travers la province de l'Isaurie orientale et atteignirent Tarse, la capitale de la Cilicie, qui était reliée par une route à la ville d'Antioche. Le 10 juin, alors que l'armée traversait le Selef, Frédéric se noya dans les eaux rapides du fleuve. La moitié de son armée avait péri au cours de cette longue marche. Le fils de l'empereur, Frédéric de Souabe, tenta de reprendre l'armée en main, mais d'anciennes rivalités émergèrent et les survivants refusèrent de l'élire comme chef.

Les survivants se battirent jusqu'à Antioche tout en transportant le corps de Frédéric afin que s'accomplisse son vœu d'atteindre la Terre sainte. Une épidémie s'abattit sur la ville. De nombreux Germains décidèrent alors de regagner leur pays par la mer, tandis que quelques milliers seulement atteignirent enfin Acre, en octobre, offrant de piètres renforts au roi Guy et à son armée du Levant réduite. Saladin n'avait plus à affronter ce formidable ennemi. Les croisés devaient attendre Richard Cœur de Lion pour avoir un nouveau champion.

À gauche : ce reliquaire en bronze doré, datant de 1160 environ et renfermant des restes de saint Jean, fut offert par Frédéric Barberousse au comte de Cappenberg. On l'a découvert dans l'église de Cappenberg, en Allemagne. Les universitaires le considèrent comme la première représentation hors d'un groupe, dans l'art de l'Occident, depuis les temps carolingiens. C'est sans doute un portrait assez fidèle de l'empereur. Il y avait probablement un bandeau en argent, manquant aujourd'hui, comme sur les bustes des anciens empereurs romains, illustrant la légitimité du titre de Saint Empereur romain.

À gauche : cette statue équestre de Frédéric Barberousse se dresse sur la Kaiserplatz de la ville de Goslar, en Basse-Saxonie. Frédéric fut l'un des monarques les plus âgés à participer à une croisade.

Le roi Richard en Terre sainte

Richard Cœur de Lion arriva à Acre le 8 juin 1191 et, en quelques semaines, il accomplit ce qu'aucun autre croisé n'avait pu faire : il prit la ville. À partir de là, la route de Jérusalem passait par Jaffa et, à la différence de Philippe de France, le roi d'Angleterre fut en mesure d'accomplir le vœu des croisés.

Quand la galère du roi d'Angleterre accosta près d'Acre, la petite armée du roi Guy de Jérusalem faisait depuis presque deux ans le siège d'Acre, première étape de ses campagnes pour récupérer des terres que le roi avait dû céder à Saladin. Le poète normand Ambroise dit à propos de l'arrivée de Richard : « Nulle plume ne saurait décrire la joie du peuple, la nuit de l'arrivée du roi. » Le roi Philippe II de France était déjà là, et bien que ses hommes aient renforcé les lignes des croisés autour de la ville, ils n'avaient que procédé à la construction de nombreuses machines de guerre. L'arrivée de Richard réconforta les assiégeants et, tandis que le roi d'Angleterre s'occupait de ce qu'il restait de l'armée sarrasine, Guy et Philippe tentaient d'ouvrir une brèche dans les murs de la ville.

Les bateaux de Philippe et de Richard barrant tout éventuel secours par mer, Acre se trouvait livrée à elle-même. Les chefs de la ville

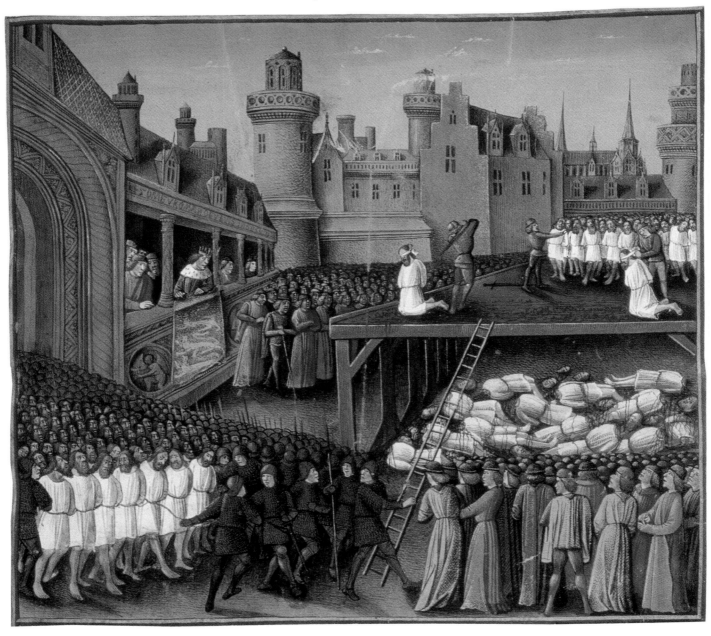

négocièrent la paix avec Philippe, Richard étant absent. Le 11 juillet, Acre était encerclée par les croisés tandis que Richard était temporairement immobilisé par une maladie. Selon les termes des assiégeants, la ville devait être épargnée contre la libération par Saladin de 1 500 chrétiens prisonniers de guerre, le paiement d'une forte rançon et la restitution de la Vraie Croix prise au cours de la bataille de Hattin. Saladin n'accepta ces termes qu'une fois la ville encerclée.

On aurait pu penser que le premier succès des chrétiens depuis le désastre de Hattin aurait enflammé les croisés d'une ferveur nouvelle. En fait, les anciennes querelles refirent surface et menacèrent de diviser à nouveau les croisés. Guy de Lusignan réclamait son droit au trône en vertu de son mariage avec Sybille. Philippe de France avançait que Guy avait perdu son trône après la défaite de Hattin et soutenait Conrad de Montferrat. Montferrat s'était vaillamment battu aux côtés de Philippe durant le siège d'Acre et, de plus, il était marié à Isabelle.

Ayant reçu son allégeance à Chypre, Richard se sentait dans l'obligation de soutenir Guy – sans compter qu'il n'était plus d'accord avec Philippe. La situation était envenimée par l'attitude des États-cités marchands de Gênes et de Pise. Guy bénéficiait du soutien des Génois, ce qui faisait que leurs rivaux de Pise se rangeaient du côté de Montferrat. Finalement on arriva à l'accord suivant : Guy retrouva le trône de Jérusalem, étant entendu qu'à sa mort celui-ci serait repris par Conrad de Montferrat ou par un fils qu'il aurait eu d'Isabelle. En retour, pour accepter cet arrangement, on donna à Montferrat les fiefs de Beyrouth, de Sidon et de Tyr.

Une solution brutale

Richard, toujours plus homme d'action que de pourparlers, était las des discussions diplomatiques entre chrétiens et musulmans. Saladin faisait attendre sa réponse, espérant l'arrivée de renforts. Et Richard voulait aller jusqu'à Jérusalem. Il avait fixé à Saladin une date limite qui était dépassée. Au matin du 20 août, 3 000 captifs musulmans pris à Acre furent conduits en un lieu visible depuis le campement de l'armée musulmane, et furent exécutés. Après quoi, il fut clair qu'il n'était plus possible de négocier avec Saladin. Bien que cet acte soulevât les critiques, il provoqua la réaction escomptée : Richard était libre de se battre contre Saladin.

Le roi Philippe qui était fréquemment malade, décida de rentrer en France. De plus, la mort du croisé Philippe de Flandre, dont le roi convoitait les territoires européens, plaidait en faveur de son retour. Les 10 000 croisés francs qui se trouvaient encore sur place furent confiés au commandement de Hugues III, duc de Bourgogne, tandis que le roi Richard conservait le commandement des trois contingents étrangers.

Consterné par la querelle de succession du trône de Jérusalem, Richard décida de se passer de ses alliés locaux. Il quitta Acre en 1191, quatre jours après le massacre des otages. L'avant-garde était constituée de chevaliers des ordres militaires, récemment débarqués d'Europe. Saladin s'attendait à ce que Richard marche sur l'Égypte, aussi ordonna-t-il de démanteler Jaffa et Ascalon afin que Richard ne trouve pas de bases éventuelles.

Saladin réunit une puissante armée et attaqua Richard à Arsuf le 7 septembre. Saladin était à la tête de 80 000 hommes, et Richard n'en avait que le tiers. Cela aurait posé un grave problème à tout autre chef que Richard, mais ce dernier tenait bien en main ses hommes, en dépit des pluies de flèches des musulmans. Au bon moment, il fit charger toute sa cavalerie et écrasa l'armée de Saladin. L'armée musulmane fut mise en fuite, laissant 7 000 morts derrière elle. Richard poursuivit sa marche sur Jaffa sans trouver d'opposition.

La paix avec Saladin

Après avoir été repoussé devant Jérusalem, le roi Richard ouvrit des négociations avec Saladin, tout en essayant de renouer avec ses alliés. Richard le guerrier tenta une compétition pour l'adresse politique de Saladin et des seigneurs croisés du Levant.

Après sa victoire d'Arsuf, le roi Richard entreprit une marche forcée sur Jérusalem. L'armée quitta Jaffa à la fin octobre, mais Saladin avait fortifié les cols des montagnes entre Beit Nuba et Jérusalem, et Richard manquait d'hommes pour tenter une attaque de front. On ne sait pas exactement si le contingent franc refusa de continuer, ou si les seigneurs du Levant ne voulurent pas attaquer mais, à la fin de janvier 1192, Richard et son armée étaient de retour à Jaffa.

Saladin envoya son frère al-Adil pour négocier avec Richard, qui était occupé à préparer une campagne contre l'Égypte et surveillait la reconstruction de Jaffa et d'Ascalon. En même temps, Saladin entamait des pourparlers avec Conrad de Montferrat. Les négociations avec Richard devaient aborder trois points : Jérusalem, la restitution de la Vraie Croix et les territoires. Saladin refusa de rendre Jérusalem et n'acceptait de rendre la Croix que contre une gratification substantielle. Richard tenta de sortir de l'impasse en offrant à Saladin la main de sa sœur Jeanne afin d'unir le royaume croisé et musulman de Jérusalem. L'offre n'aboutit pas et une étrange possibilité de paix fut perdue.

En juin 1192, Richard tenta une dernière fois de prendre Jérusalem, mais le duc de Bourgogne envisageait de son côté un engagement militaire et refusa de coopérer. Le projet de campagne fut abandonné. Richard désirait maintenant rentrer chez lui, mais son armée était trop petite pour prendre Jérusalem sans l'aide des autres croisés du Levant. Il était également évident que les croisés en place seraient incapables de tenir Jérusalem ainsi que les villes côtières sans une aide extérieure.

Une trêve est acceptée

La décision de Richard d'abandonner Jérusalem était une solution pratique dans l'impasse où il se trouvait. Tandis que Richard se retirait, Saladin lança une attaque sur Jaffa, et entra dans la ville avant que Richard n'arrive, le 5 août, à la tête d'une petite armée. Saladin fit volte-face pour affronter Richard, qui tenait ses troupes en formation serrée que la légère cavalerie de Saladin ne put briser. Saladin se retira, offrant à Richard sa seconde grande victoire militaire en Palestine. Saladin cessa d'affronter militairement Richard pour miser sur ses talents diplomatiques.

L'embarrassant contingent franc occupait Acre, tandis que les Anglais tenaient Ascalon, la nouvelle limite méridionale des États croisés. Dès avril 1192, Richard avait organisé une réunion de tous les chefs chrétiens de Terre sainte pour établir de futurs plans, tandis qu'al-Adil était revenu pour tenter de rétablir la paix. Le roi Guy n'avait plus aucune influence et avait été écarté du pouvoir ; en consolation, il gagna Chypre qui était à Richard.

Ces événements laissaient le champ libre à Conrad de Montferrat qui fut dûment déclaré nouveau roi de Jérusalem. Malheureusement, il avait fait saisir un navire marchand arabe, ce qui avait soulevé l'indignation des marchands. Et son alliance avec Gênes empêchait les Pisans d'entrer dans les ports croisés du Levant. Quand Conrad fut assassiné juste avant son couronnement, son successeur, Henri de Champagne, rejeta la responsabilité sur les Pisans. Très probablement, Henri avait lui-même embauché les assassins. Mais sur le moment, l'assassinat mettait fin à des combats de factions, et pour une fois les croisés du Levant pouvaient se concentrer sur la menace musulmane, juste à temps pour que Richard vainque l'armée musulmane de Saladin.

Après la bataille de Jaffa (1192), Richard se fit l'arbitre de la paix en Terre sainte. Saladin et lui tombèrent malades et s'offrirent mutuellement des remèdes et des fruits. Tout cela mena à de nouveaux pourparlers de paix. Le 2 septembre 1192, une trêve de trois ans fut signée. Bien que les croisés aient dû abandonner Ascalon tandis que les musulmans conservaient Jérusalem, leur domination sur la bande côtière de Tyr à Jaffa fut reconnue de même que leur maintien dans l'arrière-pays de Tripoli et d'Antioche.

La paix signée, Richard fit voile vers l'Angleterre le 9 octobre. La troisième croisade était terminée et, après la mort de Saladin en mars 1193, une période de paix relative régna sur les États croisés du Levant.

Comment le Roy saint loys en auldant retorner a dumete fut
prins. le xxbij.e chappe.
près ceste desconfitu
re ainsi faitte sur
lesd. sarrazins ne
demoura guerre apres que

le filz du souldan mort bint
des parties dorient 2 arriua
a la massore et le recurent
les egyptiens a grande rene
rence 2 honneur comme leur

129

CHAPITRE 7

L'épée et le cimeterre :

les croisés en guerre

Les croisades virent se succéder deux systèmes militaires totalement différents. Les premières armées croisées étaient constituées selon les principes mis au point dans l'Europe féodale, bien qu'il ait fallu les adapter aux particularités de la région. Pour les musulmans – les Turcs comme les Égyptiens – il s'agissait de réunir les plus grandes armées. Bien que ces forces aient comporté des contingents de cavalerie lourde, approximativement équivalents aux troupes de chevaliers européens, les armées d'Orient étaient constituées de troupes légères, entraînées plus à l'escarmouche qu'à la bataille rangée contre l'ennemi.

Les méthodes guerrières des croisés évoluèrent avec le temps, les Francs adoptant petit à petit certaines tactiques et certains stratagèmes employés par leurs adversaires. Cet état de fait fut particulièrement visible dans les armées croisées recrutées dans les États francs du Levant. Par contraste, les vagues successives de croisés venant d'Europe, certes enflammées par le zèle religieux, n'avaient aucune idée des méthodes de combat utilisées en Orient. Face à un ennemi formé au harcèlement et à l'escarmouche, les croisés durent réinventer leurs traditionnels principes féodaux de la guerre.

Deux facteurs supplémentaires dominaient l'art de la guerre chez les croisés. Le premier était la religion. Aussi bien musulmans que croisés ralliaient parfois des appuis à leur cause en soulignant qu'ils menaient une guerre sainte ou *djihad*. Mais l'efficacité de ces appels diminua avec le temps. Le point fort des croisades considérées comme guerres de religion apparut avec l'apogée de Saladin : le chef musulman pouvait alors compter sur des milliers de volontaires, prêts à donner leurs vies au nom de leur foi islamique. Dans cet ordre d'idée, et bien que la ferveur religieuse ait joué un rôle significatif dans toutes les armées croisées, les ordres de chevalerie furent particulièrement ardents.

Le second facteur consistait en l'usage de nombreuses fortifications. Afin de pallier leur manque d'effectifs, les croisés comptaient sur leurs places fortes pour garder les frontières de leurs États. Les villes étaient également fortifiées ; beaucoup de leçons furent tirées des sièges et des prises de cités comme Antioche, Acre et Jérusalem. Orient et Occident apprenaient l'un de l'autre, adoptant et adaptant ce qu'ils considéraient comme les meilleures tactiques, les meilleures armes et les meilleures architectures de la partie adverse.

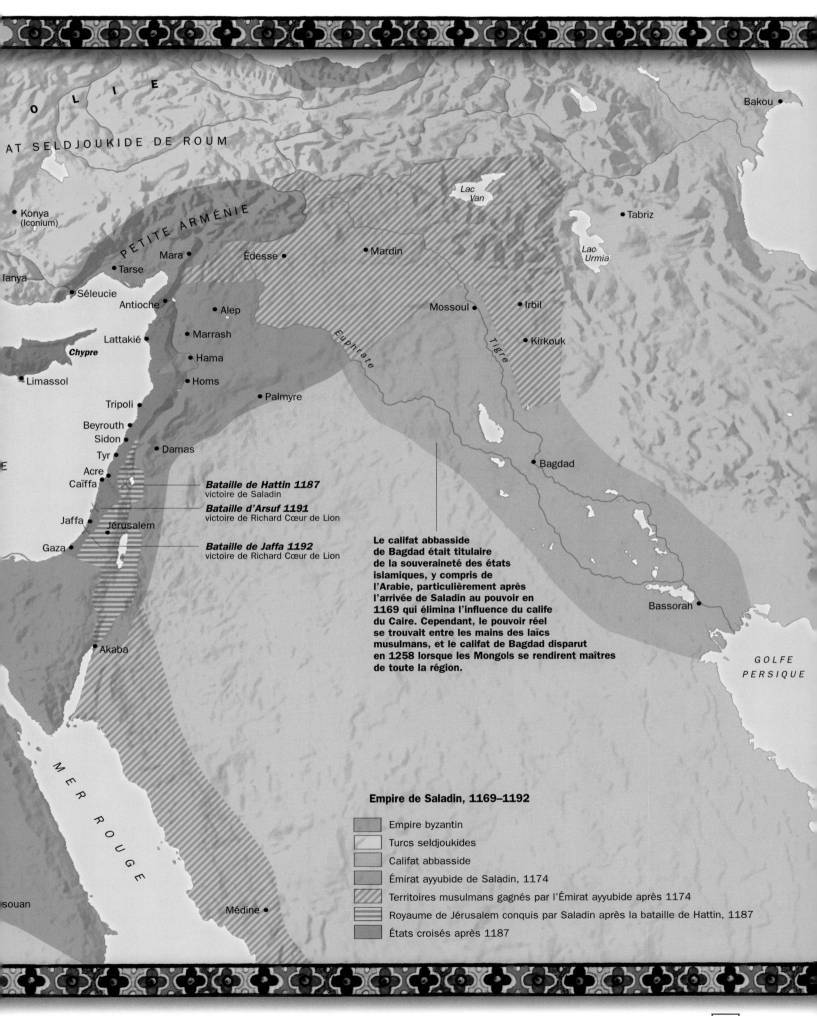

Bakou

OLIE

AT SELDJOUKIDE DE ROUM

Konya
(Iconium)

PETITE ARMÉNIE

Mara

Tarse

lanya

Séleucie

Antioche

Lattakié

Chypre

Limassol

Tripoli

Beyrouth

Sidon

Tyr

Acre

Caïffa

Jaffa

Gaza

Jérusalem

Akaba

Alep

Marrash

Hama

Homs

Palmyre

Damas

Édesse

Mardin

Lac
Van

Lac
Urmia

Tabriz

Mossoul

Irbil

Kirkouk

Euphrate

Tigre

Bagdad

Bassorah

GOLFE
PERSIQUE

Bataille de Hattin 1187
victoire de Saladin

Bataille d'Arsuf 1191
victoire de Richard Cœur de Lion

Bataille de Jaffa 1192
victoire de Richard Cœur de Lion

**Le califat abbasside
de Bagdad était titulaire
de la souveraineté des états
islamiques, y compris de
l'Arabie, particulièrement après
l'arrivée de Saladin au pouvoir en
1169 qui élimina l'influence du calife
du Caire. Cependant, le pouvoir réel
se trouvait entre les mains des laïcs
musulmans, et le califat de Bagdad disparut
en 1258 lorsque les Mongols se rendirent maîtres
de toute la région.**

MER ROUGE

souan

Médine

Empire de Saladin, 1169–1192

Empire byzantin

Turcs seldjoukides

Califat abbasside

Émirat ayyubide de Saladin, 1174

Territoires musulmans gagnés par l'Émirat ayyubide après 1174

Royaume de Jérusalem conquis par Saladin après la bataille de Hattin, 1187

États croisés après 1187

Les armées croisées

Les armées croisées qui rencontrèrent les Turcs à la fin du XIᵉ siècle étaient organisées comme celles de l'Europe féodale. Après la prise de Jérusalem, les États croisés adaptèrent leurs méthodes militaires à celles de leurs adversaires et aux nécessités économiques du Moyen-Orient.

Protégés par de lourdes armures, les chevaliers montés formaient le cœur de la plupart des armées de l'Europe médiévale. Bien que le corps de bataille fût constitué par l'infanterie, tout tournait autour des chevaliers, troupes d'élite de l'armée. Ils montaient de puissants chevaux, les destriers. Ils se déplaçaient en groupes serrés et la force brutale d'une simple charge de leur cavalerie pouvait se montrer décisive dans une bataille.

Dans le système féodal, un chevalier possédait habituellement ses propres terres, ou au moins un château, qui lui avaient été remis par son seigneur à qui il devait, en retour, un certain nombre de combattants, dont lui-même (*voir aussi pages 32-33*). Toutefois, le terme «chevalier» désigne aussi les hommes d'armes montés de la suite d'un chevalier féodal. La qualité et la complexité de leur armure indiquaient le rang qu'ils occupaient dans la hiérarchie (pour qu'un petit chevalier puisse recevoir de son seigneur une récompense pour bons services, il devait souvent prouver la qualité de ses armes en mettant en déroute au cours d'une bataille un ennemi mieux équipé que lui). En 1097, l'armée de la première croisade était constituée des suites féodales de nombreux nobles européens. La promesse de gagner des terres ainsi qu'un meilleur statut représentait une motivation majeure pour les plus humbles chevaliers de ces escortes.

Dès la formation des États croisés, il apparut clairement qu'il n'y avait pas suffisamment de terre à distribuer aux membres des suites des princes, ce qui limita le nombre des chevaliers susceptibles de rejoindre l'armée. Pour pallier ce manque, on institua des fiefs monétaires. Sous ce système, un chevalier méritant se voyait attribuer les revenus d'une ville ou d'un groupe de villages en contrepartie d'un certain nombre d'hommes de troupe. Il devint ensuite habituel dans les États francs du Levant de voir des chevaliers vivre dans les propriétés qu'ils avaient en ville et non dans des châteaux comme c'était le cas en Europe. La troisième forme de services rendus par la chevalerie était fournie par les trois principaux ordres militaires, les Templiers, les Hospitaliers et les chevaliers Teutoniques (*voir pages 146-147*).

La classe sociale la plus basse de la suite d'un chevalier était constituée par les paysans qui payaient leur dû par l'intermédiaire d'un service armé. Trop peu entraînés pour être lancés directement dans la bataille,

De gauche à droite:

un chevalier, un sergent, un homme à pied et un archer *turcopole*. Au XIIIᵉ siècle, les chevaliers avaient les meilleures protections, celles des sergents étant beaucoup plus légères, mais meilleures encore que celles des hommes de troupe.

À gauche :

cette fresque du XIIIᵉ siècle montre des hommes à pied armés d'arcs et d'épées attaquant l'ennemi.

ils assuraient le service de leurs supérieurs. En Europe, les milices paysannes, toujours faiblement entraînées, fournissaient le gros des troupes à pied. Les croisés, qui avaient besoin d'hommes mieux formés au combat, devaient donc payer des soldats de métier. Ces mercenaires furent d'abord financés par les centres urbains et par l'Église mais, lors des croisades ultérieures, leurs services devenant de plus en plus nécessaires, le royaume de Jérusalem dut lever un impôt pour les payer. Ces troupes venaient de toute l'Europe. Les Bretons, les Flamands, les Aragonais et les Catalans étaient bien connus dans les armées croisées. Après son voyage à travers l'Italie lorsqu'il était en route pour Acre lors de la troisième croisade, le roi Richard Iᵉʳ employa un contingent d'archers italiens mercenaires.

Les nombres parlent

Des milices féodales étaient mobilisées en cas d'urgence. Elles comprenaient des Arabes chrétiens ou des Arméniens (toujours alliés des croisés), selon les cas. Les musulmans qui se préparaient à embrasser la foi chrétienne, appelés *turcopoles*, étaient aussi utilisés contre la cavalerie légère de l'ennemi, donnant ainsi à l'armée croisée un équivalent de ses archers montés.

Au cours de la première croisade, l'armée était conduite par une coalition de nobles qui avaient chacun leur propre suite de chevaliers, leur propre infanterie et leur propre personnel de campagne. Au XIIᵉ siècle, les chefs des États croisés créèrent leur propre hiérarchie féodale sous la suzeraineté officielle du roi de Jérusalem. En théorie, c'est lui qui menait l'armée, mais en réalité

les décisions importantes étaient prises après consultation des autres princes et des seigneurs chevaliers. Il était parfois difficile d'obtenir leur accord, en raison de la faiblesse de la position du roi face à ses puissants vassaux. Depuis qu'Antioche et Tripoli s'étaient séparés du Royaume, le roi ne pouvait que demander leur aide, sans pouvoir l'exiger. Dans les périodes les plus difficiles sous des souverains affaiblis, le nombre d'hommes recrutés était souvent faible.

Les effectifs avancés pour les croisés ont été très exagérés. L'armée qui a rencontré les Turcs à Nicée en 1097 ne devait probablement pas dépasser 30 000 hommes, dont approximativement 4 000 chevaliers et suivants montés. Raymond de Saint-Gilles, plus tard comte de Tripoli, commandait l'armée la plus nombreuse, avec 1 200 cavaliers et 8 500 fantassins. Après les pertes effroyables d'Asie Mineure et d'Antioche, l'armée qui assiégea Jérusalem deux ans plus tard ne dépassait pas 12 000 hommes, dont seulement 1 500 chevaliers.

En 1115, l'armée comportait moins de 6 000 hommes parmi lesquels 1 000 chevaliers. Ces troupes étaient augmentées de 5 000 *turcopoles*. La force la plus importante jamais réunie fut celle engagée dans la bataille de Hattin qui comprenait entre 20 000 et 25 000 hommes. Comparés aux effectifs des armées de leurs adversaires musulmans, ces chiffres étaient dérisoires, et les États francs du Levant n'auraient pu tenir s'ils n'avaient pas reçu des renforts réguliers venus d'Europe.

La guerre des Francs

Pour les croisés francs, la technique militaire était centrée sur la défense de leurs conquêtes. Comme dans l'Europe féodale, ils comptaient sur les châteaux et les fortifications. En terrain ouvert, les armées étaient utilisées selon des stratégies défensives tandis que sur les champs de bataille les croisés se reposaient sur la puissance offensive de leurs chevaliers.

À partir de la prise de Jérusalem en 1099, la stratégie des croisés fut dictée par la géographie et par l'effectif dont ils pouvaient disposer. Les États croisés se développèrent entourés d'un nombre incommensurable d'ennemis. Le meilleur usage qu'ils pouvaient faire de leurs ressources limitées, était de construire une ligne de forteresse et de renforcer avec d'autres remparts ceux déjà en place des cités fortifiées. Quand une menace d'invasion se faisait plus précise, ils rassemblaient une armée capable de se battre en terrains ouverts pour augmenter l'efficacité de leur ligne de défense. Cette démarche visait à assurer la protection des importantes places fortes et des terrains agricoles vitaux plus qu'à repousser les agresseurs.

Depuis la chute de l'Empire romain, les armées européennes du Moyen Âge vivaient pour la plupart des fruits de la terre. Dans les États du Levant, les campagnes plus longues et les terres arides forcèrent les croisés à s'intéresser de près à la logistique. C'était cela ou mourir, car il était impossible d'assurer sa subsistance grâce au seul environnement. En fait, il mourut beaucoup plus d'hommes de famine et de soif au cours des première et deuxième croisades, que de toutes autres causes. Les croisés construisirent un réseau de routes et de postes à travers la Terre sainte pour assurer des lignes

de communications relativement sûres. Quant aux musulmans, il leur était difficile de maintenir le contact entre leurs armées qui se trouvaient très éloignées les unes des autres. Néanmoins, et c'était là un point vital pour les chevaliers, pour leurs destriers onéreux et pour l'infanterie, les croisés devaient faire face à une voie d'approvisionnement plus longue encore, celle qui les reliait à l'Europe. Dépouiller châteaux et villes de leurs garnisons était le seul moyen d'avoir une armée de campagne.

Dans le même sens, la perte d'une armée de campagne avait des conséquences incalculables, dont la perte de la défense des places fortes qui se trouvaient alors à la merci de l'ennemi. Les Francs purent se féliciter, après la première croisade, du fait que leurs vainqueurs musulmans aient été si lents à tirer parti de leurs avantages en de nombreuses occasions. Tout allait changer avec Saladin. En 1187, après sa victoire de Hattin, Saladin exploita son succès avec une efficacité redoutable. Même lorsque les chrétiens étaient

vainqueurs, c'était un court répit, leur ennemi pouvant disposer rapidement de nouvelles troupes pour reprendre le combat. C'est pourquoi la diplomatie ou les tactiques conduisant à des manœuvres rapides étaient préférables à tout risquer dans une bataille.

L'attentisme

Malgré leurs ennemis musulmans qui semblaient avoir mieux en main la situation, c'était en fait les croisés qui jouissaient d'un plus grand avantage, même en étant loin de chez eux : les hommes des princes chrétiens s'étaient engagés à venir en Terre sainte principalement à la suite d'un vœu. Pour les musulmans, c'était différent. Leurs armées étant très importantes, il leur était plus difficile d'être organisé (*voir pages 136-137*). Les croisés s'aperçurent très rapidement qu'une politique de temporisation réduisait finalement la menace musulmane dont l'armée, petit à petit, se dispersait.

Quand la bataille devenait inévitable, les Francs possédaient encore quelques avantages militaires que leur tactique sur le champ de bataille soulignait. La tactique turque consistait à lancer des attaques éclairs, à frapper et à se retirer, toute la force étant concentrée sur les formations disciplinées des croisés. Jusqu'au moment de lancer la charge décisive de la cavalerie lourde, les chevaliers étaient cachés derrière un écran formé par des rangées de fantassins armés d'arcs et de lances, dont la première tâche était de protéger des pluies de flèches les précieux chevaux des chevaliers. Si les flèches légères des Turcs n'avaient guère d'effets sur les lourdes armures des chevaliers, il n'en était pas de même pour les soldats à pied qui souvent payaient un lourd tribut pendant ces attaques. Leur seconde tâche consistait à tenter de jeter au sol les cavaliers ennemis, en s'attaquant au cheval. À terre, à proximité d'une ligne d'infanterie, les cavaliers musulmans désarçonnés devenaient des proies faciles.

Il était crucial pour les chefs de lancer la cavalerie au bon moment. On disait que les chevaliers francs montés, étaient capables de «faire un trou à travers les murs de Babylone», lorsqu'ils chargeaient. Les musulmans n'avaient rien pour arrêter un tel assaut et, quand eux-mêmes chargeaient, leurs hommes avaient peu de chance de résister. Les chefs musulmans essayaient d'éviter les situations où ils pouvaient se trouver face à des charges, tandis que les chefs croisés compétents, comme le roi Richard Ier, étaient capables de manœuvrer leurs adversaires pour les placer dans des positions telles qu'ils ne pouvaient échapper à ces charges (*voir page 145*).

Les techniques de guerre franques, consistaient alors en une sorte de solide défense, suivie d'attaques massives dont le déclenchement et l'effet de surprise étaient des points primordiaux.

Ci-contre : il existe de nombreux châteaux croisés en Palestine, en Jordanie et en Syrie, souvent magnifiques, mais peu d'entre eux illustrent la stratégie défensive des croisés aussi bien que Shobak, à quelques kilomètres au sud de Tafila, dans ce qui s'appelait l'Outre-Jordanie. Planté au sommet d'une colline elliptique, le château est constitué de deux murs concentriques. Ses remparts étaient équipés de catapultes capables de projeter d'énormes rocs sur des assaillants suffisamment hardis pour s'attaquer à cette colline. Comme de nombreuses places fortes croisées, Shobak ressemblait plus à une ville que ses équivalents européens. On y trouvait deux églises, des grands quartiers civils, des prisons et même un tribunal. Sa position stratégique lui permettait de contrôler les principales routes des caravanes venant de Damas, au nord, et se dirigeant vers Le Caire par le Sinaï, La Mecque et l'Arabie.

Les armées musulmanes

Les armées islamiques qui combattaient les croisés pour garder le contrôle de la Terre sainte étaient réparties sur de très vastes régions, s'étendant à travers le Moyen-Orient et l'Asie centrale. Les Turcs seldjoukides, les Égyptiens Fatimides et les mamelouks ont tous participé, d'une manière ou d'une autre, aux forces musulmanes qui chassèrent les croisés des États francs du Levant.

À la fin du XIᵉ siècle, l'Empire turc seldjoukide, gouverné par le sultan Alp Arslan, s'étendait de la Turquie moderne à l'Afghanistan et du Caucase au golfe Persique. À l'arrivée des croisés en 1097, le sultan ne possédait qu'un pouvoir nominal sur la plus grande partie de ce territoire, divisé en de nombreux petits États pratiquement indépendants.

L'armée seldjoukide typique était formée d'un noyau de soldats de métier soutenu par des milices ou des volontaires d'origines ethniques diverses, turque, arabe, perse et kurde. Les soldats professionnels étaient soit des *ghulams* (cavalerie lourde turque), anciens esclaves qui se présentaient comme des essaims d'archers à cheval, soit des *askars*, cavaliers plus lourdement équipés constituant habituellement la garde personnelle des émirs.

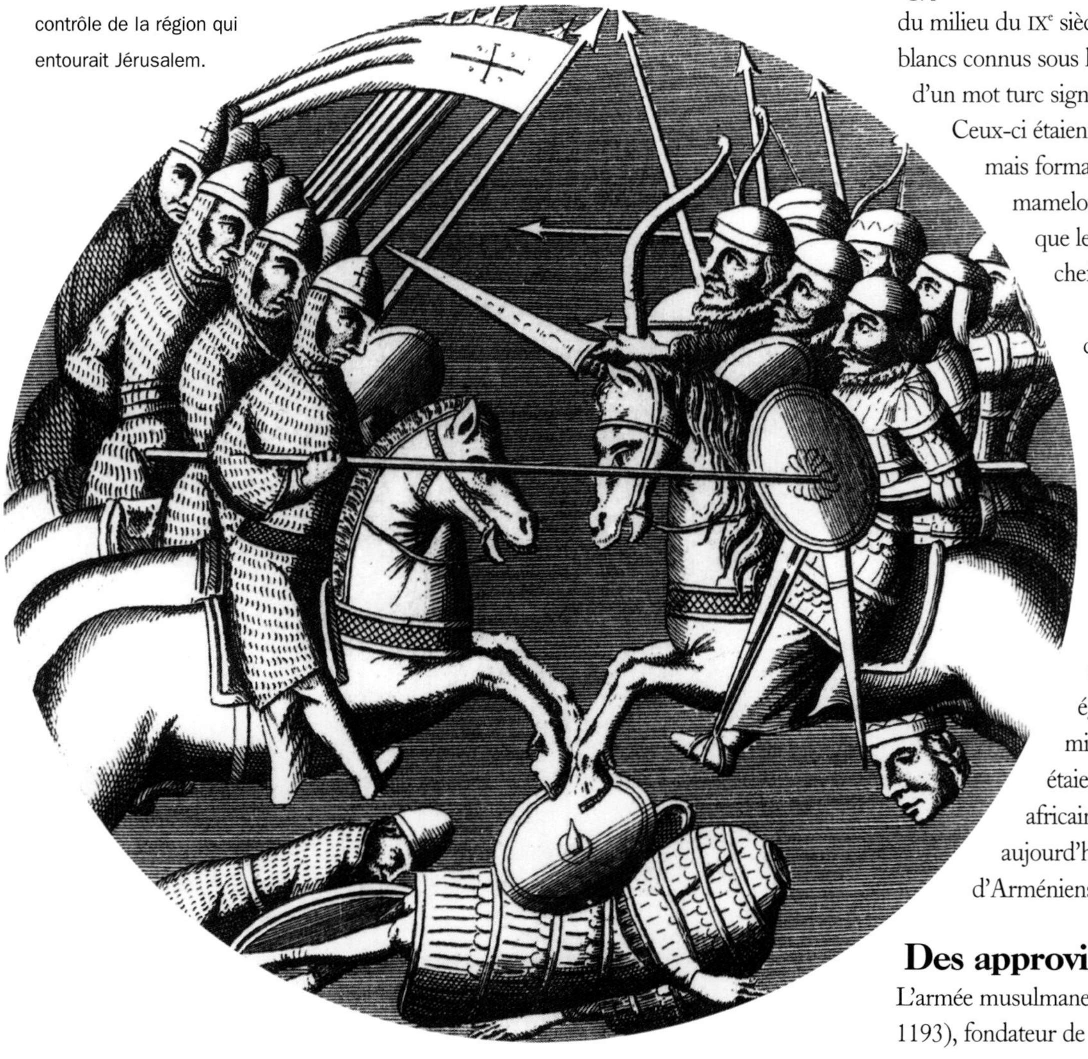

L'infanterie formait le corps principal de l'armée. Elle était équipée d'arcs et de lances. On y trouvait des volontaires motivés par la foi islamique, les *mutatawi'ah*, éléments féodaux dans la structure militaire seldjoukide. Le sultan promettait aux hommes méritants qu'ils deviendraient émirs. Comme en Europe, les émirs devaient payer un tribut annuel et fournir des hommes au sultan quand il en demandait. La grande richesse des Fatimides d'Égypte permettait au vizir de lever d'énormes armées qui reposaient essentiellement sur des troupes régulières. Ces régiments permanents étaient organisés de la même manière que dans l'ancien califat abbasside. Les armées égyptiennes utilisèrent des troupes de *ghulams* à partir du milieu du IXᵉ siècle; on y trouvait des esclaves turcs blancs connus sous le nom de *mamelouks* (nom venant d'un mot turc signifiant «celui qui est possédé»).

Ceux-ci étaient organisés selon un système féodal, mais formaient une armée permanente. Les mamelouks royaux en étaient le cœur alors que les autres prêtaient allégeance aux chefs nobles égyptiens.

Contrairement à leurs ennemis chrétiens, la cavalerie représentait la plus grande partie des troupes. Les unités de cavaliers pouvaient être lourdement équipées d'armures, d'arcs et de lances, ou seulement d'arcs, formant ainsi une cavalerie légère. Celle-ci était recrutée en Syrie, en Arabie ou en Turquie. On y trouvait surtout des unités de *ghulams*, mais également des mercenaires et des milices. Les régiments d'infanterie étaient formés aussi bien de *ghulams* africains venant des pays qui sont aujourd'hui le Soudan et l'Éthiopie que d'Arméniens et de Perses.

Ci-dessous : cette gravure faite à partir d'un vitrail de l'abbaye de Saint-Denis représente une bataille entre des chevaliers chrétiens et des cavaliers fatimides à Ascalon, en 1099. La victoire des croisés leur assura le contrôle de la région qui entourait Jérusalem.

Des approvisionnements mobiles

L'armée musulmane commandée par Saladin (1137-1193), fondateur de la dynastie ayyubide, était

principalement turque, même si elle reposait sur une force d'élite formée de cavaliers *mamelouks* égyptiens. N'étant pas d'origine égyptienne, Saladin dut écraser une révolte fomentée par la garde soudanaise lorsqu'il prit le pouvoir. Il les remplaça par une troupe de 3 000 hommes venant d'une armée shirkuh qui lui était fidèle, et dont 1 000 étaient des Kurdes choisis parmi l'entourage de sa propre famille.

Contrairement à ses prédécesseurs, Saladin imposait un entraînement rigoureux, particulièrement en ce qui concernait la tactique des archers et de la cavalerie. Il réduisit la dépendance des musulmans vis-à-vis des troupes non professionnelles et augmenta les effectifs des *ghulams* qu'il pouvait éventuellement lever. Plus tard, les armées seldjoukides recrutèrent en Europe et en Asie mineure des *ghulams* qui vinrent rejoindre les unités traditionnelles d'origines perse et syrienne. En 1169, l'armée égyptienne fatimide commandée par Saladin rassemblait approximativement 80 000 hommes dont la cavalerie représentait la moitié. Cette cavalerie comptait des *ghulams* africains et des *mamelouks* et était soutenue par des Arabes (des Bédouins, pas toujours très loyaux mais excellents éclaireurs) et des cavaliers légers turcomans.

Saladin avait aussi développé un système logistique permettant à ses armées d'opérer loin de leurs bases et de rester en campagne pendant de longues périodes.

C'étaient les *atlab al-mira*, convois d'approvisionnements, et les *suq al-'askar*, sortes de marchés ambulants, qui accompagnaient toutes les armées en déplacement. Ce support logistique était une des principales différences entre l'organisation des croisés et celle des armées musulmanes. Tandis que les premiers étaient capables de s'approvisionner directement dans les États francs, lors de leurs attaques, les armées musulmanes devaient tout emporter avec elles. Ce handicap demandait de rapides améliorations qu'un général musulman apporta en organisant un vaste réseau de soutien administratif, financier et logistique.

Les croisés se retranchant derrière les murailles de leurs châteaux, la stratégie des musulmans devait se tourner de plus en plus vers une guerre de siège. Dans un premier temps, les Turcs et les Fatimides n'avaient pas pris cette évolution en considération, et beaucoup de généraux préféraient affronter leurs ennemis sur des champs de bataille, comme Saladin le fit à Hattin. Il y commandait une cavalerie d'environ 12 000 Égyptiens et Turcs, supportée par un nombre équivalent de volontaires *mutatawi'ah* et d'auxiliaires fantassins, principalement des archers. Ses armées étaient considérablement plus nombreuses, mieux approvisionnées et plus mobiles que les forces croisées qui leur faisaient face.

L'art musulman de la guerre

Si la stratégie des croisés était essentiellement défensive, les musulmans cherchaient plutôt à attirer leurs ennemis en terrain ouvert et à les exterminer aussi vite que possible. Pendant les batailles, les chefs musulmans comptaient sur la supériorité numérique de leur cavalerie et sur l'envoi de projectiles destinés à mettre à terre leurs adversaires, là où il était le plus facile de les cerner et de les tuer.

Ci-dessous : lors des combats rapprochés pendant les premières croisades, les chevaliers francs s'estimaient invulnérables contre les flèches légères et les petites montures des Turcs seldjoukides. Mais lorsqu'un chevalier se trouvait isolé, son destrier devenait vulnérable à une attaque massive d'archers. Si la monture tombait, le chevalier avec sa lourde armure devenait une victime sans défense. Se déplaçant difficilement, il ne pouvait lutter seul contre un groupe de Turcs.

La politique des croisés, consistant à compter sur leurs villes fortifiées et leurs châteaux en s'appuyant sur une ou plusieurs armées peu nombreuses mais lourdement équipées, dicta leur stratégie aux musulmans. Ils devaient s'efforcer de pousser les croisés au combat aussi souvent que possible, l'avantage du nombre étant alors de leur côté. Au commencement, les Francs étaient prudents et évitaient autant que possible les confrontations ouvertes, ayant pu mesurer les désastres qu'elles entraînaient comme à la bataille d'*Ager Sanguinis*.

Il y eut cependant un malheureux concours de circonstances pour les croisés qui eurent à se battre contre Saladin à un moment où leurs chefs étaient sous l'influence d'un homme comme Renaud de Châtillon,

chevalier de longue date et honoré, mais égocentrique, tête brûlée et manquant totalement de sens militaire. Les forteresses chrétiennes étant vidées de leurs hommes partis soutenir l'armée, Saladin, ayant attiré les chevaliers pour mieux les détruire à Hattin, avait en une seule opération mis les États francs du Levant à sa merci. Avant Saladin, des généraux musulmans expérimentés, frustrés par la tactique d'attente et d'évitement des croisés, tentaient de faire sortir les chevaliers de derrière leurs murailles en suivant deux tactiques : attaquer les terres agricoles vitales pour les États francs et assiéger quelques-unes des cités ou des châteaux les plus importants.

Les forces musulmanes opéraient sans interruption au nord, en Syrie, et au sud, en Égypte et sur les frontières orientales de l'Outre-Jourdain. En raison de l'étirement des lignes de communication le long de la frontière des États francs, il était rare que les généraux de ces différents secteurs puissent coordonner leur stratégie. Mener des actions militaires indépendantes limitait le plus souvent les objectifs, et les troupes de Damas, par exemple, étaient incapables d'attaquer la principauté d'Antioche. Des généraux éminents tels Nur al-Din ou Saladin devaient posséder les qualités du diplomate ainsi que le génie militaire pour pousser les différents groupes à se rejoindre afin d'unir leurs forces sur le champ de bataille. Les volontaires étaient,

en effet, enclins à retourner chez eux pour s'occuper de leurs champs ou à se disperser lorsque l'hiver rendait difficiles les conditions de la campagne militaire.

Hérissé de flèches

Les armées musulmanes ne possédaient pas de chevaliers lourdement armés servant de machines de guerre. À leur place, ils comptaient sur la supériorité en nombre, souvent écrasante, de leur cavalerie légère. Ces troupes armées d'arcs et parfois de petites lances harcelaient les unités franques à distance, comptant sur leurs archers pour éliminer des adversaires avant d'engager le combat rapproché. Des groupes importants de cavalerie légère pouvaient couper les unités franques de leurs approvisionnements ou supprimer les individus isolés. Une fois le combat commencé, de grands escadrons de cavalerie menaient des escarmouches, évitant le combat au corps à corps, mais essayant de percer l'écran d'hommes à pied qui protégeait les chevaliers : ils espéraient ainsi immobiliser la cavalerie franque par une attaque prématurée. Cette tactique réussissait fréquemment à attirer hors des rangs des chevaliers qui partaient se battre pour l'honneur. Ils étaient rapidement mis hors de combat par les musulmans qui les attendaient.

Dans ces régions arides, l'approvisionnement en eau était un problème aussi difficile pour les uns que pour les autres, mais les forces musulmanes, plus légèrement équipées, et leurs montures supportaient mieux un éventuel rationnement. Pour les chrétiens étrangers, peu habitués à la chaleur, les conséquences étaient plus lourdes. Les musulmans ayant compris la difficulté qu'il y avait pour eux à résister à une charge de chevaliers montés préféraient les attirer hors de la protection de leur infanterie. Une fois la monture du chevalier abattue, la pesante armure qu'il portait devenait un piège qui se transformait rapidement en four. La cavalerie musulmane n'avait plus alors qu'à l'achever de ses traits.

Les archers montés étaient répartis en groupes qui se remplaçaient sur la ligne de tir avec grande discipline. Un groupe se retirait juste après avoir lancé ses flèches, permettant à un autre de tirer à son tour, pendant que les premiers réarmaient leurs arcs et revenaient à l'avant. Cette tactique produisait un rideau continu de projectiles. Des croisés racontaient que les flèches lancées par les cavaliers musulmans tombaient du ciel «comme une averse de pluie». Le chroniqueur musulman Ibn al-Qalanisi écrivit qu'après la bataille d'*Ager Sanguinis* (1119) il avait vu «des chevaux morts ressemblant à des hérissons tant ils avaient reçu de flèches».

Les flèches avaient beau être légères, leur nombre faisait qu'il était difficile de s'en protéger. Plus fréquemment encore, les archers commençaient par tirer sur les chevaux des chevaliers. Dans la plupart des cas, se trouver désarçonné était la pire chose qui pouvait arriver aux chevaliers, rendus ainsi totalement vulnérables. Et, pour remplacer leurs *destriers*, ils devaient les faire venir d'Europe.

Ci-dessus : cette fresque médiévale représente un chevalier croisé qui charge avec sa lance un archer turc à cheval. L'artiste a dessiné des chevaux de même taille, bien que le *destrier* du chevalier chrétien ait probablement été d'une taille supérieure. On remarque que l'archer conduit sa monture avec ses seuls genoux, ce qui lui laissait les mains libres pour utiliser son arc.

L'armée byzantine

En 1097, quand les troupes de la première croisade arrivèrent à Constantinople, Byzance était déjà engagée dans des batailles contre l'Islam depuis le VIIIᵉ siècle. Bien que la défaite des Byzantins devant les Turcs seldjoukides à Manzikert ait laissé l'empire affaibli, l'armée byzantine avait encore un rôle important à jouer.

En 1097, l'armée byzantine n'était plus ce qu'elle avait été. Reconnue par les légionnaires romains pour sa puissance et son organisation, elle était alors composée en grande partie de mercenaires.

À l'apogée de sa puissance, au VIᵉ siècle, à la fin du règne expansionniste de Justinien, l'armée byzantine était la force militaire la plus puissante de tous les pays méditerranéens. Un général de Justinien, Bélisaire, avait même chassé les Ostrogoths d'Italie. La marine de guerre byzantine assurait la stabilité de l'immense empire. Tout allait se terminer à Manzikert (1071) et la petite force militaire qui avait survécu à l'invasion seldjoukide fut réduite à néant par la lutte pour le pouvoir qui s'étendit sur une décennie. Quand Alexis Comnène monta sur le trône en 1081, il tenta de reconstituer les défenses de son pays.

Les Byzantins avaient longtemps tiré d'Anatolie leur richesse et leurs hommes d'armes. Ces ressources étaient maintenant perdues au profit des Turcs et Alexis avait dû se retourner vers des troupes étrangères pour renforcer son armée. Ces hommes, des soldats de métier, disciplinés et entraînés, constituaient une force importante d'environ 20 000 guerriers. Ils étaient divisés en cavalerie lourde, cavalerie légère, infanterie légère et garde impériale. Cette armée n'avait pas pour mission d'opérer sur tout le territoire de l'empire comme elle le faisait auparavant. Chaque *theme* (province) devait se charger de sa propre défense et lever ses propres *thema* (milices).

Au niveau provincial, les vestiges de l'organisation de l'ancienne armée romaine étaient toujours visibles : les milices étaient constituées selon une chaîne de commandement qui assurait la discipline nécessaire à une armée bien entraînée. Au niveau inférieur, le *numerus*, équivalent à une compagnie, réunissait de 300 à 400 hommes, et se divisait lui-même en plusieurs sections. Entre 5 et 8 *numeri* formaient une *turma*, et chaque *thema* était constituée à son tour de deux ou trois *turmae*. Faire varier le nombre et la composition de ses unités relevait de la politique

de Byzance. Il était ainsi plus difficile à l'ennemi d'estimer avec précision la puissance de son adversaire. Cependant, bien que le rôle principal des *thema* fût d'assurer la défense de leur *theme*, elles devaient aussi renforcer l'armée centrale.

En 1097, la force globale de l'armée byzantine était estimée à environ 70 000 hommes. Cette approche ne tient pas compte de nombreuses unités de soutien qui consistaient en personnel d'approvisionnement et de tenue de siège, en conducteurs et soigneurs d'animaux, en équipes médicales et en groupes d'ingénieurs très qualifiés. Ces derniers vinrent souvent à l'aide des croisés, ces « barbares de l'Ouest » qui n'avaient ni le matériel ni les techniques que possédaient les Byzantins en matière de siège.

Les Byzantins recrutaient leurs mercenaires aussi bien chez les Turcs que chez les Russes, les Nordiques, les Anglo-Saxons, les Danois, les Francs et les Normands. Les Turcs formaient la cavalerie légère, les Francs et les Normands la cavalerie lourde. Pour des raisons évidentes aucun d'entre eux ne fut utilisé dans les campagnes de Terre sainte, bien que des Turcs aient escorté des croisés le long de quelques routes d'Anatolie. La force d'élite était la garde palatine composée de Vikings ou de Nordiques.

Les Vikings servaient dans l'armée et la marine byzantines depuis le milieu du IXe siècle et, en 1097, les Varangiens étaient les mieux payés de tous les soldats recrutés par Byzance. Des Nordiques, principalement des Russes et des Scandinaves, vinrent à Constantinople pour rejoindre la garde qui était tellement recherchée qu'il fallait acquitter un droit pour s'y faire admettre. En raison de leur célèbre loyauté, les Varanges apportaient la sécurité aux empereurs de Byzance, ce qui représentait un confort inestimable dans une cour où les intrigues ne manquaient pas. Les Varanges accompagnèrent Jean II Comnène à Antioche en 1137 quand l'empereur décida qu'il était temps d'obliger le prince d'Antioche à payer son tribut et à cesser ses exactions en Petite Arménie, territoire qui aurait dû être rendu à Byzance. Les Varanges affrontèrent aussi les croisés lors du sac de Constantinople en 1204.

Des spécialistes du langage ont attiré l'attention sur le fait que le terme varange aurait pu avoir un sens plus large au temps des croisades. Dérivé d'un mot viking qui signifie « partir en voyage », ce terme était probablement appliqué à tout étranger au service de l'empereur, ou même, plus largement,

De gauche à droite : *peltaste* byzantin, garde varange et cavalier byzantin. Le *peltaste*, apparu pour la première fois au XIIe siècle, était un fantassin moyennement armé. Les Varanges appréciaient particulièrement la hache à double tranchant, maniée avec le bouclier porté à travers l'épaule. Ils utilisaient aussi des épées. Les cavaliers portaient des couleurs différentes selon leur *turma*.

à tout marchand ou pèlerin qui traversait le pays.

L'armée byzantine unit ses forces à celles des Francs pour mener un assaut réussi contre l'émir de Shayzar en 1138. En 1142 et en 1157, l'armée byzantine marcha sur Antioche. En dernier lieu, Renaud de Châtillon, accepta, comme il convenait, de payer tribut à Manuel Comnène afin de se débarrasser de cet empereur gênant et Francs et Byzantins menèrent une fois encore des campagnes communes en 1158-1159. Cette armée, souvent méprisée par les croisés, devait maintenir en vie l'empire de Byzance pendant près de quatre siècles, bien après que les derniers Francs eurent regagné leur patrie.

Page précédente : l'assaut par les Byzantins contre Shayzar, image extraite de l'*Histoire d'Outre-mer*. L'empereur Jean II Comnène commandait lui-même l'armée commune des Byzantins et des Francs en 1138. La ville, située sur les rives de l'Oronte, fut enlevée quand Zengi, l'émir d'Alep, offrit une énorme rançon contre la levée du siège.

Byzantins contre croisés

Bien que les deux chefs religieux de la chrétienté aient organisé la croisade pour aller délivrer les Lieux saints des infidèles musulmans, il s'agissait là seulement d'une entente superficielle. Pour l'empereur byzantin, ce fut une longue période où il dut accueillir des hôtes souvent indésirables.

Page suivante : aux XIIᵉ et XIIIᵉ siècles, les érudits arabes établissaient déjà des cartes d'une excellente précision. Pour l'esprit du chrétien médiéval, cependant, cette *Mapa Mundi*, ou Carte du monde, montrait Jérusalem en son centre, avec Bethléem juste au-dessus, insistant ainsi sur le fait que la Terre sainte était alors considérée comme le centre de l'univers. Et ce n'est pas une coïncidence si de nombreuses cartes comme celle-ci furent publiées à l'époque des croisades, comme si les cartographes, poussés par leur ferveur religieuse, disaient aux croyants : « Voici le but que doivent atteindre les croisés. »

Au XIᵉ siècle, Constantinople était sans doute la ville la plus étonnante qu'aient pu voir les princes croisés. La cité conservait la plus grande collection de reliques de toute la chrétienté. Parmi celles-ci, de grands morceaux de la Vraie Croix, le saint suaire, les clous et la sainte lance. Pour des chrétiens romains, ces trésors ne pouvaient que susciter une profonde envie et une farouche détermination d'en découvrir d'aussi remarquables en Terre sainte.

Les empereurs à qui appartenait effectivement tout cela étaient considérés comme presque divins, des incarnations du Christ. Cependant, le pouvoir absolu de l'empereur était fortement limité par l'administration byzantine typique, composée de milliers de clercs, d'espions, d'eunuques, de chambellans, de conseillers militaires et de bien d'autres sbires encore. La corruption était partout. Le service civil était un moyen personnel de s'enrichir. Alexis Comnène avait pris le pouvoir après avoir été un célèbre général, et il n'avait guère de temps à consacrer aux prévaricateurs. Parlant fort, insensible, avec des manières d'homme de guerriers, tel était l'empereur qui devait négocier avec ces Francs barbares et grossiers qui s'apprêtaient à descendre dans sa capitale.

De plus, il ne les avait jamais rencontrés. Il n'en connaissait qu'un seul, et trop bien. Pendant des années, Alexis s'était opposé à Bohémond de Tarente, dont la cupidité s'était portée sur la côte Adriatique qui faisait face au royaume de Sicile, puis sur la Grèce byzantine. Les deux hommes avaient eu plusieurs occasions de se combattre. C'était un comportement typique de Bohémond de prêter serment d'allégeance à l'empereur contre le titre de vice-roi d'Asie. Alexis déclina cet honneur, mais donna à son ancien ennemi suffisamment d'argent pour qu'il continue son chemin, pour que les croisés traversent le Bosphore et s'éloignent de Constantinople.

Cet exemple illustre les relations qui se développèrent entre les deux partis chrétiens : les Byzantins donnaient et les croisés prenaient, mais Byzance dut aller plus loin. En de nombreuses circonstances, elle dut fournir une aide militaire importante, à Nicée lors de la première croisade, par exemple. Face à l'assaut et à l'effondrement des grands murs de la ville construits par les Byzantins, Raymond de Saint-Gilles appela Alexis à l'aide. Les croisés étaient assaillis sur trois côtés, mais le quatrième donnait sur un lac grâce auquel la ville s'approvisionnait. Les Byzantins rassemblèrent une flotte de bateaux qu'ils transportèrent sur des chars à travers la montagne. Cet effort surhumain fut récompensé : les Turcs se rendirent en voyant le lac occupé par la flotte ennemie.

Les relations de Byzance avec la principauté d'Antioche furent toujours difficiles et les empereurs attaquèrent la ville en trois occasions. Les rapports avec le royaume de Jérusalem étaient plus cordiaux du fait même que le royaume n'avait jamais revendiqué des territoires que l'empire de Byzance jugeait siens, comme l'avait fait Antioche. De plus, en 1157, Manuel Comnène accepta de marier sa fille Théodora au roi Baudouin III. C'était, naturellement, pour des raisons politiques, Baudouin pouvant ainsi demander à l'empereur de l'aide pour son armée contre les Turcs, alors que Manuel se retrouvait libre d'attaquer Antioche sans craindre l'intervention de Jérusalem. Manuel voulait neutraliser Renaud de Châtillon qui, plus tôt, avait organisé une expédition sur Chypre, territoire byzantin, pour y ramasser du butin.

Finalement, Châtillon rendit hommage à son empereur. Baudouin arriva quelques jours après, et les deux monarques se lièrent d'amitié. Un jour, alors que Baudouin s'était cassé le bras à la suite d'une chute de cheval, Manuel, très fier de ses connaissances médicales, s'occupa personnellement de lui. Cette amitié renforça les liens entre Byzance et la Terre sainte. Quand Baudouin proposa à l'empereur d'avancer sur Alep, Manuel refusa d'engager la bataille contre les Turcs, sa visite, en fin de compte, n'ayant pour seule ambition que de montrer la puissance des Byzantins aussi bien aux chrétiens qu'à leurs adversaires. Il signa un traité avec Nur al-Din avant de rentrer précipitamment à Constantinople pour déjouer un nouveau complot de palais.

Tout en se distendant, les relations entre Byzance et les croisés continuèrent pendant les première,

deuxième et troisième croisades. Le roi Richard Cœur de Lion copia même Châtillon en conquérant Chypre, si ce n'est qu'il la garda pour lui-même. Cependant, en 1204, la discorde prit le dessus quand les chefs de la quatrième croisade décidèrent qu'il était plus facile et plus rapide d'attaquer Constantinople plutôt que Le Caire, Alep ou Édesse.

La bataille d'Arsuf (1191)

Comme un cas d'école en technique guerrière, la bataille d'Arsuf, qui vit s'affronter les armées de Saladin et celles de Richard Cœur de Lion, offre tous les composants typiques d'un affrontement au temps des croisades. Elle montre aussi les points forts et les points faibles des deux adversaires et la façon dont des chefs habiles ont pu en tirer parti pour obtenir la victoire.

À la suite du siège d'Acre, Richard conduisit son armée vers le sud, à Jaffa, en passant par Césarée, conquérant au passage une série de villes côtières et de cités pour le compte du roi de Jérusalem. Appliquant une discipline stricte, il s'assurait que son armée restait groupée et contrôlait facilement ses unités. L'historien musulman Baha'ad-Din dit avoir vu les troupes franques «serrées comme un mur». Richard portait une grande attention à l'ordre de marche, plaçant les ordres militaires à l'avant-garde et à l'arrière-garde. Il gardait la mer à sa droite, pour n'avoir qu'un flanc à présenter à Saladin en cas d'attaque.

Les estimations diffèrent, mais il est probable que Richard ne disposait que de 10 000 à 20 000 hommes, dont 4 000 chevaliers et 2 000 *turcopoles*. Le reste de son armée était constitué de soldats à pied, organisés en unités d'un millier d'hommes au plus, avec par unité de lanciers un rang d'archers chargés de fournir une couverture avec leurs projectiles. Ils progressaient à une allure mesurée, ne faisant que 6,4 kilomètres en une matinée. À midi, l'armée s'arrêtait et montait son camp. À 24 kilomètres au nord de Jaffa, les croisés dépassèrent le village d'Arsuf. Les jardins d'Arsuf se trouvaient à environ 3 kilomètres de la mer. L'armée de Saladin, qui s'y était postée en embuscade, attaqua dès que les hommes de Richard eurent passé le village.

On ne connaît pas la composition exacte des troupes de Saladin, mais le chroniqueur Ambroise mentionne une infanterie de Bédouins et de Soudanais, une cavalerie légère de Syriens et de Turcomans, une cavalerie lourde de *mamelouks* et d'*askars*, sans oublier la garde personnelle de Saladin, soit au total une troupe de 50 000 à 80 000 hommes, avec probablement une cavalerie de 40 000 hommes comprenant au moins 25 000 archers montés. En tout état de cause, Saladin se présentait face aux croisés à trois contre un.

Pris au piège

L'armée de Richard était organisée en douze divisions groupées en cinq bataillons. Les chevaliers marchaient sur le côté de la colonne qui longeait la mer, protégés par une ligne d'infanterie située du côté des terres. Les chariots des bagages et des

approvisionnements, gardés par des troupes de lanciers, étaient placés entre la cavalerie et la mer. Les Templiers formaient l'avant-garde, ou le front du dispositif, et les Hospitaliers se tenaient à l'arrière de la colonne. On a écrit que les chevaliers étaient si serrés qu'«une pomme n'aurait pu atteindre le sol sans toucher un cavalier ou un cheval».

Depuis une semaine, la cavalerie légère de Saladin harcelait la colonne; Richard l'avait ignorée. Quand il comprit qu'il était face à la véritable attaque, il fit tourner son armée vers les terres, et la colonne de marche devint une ligne de bataille face à l'ennemi, l'infanterie protégeant les chevaliers. La principale poussée de Saladin se fit contre le bataillon des Hospitaliers afin de les attirer hors de leur formation serrée. Provoqués au-delà de ce qu'ils pouvaient supporter et agissant contre les ordres formels de Richard, ils finirent par charger les musulmans de front, tombant dans l'embuscade de Saladin. La réaction de Richard prit le chef musulman par surprise : il ordonna immédiatement à tous ses chevaliers de charger avant que le reste de l'armée musulmane ait pu arriver sur les lieux.

Saladin jeta ses réserves contre les Hospitaliers et les chevaliers anglais, entourant l'étendard de Richard, mais une prompte attaque des réserves de ce dernier chassa la cavalerie musulmane du champ de bataille. Les chevaliers arrêtèrent leur poursuite à la lisière des jardins et reprirent leur formation de marche. L'armée de Richard avait perdu moins de 700 hommes, Saladin dix fois plus. Il avait appris à ne pas sous-estimer la puissance de la cavalerie franque ni les capacités de ses chefs qui savaient exactement comment utiliser cette puissance.

Ci-dessus : des chevaliers montés surgissent derrière l'écran des fantassins pour charger la cavalerie légère turque, d'après un manuscrit du XVe siècle décrivant la prise d'Antioche.

Page précédente : l'épée dressée, Richard Cœur de Lion monte la garde devant le palais de Westminster à Londres.

Les ordres militaires : les chevaliers du Christ

La source jamais tarie de renforts militaires pour les États francs du Levant venait des ordres militaires. Dépendant directement du pape, ils avaient leurs propres lois et devinrent une puissante société militaire semi-indépendante en Terre sainte. Ce furent aussi les ennemis les plus implacables des musulmans.

Page de droite : le réfectoire des chevaliers hospitaliers dans l'église Saint-Jean à Saint-Jean d'Acre. L'austérité des murs nus et du plafond que l'on observe aujourd'hui devait être tempérée à l'époque par des tentures et autres accessoires plus confortables.

Ci-dessous : détail d'une fresque de Cressac, en France, datant du XIIe siècle, montrant un Templier sur son cheval. Le pape avait donné à l'ordre l'autorisation d'arborer le manteau blanc à capuche des moines cisterciens en 1145. La croix rouge, portée sur la poitrine du côté gauche et sur le bouclier, date seulement de la deuxième croisade.

Les principaux ordres militaires, les Templiers et les chevaliers de l'Hôpital-de-Saint-Jean de Jérusalem, appelés les Hospitaliers, furent créés, à l'origine, pour assister les pèlerins et soigner les malades. Ces deux ordres et quelques autres, notamment les chevaliers Teutoniques, furent d'abord organisés comme des monastères, leurs membres s'appelant du nom de « frère ». Ils transformèrent des hommes motivés religieusement en soldats qui devinrent les principaux défenseurs des États francs du Levant.

Tandis qu'ils conservaient leur indépendance vis-à-vis du roi et des autres princes, les ordres militaires bénéficièrent de fréquentes donations de terres et de places fortes au cours du XIIe siècle, autant que de privilèges légaux et financiers. En 1244, les Hospitaliers possédaient 29 châteaux en Terre sainte ; les Templiers en avaient à peu près autant. Ces encouragements étaient nécessaires aux États francs, car le royaume était incapable de survivre sans les ordres et leur force militaire. Ces deux ordres, et quelques autres organisations plus petites, avaient aussi de grandes possessions en Europe, données par des bienfaiteurs reconnaissants. Tout cela leur assurait

une indépendance financière aussi bien que politique.

L'ordre du Temple – les Templiers – fut fondé en 1115 par deux chevaliers qui partageaient leur cheval en signe de pauvreté. Leur but était de protéger les pèlerins qui se rendaient en Terre sainte. Leur image devint le symbole de l'ordre. Connu au départ sous le nom de « Pauvres Chevaliers », leur première installation dans le temple de Salomon à Jérusalem leur donna leur nom. La règle des Templiers reflétait strictement celle des moines de Cîteaux, les Cisterciens, s'appuyant sur les trois vœux de chasteté, de pauvreté et d'obéissance.

Les Templiers devinrent rapidement des agents financiers reconnus à travers l'Europe et les États du Levant. Leur rôle de banquiers se développa grâce à la reconnaissance unanime de leur scrupuleuse honnêteté. Mais par-dessus tout, leur stricte discipline, leur courage et leur fanatisme chrétien faisaient des Templiers une des pièces majeures de l'arsenal des croisades.

Décimés à Hattin

À la bataille de Hattin, l'ordre fut presque totalement détruit, et beaucoup de ses châteaux tombèrent aux mains des musulmans dans les mois qui suivirent le désastre. L'ordre survécut jusqu'au XIVe siècle en gérant ses vastes domaines en Europe. Mais la jalousie, provenant autant des ecclésiastiques que des laïcs, le fit accuser de tous les maux, d'hérésie comme d'homosexualité, et le pape Clément V le dénonça en 1307. Les Templiers furent poursuivis, emprisonnés, torturés, leurs terres et leurs trésors confisqués.

Les Hospitaliers portaient le nom d'un hôpital de Jérusalem réservé aux pèlerins avant la première croisade. À la suite de la prise de la ville par les croisés, cet hôpital fut confié aux Bénédictins. En 1113, placés sous la protection papale, ses membres formèrent l'ordre de l'Hôpital-de-Saint-Jean. En 1120, l'ordre s'étendit, prenant en charge plusieurs hôpitaux à travers les États francs du Levant.

Alors que le nombre des soignants restait important, l'ordre adopta progressivement une tournure plus guerrière. En 1136, il reçut la forteresse de Gibelin (Jabalah), et son évolution militaire devint de plus en plus apparente au cours du XIIe siècle. En 1160, le terme de Chevalier de Saint-Jean tomba en désuétude et fut remplacé par celui de

Chevaliers hospitaliers. Après la bataille de Hattin, ils furent reconnus comme un ordre totalement militaire et, en 1206, alors qu'on les rencontrait encore dans les hôpitaux, l'organisation des frères chevaliers était devenue une formation militaire indépendante.

Bien que les ordres militaires se soient réinstallés en Terre sainte au temps de la troisième croisade, ils étaient tous affaiblis. Ils n'avaient pas non plus récupéré les biens qu'ils possédaient avant la bataille catastrophique de Hattin où presque tous les chevaliers des États francs avaient été tués. En 1291, à la suite de la chute d'Acre, les Hospitaliers s'établirent à Chypre, puis à Rhodes, devenant une puissance navale qui régnera sur Malte jusqu'en 1798.

Le troisième ordre à intervenir en Terre sainte fut celui des chevaliers Teutoniques, fondé pendant le siège d'Acre en 1189-1190 pour soigner les croisés germaniques. Il fut reconnu par le pape en 1191 et devint un ordre militaire sept ans plus tard. Les chevaliers Teutoniques, stationnés dans le nord des États francs du Levant, subirent une sévère défaite en 1210, ce qui poussa les chevaliers survivants à venir s'installer à Acre. L'ordre possédait un nombre significatif de châteaux mais restait dans l'ombre des Templiers et des Hospitaliers. Cependant, quand ils furent envoyés dans le nord de l'Europe pour christianiser les tribus païennes de la Prusse et des pays Baltes, les chevaliers se transformèrent en conquérants fanatiques et impitoyables.

De gauche à droite :

les chevaliers des ordres militaires, Templiers, Hospitaliers et chevaliers Teutoniques.

Les châteaux croisés : bastions de la foi

Les croisés édifièrent des châteaux à travers tous les États francs du Levant pour défendre leurs territoires nouvellement gagnés. Plutôt que de copier le style européen, beaucoup de ces forteresses ressemblent aux constructions byzantines. Ces places fortes ont joué un rôle déterminant dans la défense de ces États durant les croisades.

Page de droite, en face : cette reconstitution de Belvoir, en Galilée, montre le plan concentrique du château et les larges remparts inspirés par les Byzantins. Les quartiers privés des chevaliers se trouvaient dans l'enceinte intérieure.

À droite : le krak des Chevaliers vu du sud-ouest, au-dessus de la tour de Baybars (16 sur le plan de la page suivante). La tour la plus proche de l'illustration est la tour de Warden (20 sur le plan de la page suivante). C'est là que se situa l'attaque de l'émir mamelouk Baybars en 1271, quand le puissant château croisé tomba entre les mains des musulmans. La grande tour d'angle et la tour carrée situées sur les murs extérieurs furent construites plus tard par les musulmans.

Dans l'Europe féodale, les châteaux n'étaient pas seulement des places fortes, mais aussi des lieux d'exercice du pouvoir où était rendue la justice du roi. Dans le royaume de Jérusalem, les choses étaient quelque peu différentes. Au cours des quatre-vingts années qui suivirent la prise de Jérusalem par les croisés, 64 châteaux furent construits, de Beyrouth à l'extrême nord jusqu'à l'île de Graye dans le golfe d'Akaba. Plus au nord encore, des forteresses furent bâties pour défendre le comté de Tripoli, la principauté d'Antioche et le comté d'Édesse. Les croisés adaptèrent leur architecture aux terrains sur lesquels ils construisaient, s'inspirant librement des Byzantins et des réalisations musulmanes qu'ils avaient rencontrées lors de leurs campagnes.

Les nobles comme les ingénieurs avaient été très impressionnés par Constantinople dont les puissantes fortifications étaient sans égal. Les croisés décidèrent de reproduire cette structure de lignes défensives étagées. Le « Mur de Constantin » était étayé d'une série de tours massives, tandis qu'un rempart intérieur flanqué d'encore plus de tours fournissait une seconde ligne de défense. Ces deux murailles étaient protégées par un mur extérieur plus bas, destiné à empêcher l'usage des machines de siège. Et autour de ces trois lignes de défense courait un profond fossé rempli d'eau, au fond duquel étaient plantés des pieux. On pensait que Constantinople était imprenable. Cependant, la capitale byzantine devait finalement tomber aux mains des croisés en 1204, non que les murailles se soient effondrées,

mais parce que les croisés avaient contourné les défenses terrestres et attaqué la ville par la mer, où elle était moins bien protégée. Les plus impressionnants des châteaux croisés furent construits sur ces principes byzantins : remparts intérieurs massifs protégés par de fortes tours rondes, encerclés par des murailles extérieures plus basses munies de leur propre ensemble de tours, le tout entouré d'un fossé asséché. Les défenseurs pouvaient tirer au-dessus des murs extérieurs, soutenant ainsi les soldats qui y étaient postés.

L'équipement des châteaux

En raison du peu de bois que l'on trouvait dans ces pays, les châteaux des États croisés manquaient des étages intérieurs que l'on trouvait habituellement dans les constructions européennes. Ils étaient, par conséquent, moins élevés. Les croisés adoptèrent aussi un dispositif byzantin qui consistait à prévoir des remparts suffisamment larges pour pouvoir déplacer les engins d'artillerie, trébuchets, mangonneaux et autres catapultes. Les fortifications musulmanes étaient semblables à celles des Byzantins. Des villes comme

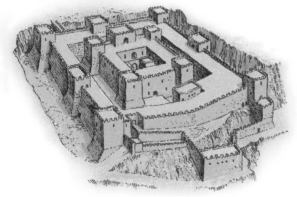

Le Caire, Alep ou Damas se vantaient de posséder des défenses immenses. En comparaison, celles construites par les croisés pour protéger leurs cités comme Tripoli, Antioche ou Acre faisaient figure de modèles réduits. Chaque groupe du Moyen-Orient avait librement copié les techniques de constructions utilisées par les autres, quels qu'ils fussent.

Le château le plus impressionnant construit par les croisés en Terre sainte est sans conteste le krak des Chevaliers. Il fut tenu par les Hospitaliers de 1142 à 1271 avant de tomber, finalement, aux mains des musulmans. Un plan semblable avait été utilisé pour les châteaux de Beaufort, Latrun et Safed. Les croisés profitèrent aussi des défenses naturelles : un éperon de terre s'avançant dans la mer à Atlit ou le confluent d'une rivière à Saône (Sayhun). Les défenses naturelles pouvaient aussi comprendre des escarpements rocheux comme pour le château de Kérak dans le Moab.

La stratégie des croisés était évidemment centrée autour de ces châteaux et de leur défense contre les sièges (*voir la double page suivante*). Un réseau de places fortes et de bastions, renforcé en temps de guerre par des troupes mobiles, protégeait les États croisés. Le problème le plus important résidait dans le manque

d'hommes. Beaucoup de châteaux demandaient des garnisons importantes. Lorsque les troupes manquaient, les rois de Jérusalem faisaient appel aux ordres militaires (*voir les deux pages précédentes*) pour les aider à défendre les points vitaux. Le manque d'hommes obligeait donc à dégarnir les places fortes pour augmenter le nombre des combattants. En conséquence, une défaite sur le champ de bataille fragilisait les châteaux qui se retrouvaient alors sans équipement et sans défense. Après la bataille de Hattin (1187), beaucoup de châteaux, vidés de leurs habitants, tombèrent entre les mains de Saladin, constituant des pertes que les croisés seront incapables de combler avant l'arrivée de la troisième croisade.

Ci-dessus :

le château de Coral (ou du Pharaon) construit sur une île du golfe d'Akaba près d'Eilat, en Israël, était une des places fortes les plus méridionales des croisés. Situé sur la route principale menant du Caire à La Mecque, il représentait une menace sérieuse pour les pèlerins musulmans.

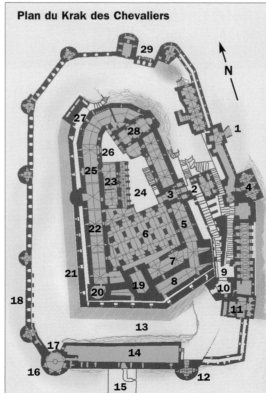

Plan du Krak des Chevaliers

1. Porte extérieure
2. Tour protégeant la porte intérieure
3. Porte intérieure
4. Tour des mamelouks
5. Entrepôts
6. Hall, réfectoire
7. Entrepôt pour l'huile d'olive
8. Entrepôt avec la presse à huile
9. Rampe d'entrée
10. Tour au-dessus de l'entrée
11. Bains turcs (hammam)
12. Tour avec poterne
13. Douves
14. Tour de Baïbars (longue salle voûtée)
15. Tour des mamelouks, 1285
16. Tour reconstruite par l'émir Baïbars en 1271
17. Escalier d'entrée du chemin de garde
18. Murs extérieurs à mâchicoulis
19. Tour résidentielle
20. Tour de garde
21. Glacis
22. Longue salle voûtée
23. Maison du chapitre et cloître
24. Cour intérieure
25. Longue salle voûtée
26. Petite cour
27. Tour nord-ouest appelée aussi Tour de la Fille du Roi
28. Chapelle (plus tard mosquée)
29. Seconde entrée taillée dans la roche entre deux tours

Sièges et engins de siège

La guerre en Terre sainte était dominée par la présence des fortifications. Les campagnes étaient lancées pour prendre les châteaux les plus importants et les villes fortifiées. Les croisés comme les musulmans devinrent experts en engins de siège, en démantèlement des forteresses et en techniques les concernant.

À droite :

cette enluminure tirée d'un manuscrit du XIVᵉ siècle représente le siège du château de Chinon, en France. On y voit une description inhabituelle d'un trébuchet. Un soldat charge une pierre qui sera lancée sur les défenseurs qui se pressent sur les remparts. L'un d'entre eux verse du liquide sur les attaquants, peut-être de l'eau ou de l'huile bouillante.

L'arrivé des Francs au Moyen-Orient entraîna l'édification de nombreux châteaux qui devaient permettre aux croisés de défendre leurs fragiles frontières contre les musulmans hostiles qui les entouraient. Profitant de l'abondance de sites fortifiés (y compris les fortifications musulmanes existantes) et de la disponibilité de matériaux de construction, ces forteresses furent beaucoup plus impressionnantes que celles que l'on rencontrait en Europe.

Quand la première croisade atteignit les abords d'Antioche, le problème de l'encerclement de la ville se posa en raison de son étendue. Le corps des machines de siège n'avait pas encore été construit et le nombre insuffisant d'engins ne permit pas aux croisés d'investir la ville. En l'occurrence, une trahison s'avéra, plus efficace que les armes. À Jérusalem, une série de tours d'assaut rudimentaires, de trébuchets et de mangonneaux (*voir page 73*) permirent aux croisés

de prendre la ville en 1099. Les deux adversaires consacrèrent ensuite des ressources considérables à la formation d'ingénieurs spécialisés.

Les sièges relevaient presque du rituel dans les États francs du Levant, et les deux ennemis développèrent des systèmes d'engins nettement différents de ceux que l'on rencontrait alors en Europe ou en Asie. Un château croisé possédait une garnison permanente, toujours maintenue sur le pied de guerre, garnison qui faisait appel à des mercenaires comme les *turcopoles* pour pallier le manque d'hommes chez les Francs. Les châteaux tenus par les ordres militaires étaient des exceptions, car ils servaient de base à des formations militaires plus importantes. Bien que tous les châteaux croisés aient été vidés de leurs garnisons en temps de crise pour former une armée de combat, les troupes en permanence à l'intérieur de leurs murs montraient un

professionnalisme qui n'existait pas en Europe.

Tours et engins

Pour assiéger un château, l'attaquant faisait d'abord appel à la diplomatie avant de recourir à la force des armes. Ces démarches prenaient la forme de pourparlers avec les défenseurs pour leur assurer la vie sauve s'ils se rendaient, ou de tentatives de corruption auprès d'individus connus à l'intérieur des fortifications (les chrétiens comme les musulmans avaient d'innombrables espions dans les camps adverses). Si la proposition de se rendre en contrepartie de la liberté était rejetée, les attaquants s'octroyaient alors le droit de tuer tous les habitants du château ou de la cité s'ils arrivaient à les prendre.

Les généraux musulmans préféraient commencer le siège aussi tôt que possible après la fin de l'hiver afin d'avoir devant eux le maximum de temps pour les campagnes avant que les armées ne se dispersent à la saison des moissons. Le stade suivant, le plus simple, était d'affamer les assiégés, mais cela pouvait prendre longtemps, le temps pour ceux-ci d'épuiser leurs stocks de nourriture. Cette méthode, cependant, si simple fût-elle, souffrait d'un inconvénient majeur : plus le siège était long, plus le risque était grand de se voir attaquer sur l'arrière par des troupes venues délivrer les assiégés.

Une méthode plus efficace consistait à donner l'assaut aux remparts. Quand le chef des assaillants en disposait, les machines de siège étaient utilisées pour frapper les parties les plus faibles des murailles ou les portes. Si une brèche s'ouvrait, les assaillants s'y précipitaient, mais cela entraînait un nombre important de victimes de part et d'autre. Les tours de siège étaient un moyen efficace, à la condition que l'assaillant disposât de suffisamment de bois pour les construire, ce qui n'était pas toujours le cas en Terre sainte. Ces grandes plates-formes

mobiles étaient prévues pour permettre aux attaquants de se trouver au même niveau que les défenseurs. Des peaux trempées dans de l'eau évitaient que les défenseurs puissent mettre le feu à ces structures, mais elles pouvaient encore être détruites par l'artillerie défensive des remparts. Pendant le siège d'Acre (1189), les croisés installèrent même ces tours sur des radeaux afin d'attaquer la ville par la mer.

Lorsque les forces d'assaut arrivaient à prendre pied sur les remparts, le poids du nombre parlait, les assaillants étant presque toujours plus nombreux que les assiégés. Le soldat médiéval n'avait guère de compassion pour le vaincu : entrer dans une cité assiégée signifiait le pire des pillages et, comme les combattants étaient tout sauf miséricordieux, le massacre des vaincus était inévitable. L'aspect professionnel des engins de siège impliquait qu'une fois la brèche ouverte, l'honneur était sauf. Si les assiégés décidaient alors de se rendre, leur demande était en général acceptée, bien que les ordres militaires eussent préféré se battre jusqu'au bout. Ces techniques et ces comportements, développés aussi bien par les croisés que par les musulmans, devinrent finalement les pratiques habituelles des sièges aussi bien en Europe qu'en Asie.

À gauche : la catapulte à torsion était utilisée pour détruire les murs des forteresses ou des cités. La machine comportait un écheveau de cordage que l'on tordait et qui, en reprenant sa forme normale, redressait brusquement le bras de la machine, ce qui envoyait le projectile sur l'ennemi. La catapulte donnait une trajectoire plus plate que le trébuchet et nécessitait de se trouver plus près de sa cible, ce qui signifiait qu'il fallait prévoir une protection pour ceux qui la manipulaient.

Ci-dessous : le trébuchet était une catapulte à contrepoids qui demandait une équipe d'hommes pour abaisser le bras par l'intermédiaire de cordages. Le trébuchet à contrepoids utilisait une caisse remplie de terre et de pierre. Étant plus grand et plus haut que la catapulte, le trébuchet était plus efficace quand il s'agissait d'envoyer des projectiles au-dessus de hauts murs qu'il parvenait parfois à ébrécher. Des reconstitutions modernes ont montré que le trébuchet était extrêmement précis.

L'Empire byzantin en 1203, à la veille de la quatrième croisade.

Les croisés ayant pris part à la quatrième croisade ne désobéirent pas tous au pape en attaquant Constantinople. Simon de Montfort quitta le gros de la flotte après Zara et se dirigea vers Acre, rejoignant Gauthier d'Autun et Jean de Nesle venus directement d'Europe.

Les morts de Saladin (1193) et de Richard (1199) marquent la fin de la période idéaliste de l'histoire des croisades, alors que les croyances religieuses et les codes de la chevalerie étaient encore importants. Cinq ans après la mort de Richard, la quatrième croisade déclencha le plus ignoble forfait de toute l'époque des croisades : la prise et le sac de la ville chrétienne de Constantinople. En 1204, les Byzantins qui avaient été largement responsables du lancement des croisades subirent les effets d'un siècle de rivalités politiques, économiques et religieuses avec les États francs du Levant.

L'Empire byzantin s'était enfin relevé de la défaite de Manzikert (1071). Il avait, progressivement, regagné une partie de ses territoires perdus en Asie mineure, effectuant même des incursions dans l'Anatolie tenue par les Turcs, alors que l'attention des musulmans était détournée par les événements survenus en Terre sainte. Au XIIe siècle, une série d'empereurs

byzantins avaient eu des relations étroites avec les souverains des États croisés, offrant leur soutien quand ils y trouvaient leurs intérêts. Un demi-siècle de guerre entre les Byzantins et les Turcs en Asie mineure prit fin en 1195 : il sembla alors que l'empire entrait dans une période de paix et de prospérité relatives. Toutefois, il était divisé par une nouvelle vague de querelles intestines et de manœuvres politiques alors que le pape Innocent III allait lancer la quatrième croisade en 1199.

Mais au lieu d'attaquer l'Islam, les Vénitiens et

La quatrième croisade

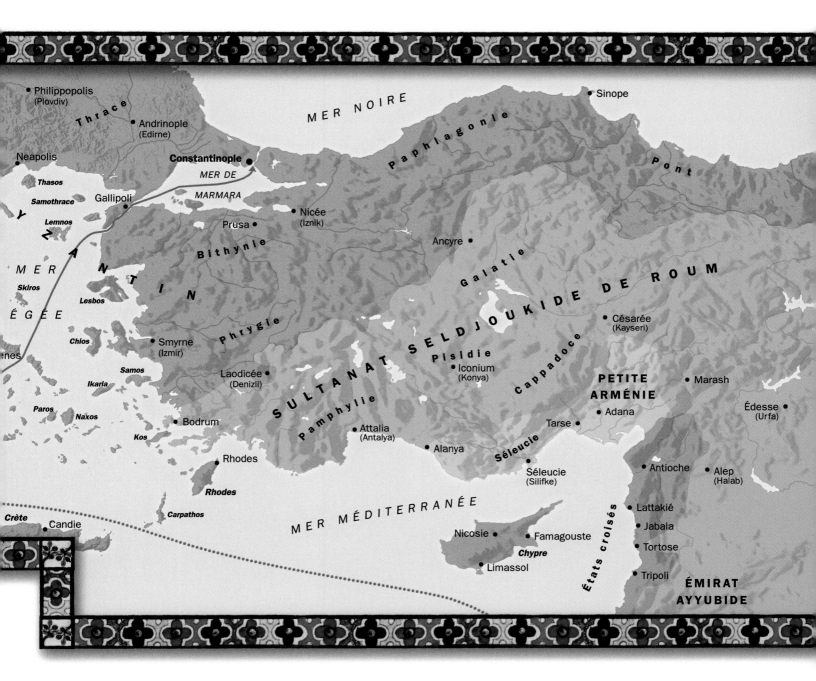

Philippopolis (Plovdiv) • Thrace • Andrinople (Edirne) • Neapolis • Thasos • Samothrace • Gallipoli • Lemnos • MER ÉGÉE • Skiros • Lesbos • Chios • Samos • Ikaria • Paros • Naxos • Kos • Crète • Candie • Carpathos • Rhodes • Rhodes • Bodrum • Smyrne (Izmir) • Laodicée (Denizli) • Constantinople • MER DE MARMARA • Nicée (Iznik) • Prusa • Bithynie • Phrygie • Pamphylie • Attalia (Antalya) • Alanya • MER NOIRE • Paphlagonie • Sinope • Pont • Ancyre • Galatie • SULTANAT SELDJOUKIDE DE ROUM • Pisidie • Iconium (Konya) • Cappadoce • Césarée (Kayseri) • PETITE ARMÉNIE • Marash • Adana • Tarse • Séleucie • Séleucie (Silifke) • Antioche • Alep (Halab) • Édesse (Urfa) • Lattakié • Jabala • Tortose • MER MÉDITERRANÉE • Nicosie • Famagouste • Chypre • Limassol • États croisés • Tripoli • ÉMIRAT AYYUBIDE

l'empereur de Germanie se lancèrent à l'assaut de leurs compagnons chrétiens d'Orient, décision qui s'appuyait plus sur des rivalités économiques et politiques que sur des arguments religieux. Bien que la quatrième croisade fût décrite comme une lutte pour réunir les deux parties de la chrétienté, ce fut un peu plus qu'une simple annexion, encouragée par les divisions internes de l'État byzantin. La perte de Constantinople en 1204 porta un coup mortel aux Byzantins, et même après que la cité eut été reprise en 1261, l'empire resta l'ombre de ce qu'il avait été.

Le déclin de Byzance

Au cours du XIIᵉ siècle, l'Empire byzantin semblait s'être remis des désastres essuyés au siècle précédent et il avait regagné la plus grande partie de son statut d'alors. Bien que sa situation militaire se soit améliorée, les divisions politiques et extérieures sapaient sa stabilité.

Ci-dessous : les ruines d'un pont seldjoukide traversant de la rivière Eurymedon près d'Aspendos en Turquie (voir la carte). Construit entre le XIIᵉ et le XIIIᵉ siècle, ses nombreuses arches montrent la qualité des connaissances des bâtisseurs musulmans du Moyen Âge, ainsi que l'attention portée par les Seldjoukides aux voies de communication, tant commerciales que militaires.

Sous l'empereur Alexis Comnène, les Byzantins harcelèrent les participants à la première croisade, évitèrent une confrontation directe avec leurs collègues francs et les envoyèrent au plus vite chez leurs voisins musulmans. Une grande partie des territoires byzantins perdus en Asie Mineure (Anatolie), fut récupérée, bien que le centre de la région fût encore aux mains des Turcs sous le nom de sultanat de Roum, État turc semi-indépendant.

Les relations entre les États croisés et l'Empire byzantin étaient complexes, avec des alliances reposant sur un mariage, des pactes commerciaux et militaires allant et venant au gré des changements politiques survenant dans les cours de Constantinople et de Jérusalem. Au milieu du

XIᵉ siècle – lors de la chute de leur voisin, le comté d'Édesse – les princes d'Antioche eurent besoin d'un allié. Ils acceptèrent donc de reconnaître la suzeraineté de l'empereur de Byzance en contrepartie d'une protection militaire.

Sous l'empereur Jean II Comnène (r. 1118-1143), des expéditions furent menées contre des territoires turcs seldjoukides en Anatolie et même en Syrie. Son fils, Manuel Comnène (r. 1143-1180), qui lui succéda, dut faire face presque immédiatement à une éventuelle invasion de croisés lors de la deuxième croisade. Il se rendit compte alors que les croisés représentaient une menace plus sérieuse pour son empire que les Turcs. Aussi signa-t-il une trêve avec son ennemi religieux, le sultan de Roum Kilij Arslan, ce qui lui permit de consacrer ses efforts à se protéger de la menace des croisades.

Le désastre militaire de la deuxième croisade et l'alliance entre la papauté et Byzance écartèrent pour un temps la menace que représentaient les croisés. Mais les campagnes de Manuel contre le roi de

Sicile augmentèrent le ressentiment des Italiens à l'encontre des Byzantins. Des opérations semblables faites aux dépens de la Hongrie inquiétèrent les Européens. Les campagnes quasi permanentes de l'empereur pour élargir ses frontières épuisaient les finances et les nobles de la Cour complotaient sans cesse.

En 1176, après une période de succès en Anatolie, l'armée byzantine fut défaite par les Turcs. Au lieu d'exploiter sa victoire, le sultan Kilij Arslan négocia un second traité de paix. En guerre avec ses voisins et rivaux seldjoukides, il avait besoin de temps pour les vaincre, aussi saisit-il la chance de paix qui se présentait.

De la jeunesse à l'expérience

Manuel mourut quatre ans plus tard. Quoique le royaume fût en paix, il était toujours divisé par les intrigues politiques. Jean et Manuel avaient tous deux augmenté la puissance de Byzance, mais la fascination de ce dernier pour les Balkans et l'Italie l'avait empêché de consolider la situation politique dans les régions orientales de l'empire. Manuel était un souverain accompli, et sa disparition fut durement ressentie au cours des décennies qui suivirent.

L'empereur Alexis II Comnène (r. 1181-1183), âgé de moins de 20 ans, avait été marié à l'âge de 12 ans à une princesse française par sa mère franque, Marie d'Antioche. Les éléments conservateurs de la cour byzantine craignaient une augmentation de l'« occidentalisation », aussi beaucoup soutinrent le coup d'État du cousin du dernier empereur, Andronicus Ier Comnène (r. 1183-1185). Ce dernier, âgé de 64 ans, non seulement se saisit du manteau impérial, mais fit assassiner le jeune empereur et sa mère, et revendiqua la jeune fiancée. Le nouvel empereur organisa rapidement, au niveau de l'État, une persécution des étrangers occidentaux, ce qui entraîna un flot de réfugiés venant demander de l'aide en Italie et en Hongrie.

Guillaume II de Messine débarqua à Durazzo sur l'Adriatique en 1185, espérant attirer les opposants au tyran Andronicus. Malheureusement pour Guillaume, les soulèvements qui suivirent atteignirent leur but, et Andronicus fut assassiné par un émeutier. Son neveu, Isaac II Ange (r. 1185-1195), lui succéda et une armée byzantine rajeunie repoussa les Siciliens.

La famille des Anges gouverna l'empire pendant dix-neuf ans, Alexis III succédant à Isaac II et Alexis IV à Alexis III. Pendant ce temps, Chypre fut perdue au bénéfice d'un seigneur byzantin (Isaac Comnène, *voir page 123*), la Cour et le gouvernement devinrent les proies de toutes les corruptions et la faiblesse de l'empire dut faire face à l'hostilité des participants de la troisième croisade. Alors que la quatrième croisade devait se diriger vers l'Égypte, des factions en Italie avaient déjà décidé que Constantinople représentait un objectif beaucoup plus intéressant.

Ci-dessus : pièce en or à l'effigie de Jean II Comnène. Les pièces de monnaie, rarement utilisées en Europe médiévale, étaient un moyen habituel en Orient pour marquer l'autorité du souverain dans la vie quotidienne. Les empereurs byzantins étaient considérés comme des réincarnations du Christ que l'on voit ici bénir Jean Comnène.

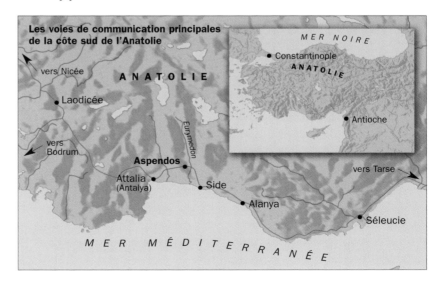

Les voies de communication principales de la côte sud de l'Anatolie

MER NOIRE

Constantinople
ANATOLIE

vers Nicée

ANATOLIE

Antioche

Laodicée

Eurymédon

vers Bodrum

vers Tarse

Aspendos

Attalia (Antalya)

Side

Alanya

Séleucie

MER MÉDITERRANÉE

CHAPITRE 8 — LA QUATRIÈME CROISADE

L'empire maritime de Venise

Au XIᵉ siècle, la cité de Venise était le centre commercial le plus prospère de toute la Méditerranée. Elle avait évincé les flottes marchandes des ports italiens rivaux et s'était gardée le monopole du commerce avec Byzance. Lorsque celui-ci fut révoqué, il entraîna le ressentiment des Vénitiens.

La ville de Venise, à l'extrémité nord de la mer Adriatique, monopolisait les riches marchés de l'Italie du Nord et de la Germanie, ainsi que les communications maritimes du monde méditerranéen où débouchaient la route de la Soie et les marchés d'Extrême-Orient. Venise, qui, à l'origine, était un

significatives, tant pour le commerce que pour la guerre. Pise avait pris le contrôle de la Corse et de la Sardaigne et avait ainsi créé un empire commercial méditerranéen suffisamment puissant pour entraîner un conflit avec Gênes qui lui disputait la prédominance maritime. Cette rivalité sur l'autre rive de l'Italie – qui s'est maintenue jusqu'au XIVᵉ siècle – aida Venise à imposer son pouvoir sur la région.

À côté du commerce des produits coûteux comme la soie et les épices, l'activité de Venise se développait dans des domaines très variés – construction navale, fabrique d'objets en verre ou en fer – ce qui faisait de cette ville une des cités industrielles les plus productives de toute

port et un centre commercial byzantin, était devenue de fait une entité politique indépendante. Au Xᵉ siècle, les marchands vénitiens avaient noué des liens commerciaux avec les Byzantins et les royaumes francs.

À cette époque, Pise et, à un moindre degré, Gênes, étaient également des puissances maritimes

la Méditerranée. Les yeux tournés vers Byzance plus que vers l'Italie proprement dite, elle commerçait librement avec les pays de l'est de l'Europe comme avec les pays musulmans dont les ports étaient fermés à ses rivales italiennes.

Venise était une république, gouvernée par un Grand

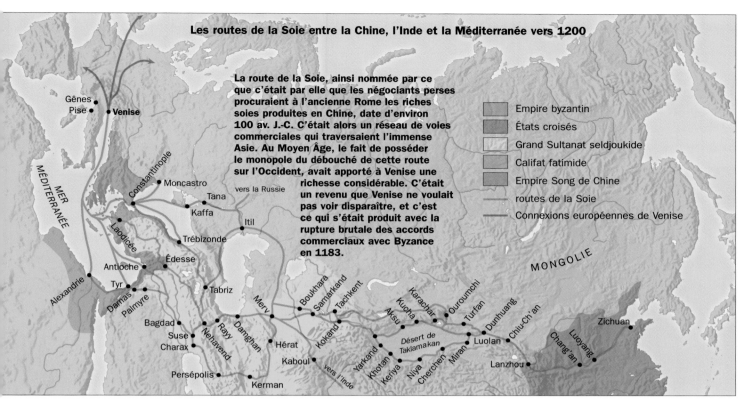

Les routes de la Soie entre la Chine, l'Inde et la Méditerranée vers 1200

La route de la Soie, ainsi nommée par ce que c'était par elle que les négociants perses procuraient à l'ancienne Rome les riches soies produites en Chine, date d'environ 100 av. J.-C. C'était alors un réseau de voies commerciales qui traversaient l'immense Asie. Au Moyen Âge, le fait de posséder le monopole du débouché de cette route sur l'Occident, avait apporté à Venise une richesse considérable. C'était un revenu que Venise ne voulait pas voir disparaître, et c'est ce qui s'était produit avec la rupture brutale des accords commerciaux avec Byzance en 1183.

Empire byzantin
États croisés
Grand Sultanat seldjoukide
Califat fatimide
Empire Song de Chine
routes de la Soie
Connexions européennes de Venise

MER MÉDITERRANÉE · Gênes · Pise · Venise · Constantinople · Moncastro · Tana · Kaffa · Itil · vers la Russie · Laodicée · Trébizonde · Édesse · Antioche · Alexandrie · Tyr · Damas · Palmyre · Tabriz · Merv · Boukhara · Samarkand · Tachkent · Aksu · Kucha · Karachar · Ouroumchi · Turfan · Dunhuang · MONGOLIE · Bagdad · Rayy · Damghan · Kokand · Yarkand · Désert de Taklamakan · Miran · Luolan · Chiu-Ch'an · Zichuan · Suse · Charax · Nehavend · Hérat · Khotan · Keriya · Niya · Cherchen · Lanzhou · Luoyang · Chang'an · Kaboul · vers l'Inde · Persépolis · Kerman

Conseil, ou Conseil des Dix, lequel était présidé par un doge (adaptation locale du mot latin *dux* ou duc), élu à vie. Les autres membres du Conseil des Dix étaient renouvelés périodiquement par élection, les candidats étant obligatoirement choisis dans une étroite oligarchie composée de riches nobles. Avec ce système, Venise était une rareté en Europe, un État indépendant, non féodal, libre de tout lien politique tant avec le pape qu'avec l'empereur de Germanie.

Venise humiliée…

Le Grand Conseil supervisait l'administration de la cité, les transactions des négociants et le système judiciaire, et recherchait également des accords commerciaux avec d'autres villes et d'autres États. C'est ainsi qu'au cours du XIIᵉ siècle, le Conseil et le doge avaient établi des liens avec les Byzantins, les Germains, les États francs du Levant, les États musulmans d'Afrique du Nord et plusieurs cités italiennes. La cité-État maintenait des relations étroites avec les croisés, leur offrant des transports, des marchandises et des navires de guerre, contre l'exclusivité des échanges avec le royaume de Jérusalem.

Après avoir détruit la flotte égyptienne en 1123, la réputation de Venise monta d'un cran dans l'est de la Méditerranée, malgré la concurrence de Gênes et de Pise. Des accords commerciaux secrets avec les Égyptiens et les émirs d'Afrique du Nord démontrèrent que les intérêts financiers des marchands passaient bien avant leurs convictions religieuses. Venise devint donc la porte naturelle de l'Europe vers l'Orient. Ses bateaux transportaient des épices et des marchandises de luxe, laissant à ses rivales le soin d'acheminer les pèlerins, une activité beaucoup moins lucrative.

Le seul obstacle au développement du commerce vénitien fut Byzance. Malgré les bonnes relations qui existaient entre la cité des Doges et l'empire, Venise allant même jusqu'à lui construire et à lui équiper des navires, les marchands de Byzance montraient à son endroit un certain ressentiment.

Lorsque l'empereur Andronicus Comnène se saisit du pouvoir en 1183, appuyé par un vaste mouvement anti-occidental, il révoqua les accords commerciaux qui présidaient alors aux relations entre les deux États. La fermeture des ports byzantins aux bateaux de Venise mettait la suprématie maritime de cette dernière en danger.

En 1201, lorsque les envoyés du pape approchèrent le doge Enrico Dandolo pour lui demander assistance pour le transport des hommes et du matériel qui devaient participer à la quatrième croisade. Le Conseil des Dix, après en avoir délibéré, accepta mais à des conditions exorbitantes. Venise réclamait la moitié de tout ce qui serait capturé sur mer comme sur terre. De plus, se fixer l'Égypte comme objectif était inacceptable, cela risquait de rompre le commerce de Venise avec l'Orient. Au lieu de cela, le doge, suggérait une autre solution. Constantinople subirait bientôt le courroux de Venise et des nouveaux alliés de la république.

Page précédente : une enluminure d'un manuscrit du XIVᵉ siècle représente le Conseil des Dix. Le doge et les neuf autres membres du Conseil délibèrent tandis que quatre secrétaires notent le contenu des débats.

La fourberie des croisés

Le doge de Venise utilisa la quatrième croisade comme une arme pour défendre les intérêts de sa cité plus que ceux de la chrétienté. Malgré l'opposition du pape, les croisés se joignirent à la lutte contre leurs compagnons chrétiens.

Le pape Innocent III (p. 1198-1216) fut un des plus célèbres pontifes du Moyen Âge pour avoir réussi à sortir la papauté de la lutte qui l'opposait au Saint Empire germanique, lutte qui avait sapé l'autorité de l'Église pendant la plus grande partie du XIIᵉ siècle. Il fut aussi le responsable de la quatrième croisade, lancée à l'origine pour attaquer l'Égypte et qui se termina par un combat fratricide entre chrétiens.

Innocent prit ses décisions seul, sans solliciter l'aide des princes européens, afin d'éviter une éventuelle mise en cause de son autorité. Voulant que cette croisade soit soigneusement dirigée, il insista auprès des rois d'Europe afin qu'ils remettent leur autorité à six légats désignés par lui-même. Ces représentants négocièrent alors avec Venise pour assurer le transport des troupes qui devaient se rassembler dans la cité des Doges, prêts à embarquer.

Le contrat signé par le doge Enrico Dandolo prévoyait une substantielle contribution financière pour l'usage de ses bateaux. Une escorte de 50 galères vénitiennes assurait la sécurité de l'expédition, tout en garantissant à Dandolo de pouvoir influencer le cours de l'aventure. Pendant l'année 1202, quelque 11 000 croisés se rassemblèrent à Venise sous le commandement du marquis Boniface de Montferrat, le frère du seigneur croisé Conrad. Incapables de payer aux Vénitiens la somme prévue au contrat, les croisés, ne pouvant continuer leur voyage, se virent bloqués dans leurs campements.

À la fin de l'été, Dandolo fit une proposition aux envoyés du pape. Le roi de Hongrie avait récemment capturé la cité vénitienne de Zara, sur la côte Adriatique. Ne disposant pas d'une force militaire suffisante pour la reprendre sans une aide extérieure, Dandolo offrait d'annuler la dette des croisés en contrepartie de leur assistance militaire. De nombreux croisés s'opposèrent violemment à ce projet, notamment parce que le roi de Hongrie était un ancien croisé. Le doge Dandolo prit donc la croix à son tour, forçant ainsi, après de nombreux débats, les légats et les chefs croisés à accepter. Des milliers de Vénitiens se joignirent alors à l'expédition, montrant clairement que la quatrième croisade ne relevait plus du pape mais du doge.

Soudoyés pour combattre des chrétiens

Les participants à la quatrième croisade quittèrent Venise en octobre 1202, et leurs 200 navires arrivèrent à Zara le 10 novembre. L'abbé de Vaux répétait les ordres du pape qui interdisait l'attaque, « car ces gens sont des chrétiens et vous portez vous-même le signe de la croix ». Cette voix de la conscience fut ignorée. Le barrage protégeant le port fut forcé et au cours des deux semaines qui suivirent, les machines de siège bombardèrent les remparts, de terre comme de mer. Finalement, la ville se rendit, le drapeau vénitien flotta au-dessus des murs et le butin fut partagé.

Les croisés passèrent l'hiver à Zara. C'est là qu'ils apprirent que le pape Innocent III avait excommunié tous les membres de cette expédition. Des pétitions furent adressées à Rome, arguant que les mains des croisés avaient été liées par les Vénitiens. L'excommunication fut levée pour les croisés, mais non pour le doge Dandolo et ses partisans.

Pendant ce temps, à Constantinople, l'empereur Isaac avait eu les yeux crevés par son frère qui l'avait emprisonné avant de prendre le pouvoir sous le nom d'Alexis III (r. 1195-1204). Le fils d'Isaac, un autre Alexis, vint jusqu'à Zara et proposa aux croisés des avantages prodigieux s'ils acceptaient de l'aider à retrouver son trône. Il offrait de placer l'Église de Byzance sous l'autorité de Rome, promettait une énorme compensation financière et proposait même 10 000 soldats pour les accompagner en Égypte, destination affichée de l'expédition. L'abbé de Vaux avança de nouveau une objection quant à l'attaque d'un autre État chrétien, mais la majorité des croisés et des Vénitiens acceptèrent l'offre. La cible était désignée, et les croisés prirent la mer à Zara en direction de la capitale byzantine.

Page précédente :

Lotario d'Anagni, le pape Innocent III, était un homme de pouvoir qui venait juste de mettre au pas les monarques d'Europe. Il avait couronné un empereur germanique puis avait tenté de le déposer. Il s'opposa au mariage du roi de France Philippe II et au refus du roi Jean d'Angleterre de se soumettre à l'autorité pontificale. Les deux pays furent excommuniés jusqu'à ce que les deux rois se soumettent.

Ci-dessous : une galère médiévale du type de celles de la flotte vénitienne, détail d'un bas-relief d'un fronton du port croisé d'Aigues-Mortes en France.

Le sac de Constantinople

Constantinople, capitale de l'Empire byzantin, était la ville la plus grande et la plus riche de l'Europe et du Proche-Orient, un appât trop gros pour résister aux Vénitiens et à leurs alliés. L'assaut qui s'ensuivit et le pillage de Constantinople figurent parmi les actes les plus honteux de toute l'histoire des croisades.

Quand les croisés arrivèrent devant Constantinople le 24 juin 1203, beaucoup d'entre eux «contemplèrent attentivement la cité, n'ayant jamais imaginé qu'il pouvait exister un lieu aussi beau de par le monde». Les citoyens furent aussi étonnés de leur arrivée que les croisés de l'opulence de la ville. Alexis III, l'usurpateur, avait observé les rangs que formaient les galères vénitiennes sous ses remparts, il avait vu le prince Alexis à bord de l'une d'entre elles et entendu les équipages crier aux habitants de la ville : «Voici votre seigneur naturel.» Les croisés s'emparèrent du faubourg de Galata, rompant le barrage qui défendait l'entrée du port intérieur, la Corne d'Or. Le 17 juillet, un assaut venant simultanément de terre et de mer fut lancé contre

la cité mais repoussé par les gardes varanges de la garde palatine. Malgré ce succès, Alexis III s'alarma au-dessus de toute raison et s'enfuit de la ville pendant la nuit.

Les chefs de Byzance libérèrent immédiatement Isaac et lui rendirent le trône. Il demanda à son fils d'assurer le pouvoir avec lui, dans l'espoir de calmer la surprise des croisés devant cet événement inattendu. C'était une tâche peu enviable. Les croisés furent inflexibles. Un légat du pape rencontra Isaac et Alexis et informa Isaac qu'il souhaitait que les termes de l'accord négocié avec son fils soient acceptés. Tandis que les croisés attendaient leur argent et leurs troupes, la cour byzantine tentait de rassembler des fonds. Alexis avait entrepris une tournée dans l'empire pour solliciter des contributions, sous la surveillance d'une escouade de chevaliers croisés.

En janvier 1204, un mouvement anticroisé se développa dans Constantinople, un incendie allumé par un croisé français n'ayant pas amélioré les relations. Les citoyens se rebellèrent. Isaac et Alexis furent chassés de

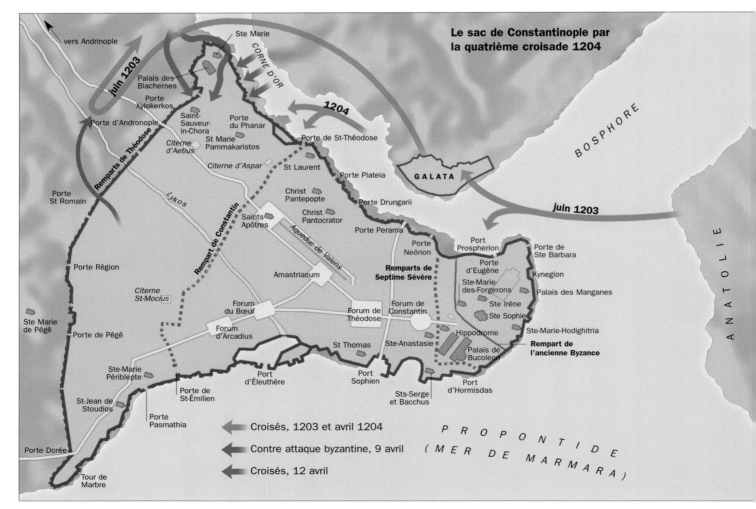

Le sac de Constantinople par la quatrième croisade 1204

Croisés, 1203 et avril 1204

Contre attaque byzantine, 9 avril

Croisés, 12 avril

leur trône, assassinés et remplacés par un homme de paille, Alexis v Doukas Murzuphle. Alexis v (r. 1204) affirma clairement qu'il n'avait pas l'intention de payer quoi que ce soit aux croisés, et commença à organiser la défense de la cité.

Un silence approbateur

Les Vénitiens en avaient vu suffisamment. Criant à la trahison, ils persuadèrent leurs alliés croisés que le seul recours contre cette forfaiture était d'attaquer Constantinople. Du côté des croisés, les ecclésiastiques justifiaient l'opération en assurant qu'ils devaient unifier l'Église chrétienne. Les guerriers qui tomberaient au combat bénéficieraient du pardon de leurs péchés. Le pape Innocent III ne s'étant pas opposé à l'attaque, on peut penser qu'il la bénissait *de facto*. En mars, la décision était prise et les croisés commencèrent à préparer leurs plans.

La première attaque, le 9 avril, fut un désastre en raison d'un vent défavorable qui empêcha les attaquants d'atteindre le rempart sur l'eau tandis que l'artillerie byzantine bombardait de boulets les bateaux vénitiens. Une attaque terrestre, lancée au même moment, fut également repoussée.

Une seconde tentative eut lieu le 12 avril, opérant, comme précédemment, par voie terrestre et par voie maritime. Les Vénitiens amarrèrent leurs bateaux les uns aux autres, les protégeant contre les boulets par des écrans de bois. Cette fois-ci, le vent était favorable aux croisés et les bateaux géants le Pèlerin et le Paradis se jetèrent contre les murs de la cité.

Le soldat vénitien Pietro Alberti fut le premier à prendre pied sur le mur d'une tour, et, tandis qu'il se battait contre des mercenaires, deux chevaliers francs le rejoignirent pour défendre cette tête de pont. Une petite porte fut découverte et ouverte, et le flot des assaillants se précipita à l'intérieur de la ville. L'empereur s'enfuit à la tombée de la nuit, laissant Constantinople aux mains des croisés.

Meurtres, viols et pillages durèrent trois jours. Quand ces exactions furent terminées, les croisés organisèrent un service d'action de grâce. Les prises étaient immenses. Les saintes reliques furent saisies pour orner les églises de l'Europe occidentale, et les croisés remplirent leurs bourses. Beaucoup d'entre eux retournèrent chez eux avec leur butin, mais d'autres restèrent sur place pour gouverner leur nouvel empire latin.

Ci-dessous :

les murs imprenables de Théodose II n'auraient jamais été investis si les croisés n'avaient pas trouvé une porte laissée ouverte, ce qui fut suffisant pour pénétrer dans la ville. Les murs de Constantinople donnent une bonne indication sur la rapidité de la croissance de la cité au moment de son apogée. Le mur de l'empereur romain Septime Sévère (voir la carte) fut construit en 200 environ. Constantin étendit l'enceinte en 370 et Théodose II fit construire un autre mur en 430.

Les États francs en mer Égée

À la suite du sac de Constantinople, l'Empire byzantin s'effondra et fut remplacé par un ensemble de petites provinces grecques et latines semi-autonomes. La quatrième croisade n'a pas seulement marqué la fin de l'idéal des croisés, elle a aussi créé un vide politique qui permit en fin de compte l'expansion de l'Islam en Europe.

Baudouin de Flandre fut élu chef du nouveau gouvernement de Constantinople, devenant ainsi le premier empereur latin de la région. Il portait alors le titre d'empereur de Romanie, nouveau nom latin de l'ancien Empire byzantin et terme qui insistait sur la suprématie de l'Église romaine sur sa rivale orthodoxe. Pour les Vénitiens, qui formaient la majorité du conseil électif, c'était le candidat idéal car il n'avait ni le pouvoir, ni l'influence suffisants pour s'opposer à leur appropriation progressive des provinces du bassin de la mer Égée.

Durant les quelques années qui suivirent, les marchés européens furent inondés des pièces volées à Constantinople et dans le reste de l'Empire byzantin. Le montant officiel du pillage s'éleva à 900 000 marks d'argent, la plus grande partie se retrouvant chez les Vénitiens. Venise réclama aussi l'arrière-pays de Constantinople, la côte Adriatique de la Grèce et presque toutes les îles les plus productives de la mer Égée, quelques croisés acceptant de devenir des administrateurs locaux fantoches. Les îles sœurs d'Andros et de Naxos devinrent le duché de l'Archipel, propriété d'un noble vénitien. La Crète

Ci-dessous : la prise de Trébizonde peinte par un artiste florentin en 1461. Le plus petit des États byzantins issu du démantèlement, Trébizonde resta un riche centre commercial chrétien jusqu'à son engloutissement final par les Turcs ottomans peu avant la conquête définitive de Constantinople.

devint aussi une colonie vénitienne et, au cours des deux décennies suivantes, plus de 5 % de la population de Venise vint s'y installer.

Bien que toutes ces nouvelles provinces aient fait acte d'allégeance au doge de Venise, la plupart étaient en fait indépendantes. La nouvelle Romanie offrait simplement une large tribune pour cette collection d'États hétéroclites et un cadre légal et constitutionnel pour la région. La côte égéenne de la Grèce avait été dévolue à des croisés de l'Europe du Nord-Ouest, le nouveau duc Otto d'Athènes était bourguignon, et Guillaume de Villehardouin devint le prince d'Achaïe.

Le vieil empire se maintient

Cependant, là où survivaient des traces de l'ancien Empire byzantin, naquirent des foyers de résistance grecque à la domination latine. L'empire de Trébizonde sur la côte anatolienne de la mer Noire, l'empire de Nicée dans l'ouest de l'Anatolie et le despotat d'Épire au nord-ouest de la Grèce restèrent entre les mains de gouverneurs provinciaux byzantins jusqu'à ce qu'ils fussent réintégrés à l'Empire byzantin ressuscité à la fin du XIIIᵉ siècle. Cette ultime résurgence s'appuya largement sur la survie de ces poches isolées. En ne réussissant pas à les éliminer, les Latins semèrent eux-mêmes les bases de leur propre destruction.

La quatrième croisade ne faillit pas seulement à l'aide qu'elle devait apporter aux chrétiens du Levant,

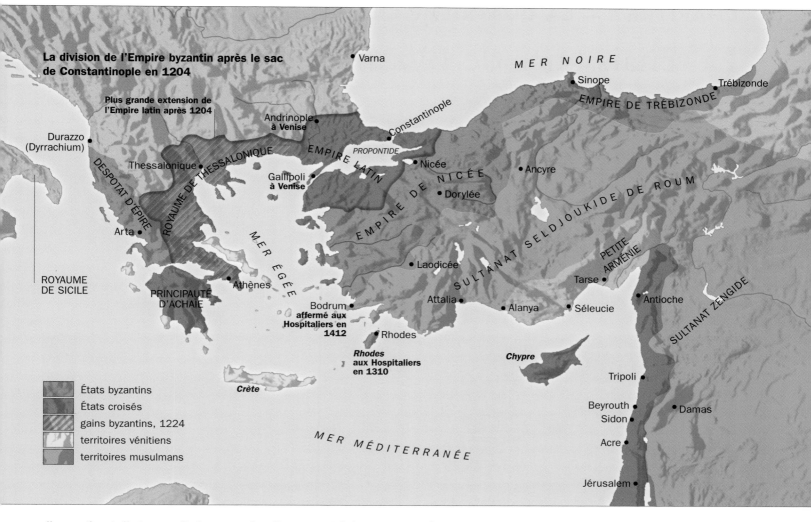

La division de l'Empire byzantin après le sac de Constantinople en 1204

Plus grande extension de l'Empire latin après 1204

Durazzo (Dyrrachium)

DESPOTAT D'ÉPIRE

Thessalonique

Andrinople à Venise

Constantinople

ROYAUME DE THESSALONIQUE

EMPIRE LATIN

PROPONTIDE

Gallipoli à Venise

Nicée

EMPIRE DE NICÉE

Dorylée

Ancyre

MER NOIRE

Varna

Sinope

Trébizonde

EMPIRE DE TRÉBIZONDE

SULTANAT SELDJOUKIDE DE ROUM

Arta

MER ÉGÉE

ROYAUME DE SICILE

Athènes

PRINCIPAUTÉ D'ACHAÏE

Bodrum affermé aux Hospitaliers en 1412

Rhodes

Rhodes aux Hospitaliers en 1310

Crète

Laodicée

Attalia

Alanya

Séleucie

PETITE ARMÉNIE

Tarse

Antioche

Chypre

SULTANAT ZENGIDE

Tripoli

Beyrouth

Sidon

Damas

Acre

MER MÉDITERRANÉE

Jérusalem

États byzantins
États croisés
gains byzantins, 1224
territoires vénitiens
territoires musulmans

elle contribua à diminuer radicalement ce dont ils avaient le plus besoin, le recrutement de nouveaux combattants. La Romanie devint un objectif de choix pour les chevaliers et les petits nobles des États croisés comme de l'Europe occidentale qui avait été jusqu'alors incapable de gravir les échelons de la société féodale. La Terre sainte vivait alors une période de paix sans précédent après la mort de Saladin, ce qui signifiait que les chevaliers avaient moins de tâches à remplir et, donc moins de chances de promotion. La situation stratégique de l'ensemble des États francs devenait menaçante. Ils étaient confinés dans une étroite bande côtière où leurs places fortes devaient faire face au continent islamique entier. La Romanie semblait de ce fait plus stable, ce qui poussa nombre de chevaliers à abandonner leurs possessions en Terre sainte pour partir vers la Grèce.

La faiblesse irréductible des États latins en Grèce résidait dans leur structure fondée sur le modèle féodal européen. Les Vénitiens, républicains, l'avaient adoptée en Romanie, pauvre substitut pour remplacer le vieux système impérial du gouvernement régional. L'Empire latin fut progressivement miné par les Byzantins, bien que la résurgence de l'ancien Empire restât cantonnée dans les poches où ils se trouvaient et qu'ils fussent incapables de s'unir. Mais cette situation amoindrit l'influence politique que les Grecs auraient pu avoir dans une société plus homogène. En fait, les véritables vainqueurs de la quatrième croisade furent les Serbes qui en profitèrent pour repousser leurs frontières vers le sud aussi loin que la Thessalie, jusqu'à se heurter aux Turcs dont l'expansion se faisait dans le sens opposé.

La renaissance de Byzance

Les souverains francs de Grèce et des îles de la mer Égée étaient détestés par les populations locales qui regrettaient la prospérité et la stabilité qui régnaient au temps de l'Empire byzantin. Ces foyers de contestation unirent leurs forces pour faire renaître cette Byzance dont les ennemis, les chrétiens, occupaient l'ancienne capitale.

Les trois provinces survivantes de Byzance – Nicée et Trébizonde, en Anatolie, et l'Épire, en Grèce – servaient de points de ralliement aux Grecs qui ne voulaient pas se soumettre à la

En 1230, l'empereur d'Épire fut défait par le tsar Jean Iᵉʳ Asen de Bulgarie et la Thessalonique devint un État bulgare fantoche. Le futur de Byzance se trouvait donc entièrement entre les mains de l'empire de Nicée. En 1208, le titre impérial avait été remis à Théodore Lascaris, gendre de l'empereur Alexis III. Théodore Iᵉʳ fut alors attaqué par l'empereur latin Baudouin, mais les Francs se heurtèrent aux Bulgares, ce qui stoppa toute expansion ultérieure des Latins.

En 1214, les empereurs latin et byzantin

Ci-dessus : l'écriture grecque et les motifs byzantins sont apparents dans cet appareil de brique datant du milieu du XIIIᵉ siècle sur un bâtiment de Kata Panaghia à Arta. Arta était un des principaux centres du despotat d'Épire.

domination latine. L'empire de Trébizonde, fondé en 1204, était trop éloigné pour avoir une influence sérieuse sur les événements et ne pouvait guère faire plus qu'exister sur les rives de la mer Noire.

Michel Comnène Doukas fonda le despotat d'Épire en 1204 et en 1224, son demi-frère, Théodore, chassa les Francs de Thessalie et y fonda l'empire de Thessalonique. Ces deux conquêtes coupèrent en fait les communications entre Constantinople et le reste de l'Empire latin.

signèrent un traité de paix, ce qui permettait aux Francs de se consacrer à lutter contre les Bulgares et donnait aux Byzantins une chance de se reprendre. Le premier empereur de Nicée à être consacré empereur de Byzance fut Jean III Vatatzès (r. 1222-1254) qui entama une campagne destinée à retrouver l'ancien siège impérial.

En 1235, les Bulgares se rallièrent à l'Église orthodoxe et signèrent un traité de paix avec les Nicéens. Ils avaient besoin de s'appuyer sur une frontière sûre pour faire face à l'invasion mongole. Les Mongols envahirent également l'Asie Mineure, mais se retirèrent après avoir battu les Turcs. Avec le retrait des Mongols et le désarroi des Turcs, les Byzantins étaient rassurés quant à leur frontière orientale, et pouvaient donc consacrer leurs forces à lutter contre les occupants latins de la Grèce et de Constantinople.

Le retour des Byzantins

À cette époque, la motivation première des croisés ayant disparu, l'Empire latin était en train de s'effondrer sous l'effet détestable de jalousies locales, malgré la bonne tenue de quelques points isolés en mer Égée. La mort du tsar Jean en 1241 marqua une véritable coupure. La région était libérée de la menace de l'expansion bulgare et l'empereur de Nicée était reconnu comme le seigneur de Thessalonique. En 1249, l'empereur Jean négocia un traité de paix avec l'Épire qui, à cette époque, était séparée de la Thessalonique.

Les Byzantins étaient prêts à revenir au devant de la scène. Fondateur d'une nouvelle dynastie, Michel VIII Paléologue (r. 1258-1282) fut couronné à Nicée et déclara immédiatement la guerre. Les armées franques et byzantines se rencontrèrent en

Thessalie et la défaite des Latins scella le sort de la cité. Pour contrarier plus encore Venise, Michel signa un traité avec Gênes : en contrepartie de la liberté de commerce en mer Noire, la flotte génoise bloquerait les Vénitiens à terre. Constantinople étant coupée de ses appuis, l'armée de Michel prit la ville en juillet 1261. Constantinople se retrouvait une fois encore entre les mains des Byzantins.

Au cours des années suivantes, les Byzantins consolidèrent leurs conquêtes, bien qu'ils fussent alors sous la pression croissante d'un pouvoir turc revitalisé en Anatolie, les Ottomans. L'Empire byzantin renaissant se limitait à l'ouest de l'Anatolie, au nord de la Grèce et à une partie des Balkans. Bien que satisfait d'avoir retrouvé son indépendance politique, Byzance n'était plus maintenant qu'une puissance régionale, guère plus qu'une grande puissance méditerranéenne.

L'empire survécut pendant les deux siècles qui suivirent, menant sa politique dans l'indifférence générale, à la frontière séparant les musulmans des Francs. Un empire qui n'en avait que le nom, et qui ne retrouverait jamais sa grandeur passée. Sa destruction finale par les Turcs ottomans en 1453 fut la conséquence inévitable de sa mise à sac par les croisés deux siècles et demi plus tôt.

Ci-dessous : la chute prévue de Constantinople, peinture due à un artiste turc inconnu. Les forces ottomanes se regroupèrent sur la bande de terre qui joignait Constantinople à l'Europe en avril 1453. Le dernier empereur byzantin, Constantin IX (r. 1448-1453) affrontait l'ingénieux Mehmet II (r. 1451-1481), le sultan turc qui avait conquis tout l'Empire byzantin à l'exception de la capitale. Après un assaut massif lancé dans la matinée du 29 mai, les Turcs investirent Constantinople, mettant ainsi fin à un empire qui avait survécu mille ans à la chute de l'Empire romain.

CHAPITRE 9
Les derniers croisés

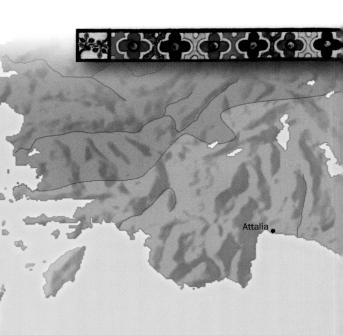

Attalia

Frédéric II 1228–1229

Louis IX 1248–1254

Damiette

Mansoura

Bilbais

Le Caire

Nil

près la quatrième croisade, l'enthousiasme semblait avoir abandonné le mouvement croisé. Les croisés s'étaient fermés la route de la Terre sainte en se faisant des Byzantins des ennemis implacables. Toutes les expéditions ultérieures durent donc gagner le Moyen-Orient par la mer. Plus que toute signification religieuse, cela explique pourquoi l'Égypte devint la cible préférée des croisés au cours du XIII\ siècle. En conséquence, les États francs du Levant durent pratiquement assurer seuls leur défense.

Les cinquième et sixième croisades ne furent finalement que quelques tentatives d'invasions à la périphérie de la puissance musulmane. La cinquième croisade (1218-1221) fut un fiasco, comme le fut la naïve croisade des enfants qui s'acheva sur les marchés aux esclaves des Arabes.

Le siècle donna lieu à des alliances changeantes entre l'Orient et l'Occident, islam comme chrétienté étant l'objet des mêmes attaques mongoles et étant, pour un temps, accaparés par le combat à mener contre le « Fléau de Dieu ». Dans l'esprit de coopération qui en résulta, Jérusalem fut rendue aux croisés par un traité de 1229, et, à la suite de l'invasion par les Mongols de la Perse et de l'Anatolie, les Syriens et les croisés allèrent même

jusqu'à s'allier. La sixième croisade, conduite par le roi de France Louis IX, consista à envahir une fois encore l'Égypte. Elle se termina non seulement par un échec, mais aussi par la capture du roi.

Alors que les Mongols venaient de montrer leur invincibilité face aux armées musulmanes, les mamelouks égyptiens qui avaient battu Louis IX se constituèrent en une force militaire qui allait arrêter les envahisseurs venus des steppes. En 1260, une bataille déterminante entre les mamelouks et les Mongols s'acheva par la victoire des musulmans. L'islam était sauvé. Ce n'était pas le cas de la chrétienté en Terre sainte.

Au cours de la décennie suivante, les mamelouks reportèrent leur attention sur les États croisés et, malgré la dernière croisade importante de 1271-1272, les chrétiens ne purent les arrêter. Seldjoukides comme croisés furent anéantis par le nouveau pouvoir apparu au Moyen-Orient. En 1291, la dernière place forte des États francs du Levant tomba entre les mains de l'Islam. Les croisades se terminèrent avec les chutes de Tripoli et d'Acre. La Terre sainte vécut sa première période de paix réelle depuis l'appel que le pape Urbain II avait lancé aux princes et aux seigneurs d'Europe pour qu'ils prennent la croix.

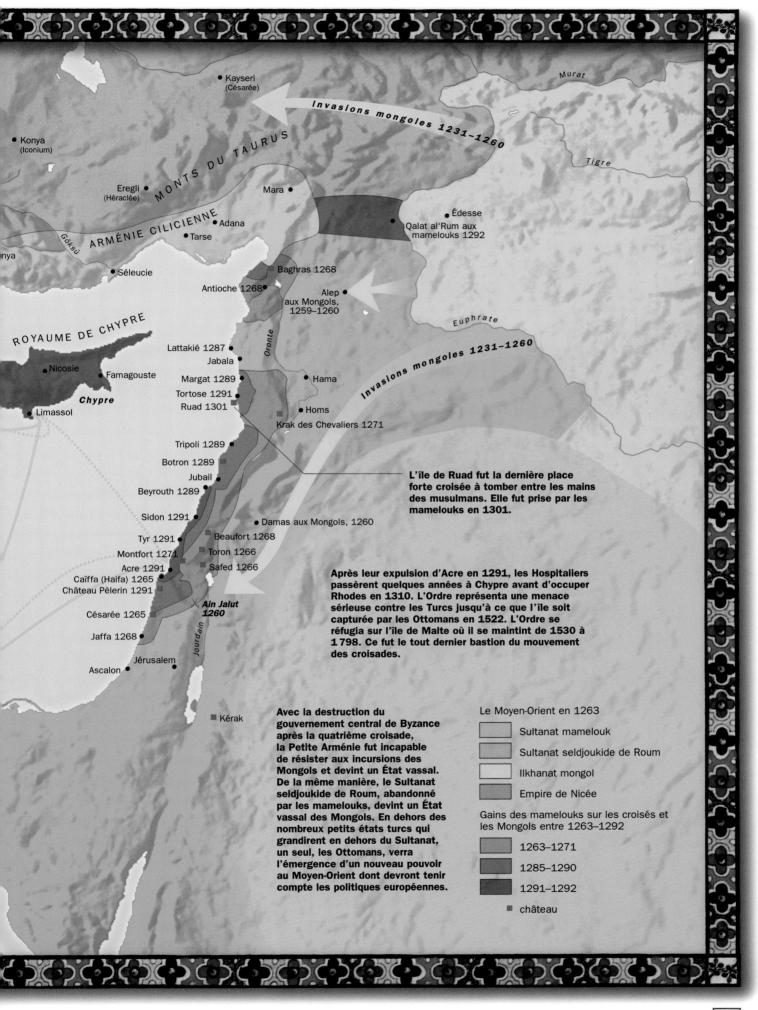

Kayseri
(Césarée)

Murat

Tigre

MONTS DU TAURUS

Invasions mongoles 1231–1260

Konya
(Iconium)

Eregli
(Héraclée)

Mara

Édesse

ARMÉNIE CILICIENNE

Adana

Qalat al'Rum aux
mameIouks 1292

Tarse

Göksü

...nya

Séleucie

Baghras 1268

Antioche 1268

Alep
aux Mongols,
1259–1260

Euphrate

ROYAUME DE CHYPRE

Lattakié 1287

Oronte

Jabala

Nicosie

Famagouste

Margat 1289

Hama

Invasions mongoles 1231–1260

Tortose 1291

Chypre

Ruad 1301

Limassol

Homs

Krak des Chevaliers 1271

Tripoli 1289

Botron 1289

Jubail

**L'île de Ruad fut la dernière place
forte croisée à tomber entre les mains
des musulmans. Elle fut prise par les
mameIouks en 1301.**

Beyrouth 1289

Sidon 1291

Damas aux Mongols, 1260

Tyr 1291

Beaufort 1268

Montfort 1271

Toron 1266

**Après leur expulsion d'Acre en 1291, les Hospitaliers
passèrent quelques années à Chypre avant d'occuper
Rhodes en 1310. L'Ordre représenta une menace
sérieuse contre les Turcs jusqu'à ce que l'île soit
capturée par les Ottomans en 1522. L'Ordre se
réfugia sur l'île de Malte où il se maintint de 1530 à
1 798. Ce fut le tout dernier bastion du mouvement
des croisades.**

Acre 1291

Safed 1266

Caïffa (Haifa) 1265

Château Pèlerin 1291

Ain Jalut
1260

Césarée 1265

Jaffa 1268

Jourdain

Jérusalem

Ascalon

Kérak

**Avec la destruction du
gouvernement central de Byzance
après la quatrième croisade,
la Petite Arménie fut incapable
de résister aux incursions des
Mongols et devint un État vassal.
De la même manière, le Sultanat
seldjoukide de Roum, abandonné
par les mameIouks, devint un État
vassal des Mongols. En dehors des
nombreux petits états turcs qui
grandirent en dehors du Sultanat,
un seul, les Ottomans, verra
l'émergence d'un nouveau pouvoir
au Moyen-Orient dont devront tenir
compte les politiques européennes.**

Le Moyen-Orient en 1263

Sultanat mameIouk

Sultanat seldjoukide de Roum

Ilkhanat mongol

Empire de Nicée

Gains des mameIouks sur les croisés et
les Mongols entre 1263–1292

1263–1271

1285–1290

1291–1292

château

Les croisés au XIIIe siècle

Bien que Richard Cœur de Lion eût sauvé les États francs du Levant et élargi leurs frontières pendant la troisième croisade, ils étaient loin d'être stables. Durant la plus grande partie du siècle suivant, les États croisés furent divisés par des rivalités politiques, dynastiques et commerciales.

Ci-dessous : au XIIIe siècle, un nouvel ennemi, les Mongols, menaçait à la fois chrétiens et musulmans.

Aux termes d'un traité de paix passé entre Richard Cœur de Lion et Saladin, les croisés contrôlaient une bande de terre qui s'étendait de Tyr à Jaffa, à laquelle s'ajoutaient, au nord, les enclaves de Tripoli et d'Antioche que les musulmans n'avaient jamais réussi à conquérir. Le roi Guy de Jérusalem perdit le soutien de ses nobles et fut démis de ses fonctions, recevant Chypre comme lot de consolation. Sa belle-sœur Isabelle devint la nouvelle souveraine. Bien qu'elle ait perdu son siège à Jérusalem, le reste du royaume était relativement solide.

À partir de 1219, les musulmans furent soumis à la pression constante des Mongols au nord et à l'est ; Gengis Khan (1167-1227) conquérait les territoires turcs du shah de Khwarizm. Ce vaste État musulman qui s'étendait de la mer Caspienne à la Perse fut investi par les hordes mongoles en quatre ans. Les Mongols représentaient maintenant la menace principale pour l'Islam ; les croisés étaient contenus, voire apaisés, et l'effort principal des Ayyubides devait maintenant se tourner vers l'est.

Au cours des six décennies qui suivirent le départ de Richard Cœur de Lion, pas moins de sept croisades furent organisées. La mort de l'empereur du Saint Empire romain Henri VI (r. 1191-1197) entraîna l'abandon d'une autre croisade germanique en 1197. La quatrième croisade du pape Innocent III ne menaça jamais l'Islam, mais elle fut suivie par une sorte de « croisade permanente », vagues successives de croisés vers le Moyen-Orient pour forcer les musulmans à la soumission. La cinquième croisade fut un échec militaire mais un triomphe diplomatique : c'est par la négociation et non par les armes que Jérusalem fut rendue au royaume. Bien que le neveu de Saladin, al-Kamil, ait été critiqué pour son action, cette concession lui permit d'économiser ses forces militaires en vue d'un combat beaucoup plus difficile contre les Mongols.

Une juxtaposition d'États

Le roi de Navarre utilisa aussi la diplomatie. Il restaura une grande partie des anciens territoires du royaume à l'ouest de la Jordanie. En théorie, les États francs étaient capables de défendre ces possessions nouvellement gagnées, mais les mêmes luttes fratricides qui avaient conduit à l'effondrement du royaume à la fin du XIIe siècle allaient frapper une fois encore.

En 1240, le prince Bohémond V (r. 1233-1251) régnait sur Antioche et Tripoli, qui s'étaient unis pour former un État politiquement indépendant au nord du royaume de Jérusalem. Différents membres de la

À gauche : cette enluminure extraite d'un manuscrit du XIVᵉ siècle montre un marchand utilisant une balance. Il est facile d'imaginer la période des croisades comme une succession de combats où des chevaliers affrontaient des infidèles autour des Lieux saints. Mais en réalité, le Moyen Âge se présente comme un temps de grande activité commerciale. Les échanges entre l'Égypte et l'Europe étaient déjà bien établis avant la cinquième et la sixième croisades. Les relations entre l'Égypte et l'Italie furent à peine interrompues par les grands événements militaires, malgré l'antagonisme supposé existant entre chrétiens et musulmans. Toutefois, les États francs n'étaient pas les partenaires commerciaux les plus importants pour les négociants européens, en raison de leur faible importance économique.

dynastie des Ibelins régnaient sur les cités côtières et l'arrière-pays de Jaffa, Caïphas et Arsuf. Les colonies marchandes de Venise, de Gênes et de Pise administraient Acre selon la règle de l'élection des responsables, rendant l'organisation de la cité grossièrement équivalente à celles des cités libres que l'on trouvait dans le nord de l'Italie et en Germanie au cours du XIIIᵉ siècle. Philippe de Montfort gouvernait Tyr et était peu disposé à reconnaître la suzeraineté de Jérusalem. Les Templiers et les Hospitaliers gouvernaient des domaines indépendants, qui comprenaient une vaste chaîne de châteaux et de forteresses. Les Ordres étaient jaloux les uns des autres et méfiants des souverains qui risquaient de saper leur pouvoir.

Les États francs du Levant formaient donc une juxtaposition d'États et le roi de Jérusalem, Jean de Brienne, était en général absent de son royaume et incapable d'asseoir son autorité. À la suite du départ de Frédéric II pour l'Europe, les seigneurs du Levant avaient dû se gouverner eux-mêmes, du mieux qu'ils le pouvaient. Déjà fissuré par des rivalités dynastiques, le royaume était encore plus chaotique en raison de la division politique qui régnait entre les partisans de l'empereur et ceux du pape. Richard, comte de Cornouailles (et frère d'Henry III d'Angleterre), fit quelques avancées diplomatiques, mais la situation stratégique ne changea pas pour autant.

La véritable rupture apparut en 1244 lorsque Jérusalem tomba devant l'armée égyptienne et que Philippe de Montfort et Guillaume, comte de Jaffa, levèrent une importante armée croisée dans l'espoir de retrouver les territoires qu'ils avaient perdus. Le sultan as-Salih Ayyub les décima à La Forbie, près de Gaza, dans une bataille qui fut décrite comme une « seconde Hattin ». Cette défaite fit que les États francs du Levant se trouvèrent sur la défensive, survivant au cœur d'une période marquée par le malheur.

La croisade des enfants

Un berger français de 12 ans eut une vision. Si les musulmans se trouvaient face à un mouvement croisé constitué uniquement d'enfants, ils reconnaîtraient leur erreur et rendraient la Terre sainte aux chrétiens, ses propriétaires de droit. Les enfants devaient donc, eux aussi, entreprendre une croisade.

Bien que Pierre l'Ermite eût prêché que les ordres les plus bas de la société féodale pouvaient participer aux croisades, aucun mouvement populaire n'avait vu le jour depuis le XIIᵉ siècle ou, plus précisément, n'avait eu l'autorisation de se lancer dans l'aventure. Les croisades et la promesse de rédemption qu'elles véhiculaient restaient la prérogative des souverains et des nobles de la chrétienté, et de leurs suites.

Tout cela changea en 1212 lorsqu'un jeune berger français de 12 ans (certains affirment qu'il en avait 15), à Cloyes, près d'Orléans, affirma qu'il avait rencontré le Christ qui l'avait pressé de prendre la tête d'une «croisade des enfants qui réussirait là où la force avait échoué». Étienne le berger, surnommé «le Prophète», vint à Paris plaider sa cause. On donna à ses partisans le surnom de «prophètes mineurs», et ils se comptèrent bientôt par milliers. Le roi renvoya le garçon et ordonna que les enfants soient reconduits chez leurs parents. Mais sa volonté s'avéra impossible à exécuter en raison de la dimension prise par le mouvement qui avait gagné aussi la Germanie où un jeune paysan âgé de 10 ans, habitant près de Cologne et nommé Nicolas, servait de point de ralliement aux jeunes Germains.

Il est difficile de comprendre aujourd'hui comment un semblable mouvement a pu prendre de telles proportions. La pauvreté peut être une raison. Tandis que la surpopulation, la disparition des bois et des forêts au bénéfice des terres cultivées et la croissance des villes augmentaient rapidement, la progression du travail rémunéré contribuait à intensifier les dures conditions de la paysannerie. Une autre explication pouvait se trouver dans la croyance persistante que «les humbles hériteraient la Terre». Pour des raisons évidentes, c'était une des

paroles de la Bible très populaires parmi les pauvres, mais c'était aussi une sorte d'invocation pour un clergé désemparé devant ces insoumis. Que l'enfant paysan, le plus pauvre de tous, puisse prendre la croix, était une conclusion logique. Pour la première fois depuis la fin du XIe siècle, les pauvres se levaient par milliers pour prononcer leurs vœux, résultat d'une croyance populaire plus que d'une exhortation papale.

Un destin désastreux

En juin 1212, Étienne le Prophète était à Vendôme, près de son lieu de naissance, qui devint le point de rassemblement principal des jeunes croisés. Quand leur nombre atteignit 9 000, Étienne, accompagné de prêtres et de sa troupe, se mit en marche vers le sud, en direction de Marseille. À l'exception des gardes d'Étienne, âgés de moins de 20 ans, personne ne portait d'arme. N'espéraient-ils pas convertir les musulmans par leur simple innocence et non par leur habilité à l'épée ? Quand ils eurent atteint le port, il devint évident qu'Étienne n'avait aucune idée sur la voie à suivre. Certains ont même suggéré qu'il attendait un miracle, le retrait de la mer Méditerranée, par exemple.

Lorsque des marchands locaux proposèrent de transporter les enfants jusqu'en Terre sainte dans sept navires, il sembla aux jeunes croisés que leurs prières avaient été exaucées. Peu après son départ, la flotte dut affronter une tempête. Deux vaisseaux firent naufrage avec les enfants qu'ils transportaient. La tempête apaisée, les autres bateaux se séparèrent en deux groupes, deux d'entre eux se dirigèrent vers le port d'esclaves de Bougie, en Afrique du Nord, et les autres prirent la direction de l'Égypte pour vendre leur cargaison humaine aux marchands d'esclaves d'Alexandrie.

Tandis que les enfants français étaient vendus sur les marchés d'Afrique du Nord, les enfants de Germanie, conduits par Nicolas, arrivèrent en Italie du Nord après avoir traversé les Alpes suisses. Beaucoup venaient des pays du Rhin, des Pays-Bas et de Lorraine. Un témoin parle d'une «infinie multitude» d'enfants (en réalité ils étaient sans doute moins de 7 000, et moins encore après les nombreux morts dus à la traversée des montagnes inhospitalières), mendiant leur nourriture dans les rues de Gênes, avant de partir au sud vers Rome, et au-delà.

Ils étaient partout ignorés. Beaucoup devenaient alors la proie de criminels ou une source de travail bon marché, d'autres retournèrent dans leurs familles. Quelques-uns tentèrent d'obtenir une audience du pape, mais Innocent III, préoccupé par la préparation d'une véritable croisade, refusa de les recevoir.

Le temps passant, une centaine d'entre eux seulement atteignit Brindisi sur la côte Adriatique au sud de l'Italie où un commerçant norvégien, nommé Friso, les prit en main. Presque inévitablement, ils terminèrent embarqués dans des bateaux à destination des maisons de prostitution et des marchés d'esclaves méditerranéens. Les rares qui arrivèrent en Terre sainte en s'étant intégrés à des groupes de pèlerins ne furent pas même remarqués par les musulmans qui occupaient Jérusalem. À l'image des marchands chrétiens, ils ne virent dans ces enfants que des produits de négoce.

La cinquième croisade : l'assaut contre l'Égypte

Le pape Innocent III était impatient d'effacer les atrocités de la quatrième croisade, aussi, en 1213, lança-t-il un nouveau projet. Cette fois, le zèle populaire qui avait pu aboutir à la croisade des enfants fut banni, aussi bien que la puissance militaire de la noblesse. Cette croisade serait menée contre l'Égypte.

Ci-dessous : cette enluminure extraite d'un manuscrit du XVe siècle montre le légat du pape, le cardinal Pélage, attendant de débarquer à Damiette, alors que les troupes se préparent à assiéger la cité.

Le sac de Constantinople avait fortement embarrassé le pape Innocent III. Aussi cherchait-il maintenant à lancer une nouvelle expédition. Les princes des États francs du Levant étaient moins enthousiastes à l'idée de se voir imposer une nouvelle vague de croisés. Les moissons avaient été désastreuses, la famine s'installait dans le pays. Il

soient chargés de grain et du matériel nécessaire à assurer leur subsistance. Heureusement, la famine avait coïncidé avec une période inhabituelle de paix avec les Ayyubides. Le sultan al-Kamil avait encouragé le commerce avec l'Europe et plus de 3 000 marchands italiens étaient déjà installés à Alexandrie.

Cependant, une croyance largement répandue, après des années d'impasse entre les chrétiens et les forces musulmanes, désignait Damiette, sur le delta du Nil, comme la clef du succès. Guillaume de Chartres, le maître des Templiers, écrivait au pape : « Nous avons maintenant tous décidé d'entreprendre une expédition en Égypte, par mer et par terre et, en détruisant la cité de Damiette, nous pourrons ouvrir la route de Jérusalem. » En fait Damiette, construite au milieu des immenses marécages du delta du Nil, était le dernier endroit de la région où faire débarquer des soldats européens, qui n'étaient pas habitués aux pestilences tropicales qui sévissaient en ces lieux et s'y embourberaient. La raison pour laquelle on avait estimé que Damiette pourrait mener à Jérusalem reste encore une énigme. En un sens, cependant, c'était un but significatif pour une croisade.

Le Saint-Siège donna son accord, et l'objectif passa de la Terre sainte à l'Égypte. Le pape étendit alors les bénéfices spirituels aux hommes du peuple, s'appuyant sur le large soutien populaire qui s'était fait jour en faveur du mouvement des croisés. En conséquence, à la différence des anciennes armées croisées, celle-ci réunit une grande proportion de paysans à pied inexpérimentés.

fut entendu que ces nouveaux venus ne pourraient aborder qu'à Acre, à condition que leurs navires

Une occasion perdue

Il y avait aussi des gens nobles. En 1215, l'empereur allemand Frédéric II (r. 1211-1250) prit la croix, comme le firent de nombreux nobles français, bien qu'en raison d'une récente guerre avec les Anglais, ils aient demandé un délai pour se préparer. À la fin de l'été 1217, les premiers contingents se réunirent à Acre, et en novembre, une armée relativement importante, conduite par André II, roi de Hongrie, Bohémond IV d'Antioche et Hugues Ier de Chypre fit une incursion en Outre-Jordanie. L'armée musulmane fit retraite sur Damas tandis que les croisés se retiraient, ne voulant pas risquer de mener un siège pendant l'hiver. Démoralisé, le roi de Hongrie regagna son pays. Sa soudaine défection sema la consternation dans tous les États croisés, consternation qui allait en partie s'adoucir avec l'arrivée à Acre, en avril, des contingents français et germains, bien que Frédéric II lui-même n'ait pas encore quitté la Germanie.

En mai 1218, laissant les Germains en Terre sainte, une grande flotte fit voile sur Damiette. Après un premier succès du roi Jean de Jérusalem qui prit une petite forteresse près de la ville, les croisés assiégèrent cette dernière. Le pape envoya le cardinal Pélage en tant que légat.

Bien que n'ayant rien d'un militaire, Pélage se saisit immédiatement du commandement. Mais ce fut à la maladie de frapper, décimant les troupes. Malgré cela, les musulmans étaient prêts à faire la paix, et offraient de rendre Jérusalem et la Vraie Croix en contrepartie de l'abandon de l'assaut contre l'Égypte. Pélage refusa, probablement parce que le pape, comme les marchands italiens, l'avaient persuadé que ce pays restait la véritable clef, sans tenir compte des anciens objectifs des croisés.

Une seconde offre, plus généreuse, accompagnée d'une trêve de trente ans, fut de nouveau rejetée alors que la citadelle de Damiette était tombée le 25 août. Mais le cardinal restait intraitable. Ce triste siège continua une année encore. Les musulmans avaient même abattu les murs de Jérusalem, avant de l'abandonner aux croisés. Ils les rebâtirent en voyant la proposition de nouveau

refusée. Damiette se rendit finalement en novembre 1219, libérant la route du Caire devant Pélage.

En juillet 1220, les croisés progressèrent le long du Nil, soutenus par leurs bateaux de guerre. Mais ces délais avaient laissé à al-Kamil suffisamment de temps pour organiser son offensive. Les Égyptiens encerclèrent l'armée pendant qu'une force navale écrasante la coupait de Damiette. Bien que Pélage ait pu s'enfuir par bateau, le reste de l'armée fut forcé de se rendre, après avoir négocié. L'année suivante, Damiette fut abandonnée et les croisés regagnèrent Acre. Leur rêve d'une conquête facile de l'Égypte s'était évanoui.

Ci-dessus : une autre enluminure représente la prise de Damiette par les soldats chrétiens pendant la cinquième croisade.

Stupor mundi

L'assaut contre l'Égypte avait été un nouveau fiasco. Cependant, le découragement était effacé par l'arrivée possible d'une sixième croisade, conduite par Frédéric II, empereur du Saint Empire germanique. La détermination de Frédéric II de reprendre Jérusalem mit en lumière la façon dont le mouvement des croisades s'était éloigné des idéaux du départ.

Ci-dessus : médaille représentant le Saint Empereur germanique Frédéric II. L'homme qui « stupéfia le monde » par ses exploits se déclarait « vice-roi sur la Terre d'Alexandre le Grand et du Christ ». En fait, son règne fut chaotique, caractérisé plus par l'impétuosité que par la logique. À sa mort, la dynastie germanique des Hohenstaufen s'effondra.

La folie du légat du pape qui avait pris les rênes de la cinquième croisade avait rejeté la ville de Damiette et une paix généreuse. En 1220, le grand enthousiasme que l'on avait connu pour le mouvement des croisades avait laissé place au cynisme. Les croisés ressentaient qu'ils avaient été exploités par l'Église alors qu'ils croyaient s'être battus pour la gloire de Dieu.

Frédéric II, le nouvel empereur du Saint Empire germanique, semblait être le dernier partisan réel du mouvement. En 1215, il avait déclaré vouloir prendre la croix. Retardé en Germanie, et forcé par la maladie à interrompre son voyage en Italie, il ne parvint à Acre que huit ans après la débâcle de Damiette, à la fin de 1228. Le tout nouveau pape,

Grégoire IX (p. 1227-1241) l'avait déjà excommunié pour avoir tardé à accomplir ses vœux de croisé. Ils étaient évidemment brouillés, et c'était là une façon de faire resurgir autour de la Terre sainte le vieux conflit qui avait toujours opposé la papauté et l'empire. Frédéric ignora Grégoire, et continua de préparer sa croisade sans tenir compte des souhaits de l'Église.

Beaucoup de ses contemporains qualifiaient Frédéric de *Stupor mundi* (la stupéfaction du monde) : c'était un monarque qui se proclamait vice-roi du Christ, qui voulait exécuter les ordres de Dieu en Orient et qui défiait le pape chaque fois qu'il en avait l'occasion. Dès son arrivée, il apparut qu'il ne voulait pas suivre l'exemple des croisés qui l'avaient précédé. Marié à la princesse Isabelle, fille de Jean de Brienne, roi de Jérusalem, Frédéric s'imposa rapidement comme celui qui avait en charge les États francs du Levant. Il ouvrit des négociations avec le sultan al-Kamil pour le contrôle de Jérusalem, arrangement que les musulmans, comme ils l'avaient déjà montré, étaient prêts à conclure.

Frédéric et al-Kamil étaient tous deux des extrémistes religieux circonspects dans leur propre camp, aussi convinrent-ils de lancer une fausse campagne afin d'apaiser les critiques. Frédéric marcha sur Jérusalem à la tête d'une puissante armée, alors qu'al-Kamil ouvrait des négociations pour la forme, acceptant de céder la ville avec un bail de dix ans. Le traité de Jaffa fut signé le 18 février 1229, et Jérusalem revint aux chrétiens sans qu'une goutte de sang ait été versée.

Empereur et Antéchrist

Frédéric était bien le héros de la chrétienté, mais son inimitié avec le pape gâchait sa victoire. L'empereur du Saint Empire proclamait maintenant que le représentant de Dieu sur la Terre n'était plus le pape, mais lui-même. À Jérusalem, le patriarche déclara que Frédéric était l'Antéchrist, et les États francs se divisèrent, les uns soutenant le pape, les autres l'empereur. Cette division, qui aurait pu être un désastre pour les chrétiens, passa en fait inaperçue des musulmans, ceux-ci étant en proie à une guerre civile. La pièce jouée par l'empereur et le sultan n'avait pas plu à tout le monde, et la perte de Jérusalem était considérée comme une trahison d'al-Kamil.

Frédéric revint en Germanie à la fin de 1229, excommunié. À la place du triomphe qu'il escomptait, il dut faire face à une guerre avec le Saint-Siège. La colère du pape entraîna la Germanie, l'Italie et plus particulièrement la Sicile dans un conflit qui s'étendit sur deux décennies. Rien ne peut mieux illustrer la façon dont le mouvement des croisades s'était transformé en outil politique : le pape avait en effet appelé à la croisade contre un croisé qui avait repris le Saint-Sépulcre au nom de la chrétienté.

croisade contrôlée par Rome. Sous le commandement de Thibaud de Navarre, la septième croisade débarqua à Acre en septembre 1239, mais la renaissance du conflit armé entraîna la perte de Jérusalem et la défaite du duc de Bourgogne près de Gaza (1239). La mort du sultan al-Kamil, survenue peu après, ouvrit une décennie de troubles débouchant sur une guerre de succession entre les familles de Syrie et d'Égypte. Profitant de la division du monde musulman, Thibaud négocia la reprise de Jérusalem, une fin convenable pour une expédition qui, d'un autre côté, avait manqué d'ambition.

Le roi de Navarre rentra chez lui, laissant les États francs géographiquement plus grands, mais politiquement plus divisés que jamais. Les

Le reste de l'Europe et les États francs comprirent que le mouvement, parti sur de nobles bases, était maintenant corrompu, devenant l'outil d'une Église intolérante et dominatrice. En 1234, Grégoire fit une dernière tentative pour lancer une

cinquième, sixième et septième croisades furent des événements continus, une vague déferlante de puissance militaire féodale. Ce mélange entre victoires diplomatiques et défaites militaires annonçait les désastres à venir.

Mongols et mamelouks

En 1219, les hordes mongoles envahirent les États islamiques du sud de la mer Caspienne, inaugurant ainsi une vague de conquêtes qui verraient leurs cavaliers conquérir Bagdad, Damas et Alep. Les mamelouks, élite de l'armée égyptienne, étaient la seule force musulmane capable de les arrêter.

Page de droite : un cavalier mamelouk tue un sanglier, un manuel de cavalerie datant de la première moitié du XIVe siècle. Les cavaliers musulmans étaient très différents des cavaliers chrétiens. Les chevaliers venaient d'une élite féodale, tandis que les musulmans étaient des soldats professionnels. Les chevaliers féodaux étaient des combattants parfois peu entraînés au métier des armes. Les musulmans, en revanche, étaient constamment entraînés à la guerre ou à la chasse. En Europe les paysans ou les soldats étaient pendus s'ils chassaient. Cette activité n'étant réservée exclusivement qu'aux nobles.

À droite : les Mongols et les Turcs venaient les uns comme les autres des mêmes steppes du nord de la Chine, mais ne s'appréciaient pas pour autant. Au cours de leur migration vers l'ouest, les Mongols prirent à leur compte de nombreuses légendes des pays qu'ils conquéraient. Cette enluminure mongole datant d'environ 1310 montre Alexandre combattant un dragon.

Les invasions mongoles du XIIIe siècle en Europe et au Moyen-Orient ont été surnommées le « Fléau de Dieu ». Sous le commandement de Timüjin, plus connu sous le nom de Gengis Khan (1162-1227), de cruels nomades des steppes d'Asie centrale formèrent une formidable armée de cavaliers qui prirent Pékin avant de se tailler un immense empire en Chine et dans l'Asie du Sud-Est. En 1219, Gengis Khan envahit avec ses troupes l'empire du shah Khwarizm et, en quatre ans (1219-1222), les Mongols avaient conquis tout le monde islamique situé à l'est du Croissant fertile.

Tandis que Gengis Khan continuait vers la Russie, les troupes mongoles avaient occupé l'Europe orientale (1238-1242) et intégré à leur empire, l'Ilkhanat, les territoires perses qu'ils avaient pris. Les Turcs seldjoukides et les Égyptiens ayyubides joignirent leurs forces au reste de celles du shah Khwarizm pour affronter leur menace commune, et les Mongols s'étaient arrêtés aux

portes de Bagdad. L'empressement des sultans ayyubides à laisser les croisés reprendre Jérusalem montre bien l'importance de la menace mongole : toutes les ressources de l'Islam devaient désormais être disponibles pour combattre les hordes de Gengis Khan.

En 1231, le shah Jalal al-Din fut battu et l'Islam perdit ses États tampons. L'Azerbaïdjan était occupé par les Mongols, mais leur expansion vers l'ouest ne reprit qu'en 1242 quand ils envahirent l'Arménie et écrasèrent l'armée seldjoukide envoyée pour les arrêter. Le sultanat seldjoukide de Roum devint un État associé à l'Ilkhanat, ainsi que l'Empire byzantin de Trébizonde et le royaume d'Arménie.

Des anciens esclaves au pouvoir

En une décennie, les Mongols avaient assimilé totalement leurs nouveaux territoires. En 1255, ils reprenaient leurs attaques contre les musulmans. Le prince mongol Hulagu ravagea les places fortes des Assassins qui s'étaient réfugiés dans les montagnes au sud de la mer Caspienne, avant de s'en prendre au califat abbasside qui contrôlait encore l'arrière-pays de Bagdad et la péninsule Arabique. Bagdad tomba en 1258, et le calife ainsi que la plus grande partie de la population de la ville furent massacrés. Cette conquête fut vécue dans tout le monde islamique comme un véritable séisme.

Comme toutes les armées turques envoyées contre les Mongols avaient été détruites, il ne restait plus qu'une seule force musulmane susceptible d'arrêter les envahisseurs. Les *mamelouks* égyptiens représentaient le dernier espoir de l'Islam. Cette troupe d'affranchis formait depuis longtemps le cœur de l'armée égyptienne. Au XIIIe siècle, elle disposait d'un grand pouvoir, mais son système reposait sur le recrutement de jeunes esclaves plus que sur la conscription de purs musulmans.

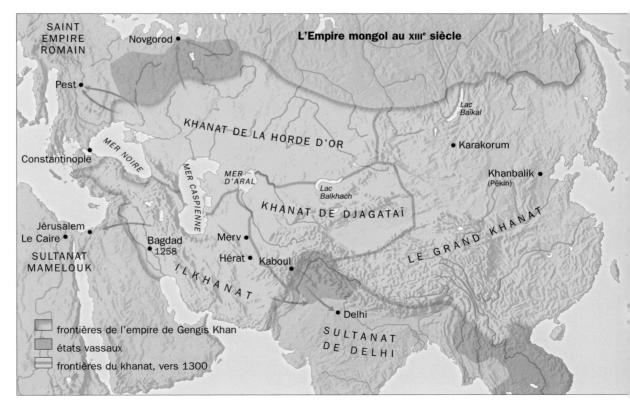

Le sultan al-Salih Ayyub (r. 1240-1249) fut le dernier souverain en titre en Égypte de la dynastie ayyubides fondée par Saladin. Averti du projet de débarquement de Louis IX (*voir la double page suivante*), il avait considérablement renforcé les rangs des *mamelouks*. Il leur donna un tel pouvoir, que leur organisation devint une véritable armée, à l'ordre du sultan. Son fugace successeur, Turanshah, essaya de reprendre leur contrôle, mais il ne réussit qu'à déchaîner la colère du jeune et brillant chef des *mamelouks*, l'émir Roukn al-Din Baybars. Juste après la capture de Louis IX, Baybars assassina Turanshah et un coup d'État militaire chassa les Aayyubides. Un nouveau pouvoir apparut alors, celui du sultanat mamelouk. Les souverains mamelouks étaient d'anciens esclaves appartenant au plus bas niveau de la société médiévale et parvenus au rang de princes puissants. C'était la version musulmane de la citation de l'Évangile, «les pauvres hériteront la Terre».

L'émir Baybars, l'un des organisateurs du coup d'État, contrôlait la machine de guerre des mamelouks, mais l'armée élit comme nouveau sultan l'émir mamelouk Qutuz ibn Abdullah. Il ne créa pas une dynastie familiale, car le trône n'était pas héréditaire, mais pendant les cent trente années qui suivirent, les sultans furent toujours choisis parmi les chefs des émirs dirigeants de l'armée des mamelouks, imposant ainsi à l'Égypte un gouvernement assuré par une élite militaire. L'armée islamique allait bientôt s'affronter aux hordes mongoles dans un combat à mort.

La croisade de Saint Louis

C'est à la suite de la reprise de Jérusalem par les musulmans que le roi de France Louis IX décida de prendre la Croix. Il débarqua à Damiette en 1248 et marcha avec son armée vers Le Caire, suivant la route désastreuse de la cinquième croisade. Son aventure se solda par un échec encore plus retentissant.

Page de droite : le manuscrit du XVe siècle intitulé *Spéculum majus* montre la conquête de Damiette par Louis IX. Dans cette enluminure, le roi de France triomphant accepte la reddition des Égyptiens alors que son armée s'apprête à entrer dans la ville qu'il a prise en quelques jours après l'effondrement de la défense ayyubide.

Louis IX, roi de France, (r. 1226-1270), était un homme particulièrement pieux. Bien qu'il eut conscience que le mouvement des croisades avait perdu ses motivations premières, il considérait comme un devoir d'aller punir les musulmans de leurs actions. Il avait déjà affermi le pouvoir de la couronne en augmentant le domaine royal. Lorsqu'il partit en croisade, son royaume s'étendait des rives de la Manche à la mer Méditerranée. Mais il lui avait fallu quatre ans pour préparer et équiper son expédition. C'est pourquoi il ne partit qu'en août 1248.

Bien que le pape Innocent IV (p. 1243-1254) ait soutenu son effort, la papauté était trop préoccupée par sa querelle avec le Saint Empire germanique pour offrir au roi croisé autre chose que de bonnes paroles. Louis IX, en fait, dut se débrouiller seul. Il écarta l'assaut direct contre la Terre sainte car les États francs du Levant ne s'étaient pas encore remis du désastre de La Forbie (1144). Après en avoir longuement délibéré, il décida que le meilleur objectif était encore l'Égypte,

le cœur de la dynastie ayyubide. En prenant le contrôle des principales villes de ce pays, Louis pensait obtenir une monnaie d'échange diplomatique contre Jérusalem.

La flotte française passa l'hiver à Chypre. Voulant éviter de répéter les erreurs de la cinquième croisade, Louis fit construire une flottille de barges d'invasion pour ses 15 000 hommes afin qu'ils puissent remonter commodément le Nil. Il avait toutefois décidé de faire de Damiette son premier objectif.

Le débarquement amphibie, soigneusement organisé, ne rencontra pas de résistance. Louis put ainsi faire descendre à terre sa cavalerie et son matériel de siège dans de bonnes conditions de sécurité. Après une brève escarmouche, les croisés commencèrent à investir la cité que les défenseurs abandonnèrent le 6 juin 1249. Le port stratégique, qui avait défié les croisés en 1219-1220 pendant plus d'un an, était tombé en quelques jours.

Une erreur fatale

Les croisés restèrent à Damiette les deux mois suivants, attendant la décrue du Nil. Ils se mirent finalement en marche vers Le Caire à la fin novembre, accompagnés d'une flottille chargée de matériel. Au nord de la cité fortifiée de Mansourah se trouvait un obstacle formidable, le canal Bahr-al-Sephir. Une force

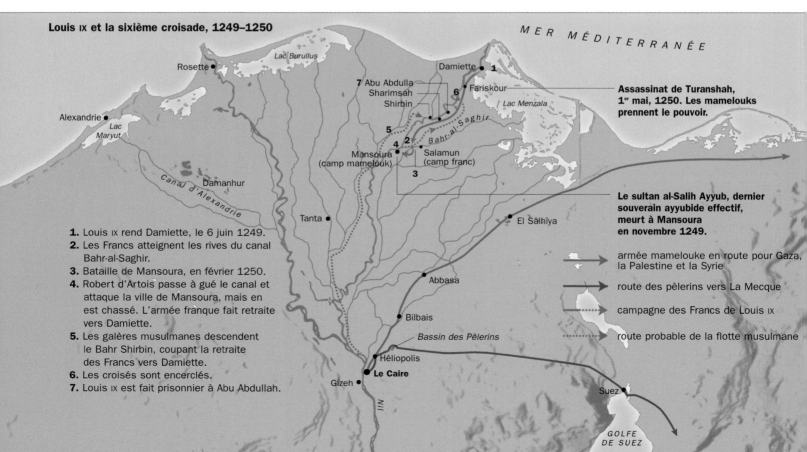

Louis IX et la sixième croisade, 1249–1250

MER MÉDITERRANÉE

Rosette
Lac Burullus
Damiette
7 Abu Abdulla
Sharimsàh
Shirbin
6 Fariskour
Assassinat de Turanshah, 1ᵉʳ mai, 1250. Les mamelouks prennent le pouvoir.
Lac Menzala
Alexandrie
Lac Maryut
Bahr-al-Saghir
5
4 2
Salamun (camp franc)
Mansoura (camp mamelouk)
3
Canal d'Alexandrie
Damanhur
El Sâlhîya
Le sultan al-Salih Ayyub, dernier souverain ayyubide effectif, meurt à Mansoura en novembre 1249.
Tanta

armée mamelouke en route pour Gaza, la Palestine et la Syrie
route des pèlerins vers La Mecque
campagne des Francs de Louis IX
route probable de la flotte musulmane

Abbasa
Bilbais
Bassin des Pèlerins
Héliopolis
Le Caire
Gizeh
Nil
Suez
GOLFE DE SUEZ

1. Louis IX rend Damiette, le 6 juin 1249.
2. Les Francs atteignent les rives du canal Bahr-al-Saghir.
3. Bataille de Mansoura, en février 1250.
4. Robert d'Artois passe à gué le canal et attaque la ville de Mansoura, mais en est chassé. L'armée franque fait retraite vers Damiette.
5. Les galères musulmanes descendent le Bahr Shirbin, coupant la retraite des Francs vers Damiette.
6. Les croisés sont encerclés.
7. Louis IX est fait prisonnier à Abu Abdullah.

égyptienne conduite par l'ancien gouverneur de Damiette, Fakhr al-Din, bloqua l'avance des croisés pendant deux mois, jusqu'à ce qu'un habitant de la région leur indique un gué.

L'avant-garde, placée sous le commandement du frère du roi, Robert d'Artois, passa le gué, ayant pour mission d'attaquer les défenses qui se trouvaient devant le gros de l'armée. Mais il préféra attaquer Mansourah. Alors que les Francs atteignaient les remparts de la ville, ils furent accueillis par une pluie de flèches et pris à revers par deux régiments de *mamelouks*. L'avant-garde fut massacrée et le frère du roi tué.

Pendant ce temps, Louis conduisait le gros de son armée à travers le canal pour réduire les défenses égyptiennes. Il établit une tête de pont sur la rive adverse, mais dut finalement battre en retraite. Plutôt que de retourner à Damiette, Louis choisit de rester sur le canal, espérant que la chance tournerait. Mal lui en prit. Les Égyptiens envoyèrent alors une puissante flottille sur le Nil qui coupa les Francs de leurs bases arrière.

En outre, comme la maladie avait dévasté le camp français, Louis IX décida de remonter vers le nord. Bien que sérieusement atteint par la dysenterie, il commandait l'arrière-garde, mais il fut incapable d'éviter l'encerclement et la capture de son armée. En avril 1250, le roi se rendit aux Égyptiens. Mais il n'était pas le seul souverain à souffrir. Presque au même moment, le jeune sultan Turanshah était assassiné par un *mamelouk* de sa garde personnelle. Louis, témoin de la scène, craignit alors pour sa propre vie. Il fut relâché le jour suivant avec quelques-uns de ses compagnons,

ce qui lui laissait la possibilité d'entamer les négociations avec les représentants du nouveau pouvoir, les chefs mamelouks Roukn al-Din Baybars et Qutuz Ibn Abdullah. Le traité permettait à Louis IX ainsi qu'à ses chevaliers, ses hommes d'armes captifs, son matériel de siège, son approvisionnement et tout ce que les Français avaient encore à Damiette, de gagner Acre par la mer. En contrepartie, Louis acceptait de rendre Damiette et de payer une énorme rançon. Au début de mai 1250, c'est un roi de France encore souffrant qui fit voile vers Acre.

Ci-dessous : après la défaite de Mansourah, un traité passé avec les nouveaux souverains mamelouks permit à Louis IX de quitter Damiette avec ses hommes et ses bateaux et de gagner Acre. Enluminure extraite de *Vie et miracles de Saint Louis*, de Guillaume de Saint-Pathus, vers 1330.

Aïn Djalout : bataille pour la Terre sainte

L'invasion mongole au Moyen-Orient menaçait d'engloutir l'Islam. Les attaques des barbares avaient décimé la population musulmane et détruit la Syrie et le Croissant fertile avant d'atteindre les frontières du nouveau sultanat mamelouk. Une bataille cruciale allait décider du destin de l'Islam et sceller celui des États croisés.

Ci-dessous : paysage près de Nazareth, là où s'est déroulée l'une des plus sanglantes batailles du XIIIe siècle, lorsque l'armée des mamelouks de Baybars mit en pièce les hordes mongoles à Aïn Djalout.

Quand les Mongols détruisirent les places fortes des Assassins en 1255, il semblait impensable que ces cavaliers nomades puissent devenir une menace pour Bagdad, la plus grande cité du Moyen-Orient. Et pourtant, en 1257, une horde mongole arrivant d'Orient atteignit la vallée fertile du Tigre et assiégea Bagdad. Les nomades montrèrent à cette occasion que la guerre de siège n'avait plus aucun secret pour eux. Après une semaine de bombardement, la ville tomba entre leurs mains au cours d'un assaut lancé en janvier 1258. Le massacre qui suivit dura quarante jours, et des chroniqueurs musulmans contemporains à l'événement affirmèrent qu'il fit plus de 80 000 victimes. Selon un récit arabe, le calife, enfermé dans la salle du trésor, mourut de faim au milieu de son or.

La nouvelle du sac de Bagdad émut fortement le monde musulman. Mais dans les États francs, les croisés considérèrent les Mongols comme des sauveurs et, si l'on en croit la légende du prêtre Jean, comme un peuple de chrétiens perdu qui venait au secours de ses coreligionnaires. Les Mongols n'étaient évidemment pas des chrétiens perdus, et c'est tout à fait par hasard qu'ils avaient allégé la pression que subissaient les croisés dans un royaume en fait sans défense. Enfermés dans des luttes pour le pouvoir, entre Venise et Gênes, entre le pape et l'empereur, les nobles et les marchands des États croisés n'avaient que peu de choix et ne pouvaient qu'espérer que le fléau mongol se désintéresse de leur situation. De leur côté, les Mongols, qui avaient compris l'importance que représentait cet allié chrétien potentiel dans le monde musulman, ne touchèrent pas aux églises chrétiennes arméniennes de Bagdad.

Sensibilisé, le roi d'Arménie négocia une alliance avec les Mongols, partant du principe que tout ennemi de l'Islam ne pouvait qu'être son ami. Les hordes mongoles dévastèrent Mossoul dans le Croissant fertile entre le Tigre et l'Euphrate, et l'armée commune des Arméniens et des Mongols assiégea Alep à la fin de 1259. Une offre de reddition fut refusée et, après une longue semaine de bombardement par les machines de siège mongoles, la cité fut dévastée. Le massacre qui s'ensuivit dura, dit-on, six jours. Une fois encore, les centres chrétiens de la cité furent épargnés et les Arméniens participèrent à l'occupation de la ville. Ils formaient maintenant un État sujet de l'Ilkhanat mongol, comme le sultanat de Roum situé un peu plus au nord.

La soumission ou la mort

Les Mongols se dirigèrent au sud vers la Syrie. Certaines de leur sort, les populations de Homs et de Damas s'enfuirent vers l'Égypte, le sultan Nasir de Damas venant même se mettre sous la protection des mamelouks. En descendant vers le sud, les Mongols s'arrêtèrent à Antioche, l'unique grande cité croisée

épargnée par la colère de Saladin. Comprenant que toute résistance était inutile, le prince Bohémond offrit sa soumission au chef mongol, le prince Hulagu, marquant ainsi la fin de la souveraineté exclusivement latine de la première ville prise par les croisés.

Avec la prise de Damas en 1260, la Syrie devint une province mongole. Il ne restait plus que les mamelouks entre les cavaliers nomades et les richesses de l'Égypte. Le sultan mamelouk fut alors sommé de « se soumettre au Khan ou de disparaître ». Mais Mongka Khan (r. 1241-1259) mourut à ce moment précis, forçant les Mongols à rechercher un successeur. C'est alors que les mamelouks se heurtèrent à la horde.

Les deux armées se rencontrèrent près de Nazareth le 3 septembre 1260, à Aïn Djalout (les Sources de Goliath, site traditionnel de la victoire de David sur les Philistins). L'armée mongole était constituée d'environ 10 000 cavaliers, soutenus par leurs alliés arméniens. L'armée de 12 000 mamelouks, placée sous les ordres de Baybars, divisa ses forces et fit tomber les Mongols dans une embuscade en feignant de se retirer. Cette bataille marqua la déroute des Mongols et la fin définitive de la menace qu'ils faisaient peser sur l'Islam.

En poursuivant leurs ennemis, Baybars et ses mamelouks reprirent Damas et Alep, et repoussèrent les Mongols au-delà de l'Euphrate. Tirant avantage de cette victoire, Baybars se saisit du pouvoir, assassinant le sultan mamelouk Qutuz et prenant le contrôle d'un empire qui encerclait les États francs. Comme Saladin avant lui, Baybars devenait le maître d'un Empire islamique réunifié, et la chute des États croisés n'était plus qu'une question de temps.

Ci-dessus :

guerriers mongols au combat. Peinture de l'École perse datant du début du XVe siècle.

CHAPITRE 9 — LES DERNIERS CROISÉS

L'effondrement des États francs

À partir de 1260, les États francs du Levant furent encerclés par un État islamique puissant et hostile. Le sultan mamelouk commença une campagne de conquête systématique dès 1263, alors que les croisés semblaient autant incapables de taire leurs querelles que d'assurer leur propre défense. En 1291, seule Acre et une poignée de petites villes restaient du fier royaume croisé de Jérusalem.

À la suite de la défaite des Mongols, le sultan mamelouk Roukn al-Din Baybars mit deux ans à renforcer sa mainmise sur le nouveau royaume musulman. L'alliance entre les Mongols et les chrétiens arméniens avait été rompue après la bataille d'Aïn Djalout, et la menace mongole s'estompait. Mais au cours des décennies qui suivirent, beaucoup de chefs mongols d'Arménie, de Perse et d'Iraq se convertirent à l'islam.

En 1263, Baybars lança sa première attaque contre les États croisés, une tentative en direction d'Acre. Il prit Césarée en 1265, détruisant les défenses de la cité, et répéta l'opération à Caïphas. Dans chacune de ces villes, les populations survivantes furent massacrées. Cela incita les défenseurs d'Arsuf à demander plus de clémence, ce qui leur fut refusé. Une fois encore, la population latine fut passée au fil de l'épée.

L'année suivante, les mamelouks capturèrent Safed, le château stratégique des Templiers, situé au nord du lac de Tibériade, en Galilée, et exécutèrent leurs prisonniers. Au même moment, une autre armée de mamelouks lança une expédition punitive contre l'Arménie cilicienne, anéantit l'armée arménienne et rasa la capitale après l'avoir investie. Près de 40 000 habitants furent conduits vers le sud, enchaînés. À la fin de l'année, dans les territoires situés au sud d'Acre, seule Jaffa restait aux mains des croisés.

Les ressources militaires limitées des États francs n'étaient pas suffisantes pour assurer leur défense face à ces attaques, d'autant que les cités côtières étaient encore sous la pression de la lutte entre Gênes et Venise. Un assaut lancé contre Acre l'année suivante se solda par un échec, parce que les musulmans manquaient de matériel de siège pour prendre le port. Les ouvertures de paix des chrétiens furent refusées et, sans remords, les musulmans continuèrent leur politique de conquête.

La chute d'Acre

En 1268, Baybars semblait être partout. À la suite de la mort de Jean d'Ibelin, seigneur de Beyrouth, un traité signé entre les mamelouks et le souverain latin de Jaffa devint caduc. La ville fut dévastée, puis le château démantelé, une partie de ce dernier destinée à

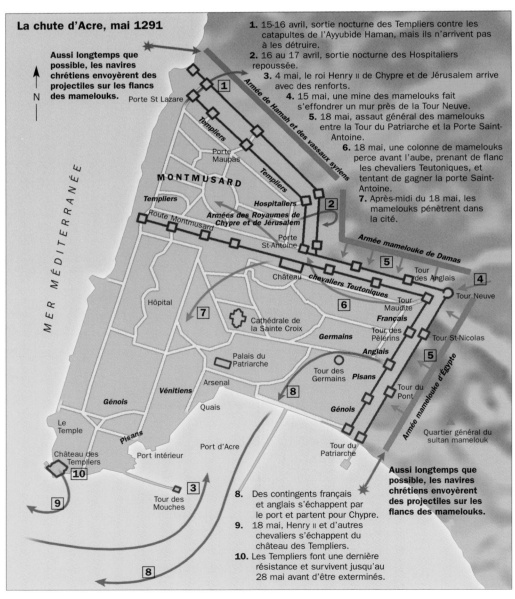

La chute d'Acre, mai 1291

Aussi longtemps que possible, les navires chrétiens envoyèrent des projectiles sur les flancs des mamelouks.

N

Porte St Lazare

Templiers

Porte Maupas

MONTMUSARD

Templiers

Route Montmusard

Hospitaliers

Armées des Royaumes de Chypre et de Jérusalem

Porte St-Antoine

MER MÉDITERRANÉE

Hôpital

Château

chevaliers Teutoniques

Cathédrale de la Sainte Croix

Germains

Palais du Patriarche

Arsenal

Vénitiens

Quais

Génois

Le Temple

Pisans

Château des Templiers

Port intérieur

Tour des Mouches

Armée de Hamah et des vassaux syriens

Armée mamelouke de Damas

Tour des Anglais

Tour Neuve

Tour Maudite

Français

Tour des Pèlerins

Anglais

Tour St-Nicolas

Pisans

Tour des Germains

Génois

Armée mamelouke d'Égypte

Tour du Pont

Port d'Acre

Tour du Patriarche

Quartier général du sultan mamelouk

Aussi longtemps que possible, les navires chrétiens envoyèrent des projectiles sur les flancs des mamelouks.

1. 15-16 avril, sortie nocturne des Templiers contre les catapultes de l'Ayyubide Haman, mais ils n'arrivent pas à les détruire.
2. 16 au 17 avril, sortie nocturne des Hospitaliers repoussée.
3. 4 mai, le roi Henry II de Chypre et de Jérusalem arrive avec des renforts.
4. 15 mai, une mine des mamelouks fait s'effondrer un mur près de la Tour Neuve.
5. 18 mai, assaut général des mamelouks entre la Tour du Patriarche et la Porte Saint-Antoine.
6. 18 mai, une colonne de mamelouks perce avant l'aube, prenant de flanc les chevaliers Teutoniques, et tentant de gagner la porte Saint-Antoine.
7. Après-midi du 18 mai, les mamelouks pénètrent dans la cité.
8. Des contingents français et anglais s'échappent par le port et partent pour Chypre.
9. 18 mai, Henry II et d'autres chevaliers s'échappent du château des Templiers.
10. Les Templiers font une dernière résistance et survivent jusqu'au 28 mai avant d'être exterminés.

servir à construire une célèbre mosquée du Caire.
Ensuite, il assiégea et captura le château templier de
Beaufort avant de marcher vers le nord, sur Antioche.
Se venger des chrétiens qui s'étaient alliés contre lui
aux Mongols était une obsession de Baybars. À la
capture de la cité, tous ses habitants furent massacrés
ou envoyés en esclavage. La plus riche cité des États
croisés fut pillée. On y trouva «tellement de pièces de
monnaie qu'elles débordaient des bols dans lesquels on
les versait».

Le roi Louis IX était arrivé à Acre après sa
déroute égyptienne et, malgré les raisons pressantes
qui le poussaient à rentrer en France, il décida de rester
sur place aussi longtemps qu'il pourrait être utile. Il fut
rejoint à Acre par le prince Édouard d'Angleterre.
Cette arrivée de nouveaux croisés anglais poussa
Baybars à proposer une trêve de dix ans, ce qui
permit aux croisés de retarder l'inévitable. En 1254,
ne pouvant rester à Acre plus longtemps, Louis IX
regagna la France, n'ayant pu offrir aux États francs
qu'une aide limitée. Il fut le dernier monarque
européen à partir en croisade et son échec marqua
la fin d'une série de grandes aventures aux objectifs
spectaculaires, lancées d'Europe vers le Moyen-Orient.
Louis mourut vingt ans plus tard, encore croisé, dans
une expédition contre Tunis. Il fut canonisé en 1297.

Tandis que le recrutement de nouveaux croisés

s'amenuisait, les nobles des États francs continuaient
à se quereller. En 1277, Charles d'Anjou, roi de Sicile,
devint le nouveau roi d'Acre ; il disposait de puissants
alliés en Europe. Baybars était mort la même année,
et les mamelouks attendaient leur heure. À la mort de
Charles en 1285, Henri II, roi de Chypre, lui succéda,
souverain qui ne disposa pas de grands soutiens tant
en Europe que dans les États francs. Les marchands
italiens qui s'y trouvaient continuaient à se battre entre
eux. Le nouveau sultan mamelouk Qalawun saisit
l'occasion : il réunit une immense armée et, en 1287,
prit Lattakié.

Tripoli tomba deux ans plus tard. En 1291, une
armée de 100 000 hommes se trouvait devant Acre.
Les demandes de secours adressées en Europe furent
sans écho. Le 18 mai 1291, Acre tomba après six
semaines de bombardements et deux assauts. Les
défenseurs donnèrent le temps à la population de
fuir par la mer, mais tous ceux qui restaient encore
dans la ville furent massacrés.

Tyr, Sidon, Beyrouth et les quelques cités croisées
restantes tombèrent successivement en quelques
mois, mettant ainsi fin à deux cents ans de présence
des croisés en Terre sainte. Bien que des enclaves
croisées aient résisté pendant plusieurs décennies
dans des postes lointains de la Méditerranée orientale,
les croisades prirent fin sur les quais d'Acre.

Ci-dessus : une vue
d'avion d'Acre aujourd'hui
montre encore le contour
de l'ancienne cité des
croisés, avec l'emplacement
du château des Templiers
au premier plan et la ligne
des anciens remparts qui
courent le long de la route
Montmusard.

Les suites des croisades

Quel fut donc le résultat des croisades ? Ont-elles laissé un héritage autre qu'une intolérance religieuse toujours prête à se manifester ?

Si l'on se réfère à l'histoire du monde, le résultat des croisades est relativement maigre. Le coût du mouvement, tant en hommes qu'en ressources financières, fut élevé et, en fin de compte, les croisés ne furent guère récompensés de leurs efforts. Les Italiens sont sans doute les seuls à avoir tiré quelques avantages de l'aventure. Leurs cités États ont largement profité du commerce avec les États francs du Levant tout au long de leur existence et des transports que le mouvement des croisades avait suscités. Puis, ils ont continué leurs négoces avec l'Orient dans les années qui ont suivi. Certains historiens accusent les croisades d'avoir freiné le développement culturel et social de l'Europe en consacrant ses forces vives à une lutte futile pour la domination religieuse sur un autre continent. D'autres mettent l'accent sur la prise de conscience des Européens qui serait ainsi survenue après les années obscures du haut Moyen Âge. Quoi qu'il en soit, on peut affirmer sans risque de se tromper que les suites des croisades ont perduré sur un très long laps de temps. On constate qu'aujourd'hui encore on se bat autour des Lieux saints, même si les protagonistes ont changé.

Le mouvement des croisades continua après la chute d'Acre, mais ce ne fut pas du fait des princes. Les ordres militaires se reconstituèrent et se regroupèrent dans les îles de la mer Égée et de la Méditerranée. Les derniers survivants des Templiers se replièrent sur Chypre, mais abandonnèrent leur rôle militaire au profit d'une activité de banquier exercée à travers toute l'Europe, jusqu'à ce que l'Ordre tombe entre les mains de prélats et de princes envieux et cupides en 1302-1312.

Le déclin des Hospitaliers

Les Hospitaliers trouvèrent également un refuge temporaire à Chypre dans les places fortes de Colos et de Limassol. À la différence des autres ordres qui leur étaient proches, ils n'eurent aucune activité financière et décidèrent de s'installer sur une île d'où ils pourraient exercer leur puissance maritime. Leur engagement sur l'île de Rhodes débuta en 1306 et, en 1307, on n'y trouvait plus aucun musulman, sauf dans la ville de Rhodes elle-même qui ne tomba que deux ans plus tard.

À partir de leur nouvelle place forte, les Hospitaliers combattirent les corsaires musulmans dans toute la mer Égée. Ils prirent l'île de Smyrne en 1345 et la gardèrent jusqu'à sa chute lors de l'invasion mongole de 1402. L'Ordre soutint les campagnes cypriotes contre l'Égypte dans les années 1390, tout en se consacrant principalement à ses expéditions contre les Turcs ottomans.

Rhodes devint le dernier poste avancé de la chrétienté en Orient après la chute de Constantinople en 1453. Les relations entre les Hospitaliers et les sultans ottomans s'envenimèrent, et Rhodes fut assiégée en 1480. À cette occasion, les chrétiens projetèrent de chasser définitivement les musulmans, mais un second siège en 1522 eut raison de leur obstination après des mois de combats et de privations. Les Hospitaliers acceptèrent alors l'inévitable et abandonnèrent l'île. Ils se replièrent sur l'île de Malte d'où ils devinrent le fléau des corsaires barbaresques. Une fois encore les Ottomans les attaquèrent en juillet 1565. Le grand siège dura jusqu'à ce que des renforts de l'armée espagnole viennent chasser les Turcs au début du mois de septembre.

À partir de là, l'Ordre commença à perdre sa finalité militaire. L'opulence, la décadence et les querelles intestines entre les différents corps qui le composaient l'épuisèrent, jusqu'à ce que l'île se rende à Napoléon Bonaparte après un siège de deux jours en 1798.

Les États francs du Levant survécurent pendant deux siècles, mais d'autres prétendants à la Terre sainte souffrirent encore de leur témérité. Les Turcs ottomans unifièrent le monde islamique en un État qui défia la puissance de Napoléon et sombra dans l'enfer sanglant de la Première Guerre mondiale. Les Anglais et les Français assurèrent provisoirement des protectorats dans la région jusqu'à ce que l'effondrement de leurs empires remette en cause leur rôle de gardiens coloniaux.

En 1948, à la création de leur nouvel État, les Israéliens se trouvèrent immédiatement encerclés par des voisins islamiques hostiles. Une comparaison peut être faite entre les États francs et Israël, mais seulement en ce qui concerne le développement du nouvel État qui reproduit celui de l'ancien royaume chrétien. Si le dernier et unique héritage des croisades se borne à la haine religieuse, nous n'avons que peu retenu des erreurs de nos prédécesseurs.

Chronologie des croisades

64 av. J.-C. – La chute de l'Empire séleucide hellénistique crée un vide sur le plan du pouvoir au Moyen-Orient.

6 apr. J.-C. – Annexion de la Palestine par les Romains.

50 – La foi chrétienne commence à se répandre.

66 – En Judée, les Juifs se révoltent contre les Romains.

313 – Le christianisme devient la religion de l'Empire romain.

527 – L'Empire byzantin est créé sous l'empereur romain Justinien à Constantinople.

622 – Mahomet et ses disciples sont chassés de La Mecque.

628 – Mahomet prend La Mecque.

634 – L'armée arabe du calife Abu Bakr prend Jérusalem.

vers 634 – Les armées musulmanes prennent presque tous les territoires du Moyen-Orient de l'Empire byzantin.

640 – Les Arabes atteignent l'Afrique du Nord.

644 – Le calife Uthman prend le pouvoir et fonde la dynastie des Omeyyades.

661 – Après l'assassinat du calife Ali, le gendre de Mahomet, l'islam se divise en chiites et en sunnites.

692 – La Coupole du Rocher est édifiée à Jérusalem.

vers 715 – Les armées musulmanes prennent l'Espagne aux Wisigoths.

732 – L'invasion du royaume franc par les Maures est repoussée à Poitiers.

vers 750 – Paix entre chrétiens et musulmans en Asie Mineure.

750 – Fin de la dynastie des Omeyyades. Un calife abbasside monte sur le trône.

777 – La première dynastie arabe régionale est instaurée.

823 – Les Arabes prennent la Sicile aux Byzantins.

969 – Les Fatimides chiites prennent le pouvoir en Égypte.

974 – L'Empire byzantin prend le contrôle du nord de la Palestine et de la Syrie.

987 – La dynastie des Capétiens s'installe en France avec l'élection d'Hugues Capet.

1009 – Al-Hakim détruit le Saint-Sépulcre à Jérusalem.

1051 – Le gouvernement séculier des Abbassides est remplacé par les Turcs seldjoukides.

1054 – Les églises catholique et orthodoxe se séparent (Grand Schisme).

1055 – Les Turcs Seldjoukides prennent Bagdad et étendent leurs conquêtes vers l'ouest.

1059 – Le califat des Fatimides prend le contrôle de Bagdad.

1070 – Les chrétiens d'Espagne, assistés de Raymond de Toulouse, chassent les Maures lors de la *Reconquista*.

1071 – La défaite des Byzantins par les Turcs seldjoukides à Manzikert conduit à la chute de leur gouvernement en Anatolie.

1075 – Le pape Grégoire VII excommunie l'empereur germanique Henri IV.

1081 – Un traité de commerce est signé entre Venise et les Byzantins.

1088 – Début du pontificat d'Urbain II.

1091 – Les Normands avec le prince Bohémond de Tarente font la conquête de la Sicile maure.

1094-1095 – L'empereur de Byzance Alexis demande de l'aide contre les Turcs seldjoukides.

1095 – Le 27 novembre, le pape Urbain II lance une croisade pour la Terre sainte.

1096 – La Croisade populaire, dirigée par Pierre l'Ermite, se termine par le massacre des pèlerins.

1096-1097 – Les armées croisées arrivent à Constantinople.

1098 – Les croisés prennent Antioche, porte de la Terre sainte.

1099 – Les croisés arrivent à Montjoie, colline dominant Jérusalem, le 7 juin.

1099 – Le siège de Jérusalem commence le 8 juin ; les croisés prennent la Ville sainte le 15 juillet.

1099 – En août, une armée fatimide est repoussée à la bataille d'Ascalon.

vers 1100 – Le système féodal de France devient le modèle pour les États croisés.

1100 – Baudouin d'Édesse devient roi de Jérusalem et chef des États croisés.

1113 – Les chevaliers hospitaliers deviennent l'ordre des Hospitaliers de Saint-Jean.

1115 – Fondation des chevaliers de l'ordre du Temple, d'abord connus sous le nom de Pauvres Chevaliers.

1119 – Roger de Salerne (Roger d'Antioche) est tué à la bataille d'Ager Sanguinis.

1119 – Une armée d'Alep et de Damas massacre les Francs à la bataille d'Ager Sanguinis, près d'Antioche.

1122 – Une révolte menée par le comte Pons de Tripoli contre le roi Baudouin II échoue.

1123-1124 – Baudouin II est pris par les Turcs seldjoukides menés par Balak.

1126 – Union d'Antioche et de

Jérusalem par le mariage du prince Bohémond II d'Antioche avec la fille de Baudouin II.

1137 – L'émir turc Zengi obtient une rançon après avoir assiégé le roi Foulques V de Jérusalem dans son château de Montferrand, près de Tripoli.

1144 – Jocelin II, comte d'Édesse, perd la ville au profit des Turcs seldjoukides menés par Zengi.

1146 – Bernard, abbé de Clairvaux, fait connaître l'appel du pape Eugène III pour la deuxième croisade.

1148 – Des croisés francs et germains arrivent à Constantinople et à Acre.

1148 – Les croisés menés par Louis VII de France ne parviennent pas à prendre Damas et se retirent.

1154 – Nur al-Din conquiert Damas.

1161-1175 – Renaud de Châtillon est fait prisonnier par les Turcs et perd sa principauté d'Antioche, mais gagne l'Outre-Jordanie en se mariant après sa libération.

1163 – Mort de Baudouin III à qui succède son plus jeune frère Amaury.

1164 – Nur al-Din envahit Antioche pour empêcher le roi Amaury de se tourner vers l'Égypte.

1167 – Une force alliée de Seldjoukides et de Fatimides défend l'Égypte face aux croisés à la bataille de Babain.

1169 – Saladin devient vizir d'Égypte à la mort du général Shirkuh.

1174 – Mort de Nur al-Din et du roi Amaury; Saladin prend le pouvoir à Damas.

1180 – Baudouin IV fait la paix avec Saladin.

1181-1183 – Renaud de Châtillon, rompant la paix, attaque les musulmans.

1186 – Baudouin V a pour successeur le nouveau mari de sa mère, Guy de Lusignan.

1187 – L'armée croisée est battue à Hattin; Saladin entame immédiatement la conquête des États croisés.

1187 – Prise de Jérusalem par Saladin le 2 octobre.

1190 – Richard Iᵉʳ Cœur de Lion et Philippe Auguste de France se préparent pour la troisième croisade.

1190 – Frédéric Iᵉʳ Barberousse, empereur du Saint Empire germanique, se noie alors qu'il marchait sur Antioche.

1191 – Richard se joint au roi Guy pour prendre la ville musulmane d'Acre.

1192 – Saladin est repoussé par Richard à Jaffa (5 août); une trêve de trois ans est signée le 2 septembre.

1193 – Mort de Saladin en mars.

1199 – Le pape Innocent III lance la quatrième croisade.

1201 – Après avoir fourni des bateaux, les Vénitiens dévient la quatrième croisade d'Alexandrie vers Constantinople.

1202 – Les croisés quittent Venise pour Zara; les Vénitiens sont excommuniés par le pape.

1203 – L'assaut des croisés par terre et par mer est repoussé en juillet.

1204 – Les croisés prennent Constantinople en avril; Baudouin de Flandre devient empereur latin de Romanie.

1212 – Étienne le Prophète conduit la croisade des enfants.

1217 – Les participants à la cinquième croisade se rassemblent à Acre et font campagne en Outre-Jordanie.

1218 – Les croisés font le siège de Damiette, mais le légat Pélage repousse une offre de paix des musulmans.

1219 – Les territoires musulmans sont menacés par les Mongols.

1220 – L'assaut des croisés sur le Nil aboutit à leur encerclement par la marine égyptienne.

1221 – Les croisés abandonnent Damiette et se retirent à Acre.

1228 – L'empereur excommunié du Saint Empire romain, Frédéric II, arrive à Acre.

1229 – Le 18 février, al-Kamil cède Jérusalem à Frédéric II pour dix ans.

1231 – Les Mongols envahissent l'Arménie et l'Iran.

1239 – Une croisade menée par le roi Thibaut de Navarre se termine par la mort du duc de Bourgogne et par la perte temporaire de Jérusalem.

1244 – Jérusalem tombe entre les mains d'une armée égyptienne.

1249 – Le roi Louis IX prend Damiette au cours de la sixième croisade.

1250 – Une rançon est payée pour la libération du roi Louis IX après son échec en Égypte.

1258 – Le calife de Bagdad et son peuple sont massacrés par les envahisseurs mongols.

1260 – Les Mongols sont battus à Aïn Djalout par les Mamelouks égyptiens commandés par Baybars.

1261 – L'empereur Michel VIII Paléologue et son armée rendent Constantinople à l'Empire byzantin.

1263 – Les mamelouks entreprennent la conquête des États croisés.

1268 – La huitième croisade est lancée après la conquête d'Antioche par les mamelouks; Baybars offre une trêve.

1291 – Les mamelouks, dirigés par le sultan Qalawun, prennent Acre puis d'autres villes croisées; les États francs du Levant n'existent plus.

Glossaire et généalogies

Abbasside : dynastie sunnite des califes installés d'abord à Bagdad (750-1262), puis au Caire (1262-1517).

Ayyubide : dynastie de souverains descendants de Saladin (1169-1252), installée en Égypte et en Mésopotamie.

Almoravide : dynastie berbère de souverains installés au nord-ouest de l'Afrique (1056-1147).

Anatolie : région d'Asie Mineure, aujourd'hui la Turquie.

antipape : rival du pape nommé par l'empereur du Saint Empire Henry IV pendant la querelle des Investitures entre l'Église et l'État.

atabek : gouverneur autonome d'un État islamique qui prête allégeance au seul Grand Sultan seldjoukide.

Avoué du Saint-Sépulcre : chef des chrétiens de Jérusalem. Le titre fut remplacé par celui de roi de Jérusalem avec l'élection de Baudouin Iᵉʳ.

bénéfices (système des) : garantie d'un domaine en contrepartie d'un soutien militaire ; précurseur du système féodal.

Byzance : nom d'origine de la capitale de l'Empire byzantin, Constantinople (aujourd'hui Istanbul).

Calife : dirigeant de la communauté musulmane, habituellement religieux, successeur de Mahomet.

Cilicie : royaume arménien en Anatolie (Asie Mineure)

chevaliers hospitaliers : religieux soldats de l'ordre de Saint-Jean de l'Hôpital.

chevaliers templiers : religieux soldats de l'ordre du Temple

chevaliers Teutoniques : membres de l'ordre militaire des chevaliers de l'Hôpital de Sainte-Marie-de-Jérusalem, créé à l'origine pour soigner les soldats germains blessés, mais devenus chevaliers combattants. L'Ordre a opéré plus tard au nord de l'Europe.

croisade populaire : croisade non officielle de petites gens prêchée par Pierre l'Ermite.

Croissant fertile : région s'étendant du sud de la Palestine jusqu'à la Mésopotamie et au golfe Persique, comprenant la Jordanie, la Syrie, le sud-est de la Turquie et l'Iraq, connue pour son climat particulièrement favorable aux cultures.

djihad : combat avec le diable, terme souvent lié à celui de guerre sainte.

druze : adepte d'une religion du Moyen-Orient fondée sur l'islam, mais rejetée par les musulmans authentiques.

émir : souverain laïc d'un état islamique ou émirat.

Empire romain d'Orient : partie survivante de l'Empire romain qui devint l'Empire byzantin sous l'empereur Justinien.

États francs du Levant : états croisés du Moyen-Orient.

États pontificaux : territoire gouverné par le Saint-Siège, situé au centre de l'Italie et sujet à des variations de taille et de situation à travers les siècles. Aujourd'hui, État du Vatican à Rome.

Fatimide : dynastie chiite des califes installés au Caire.

fief : domaine donné par un roi à un chevalier qui en touche les revenus pour lui-même et sa suite.

Garde palatine : unité militaire byzantine constituée uniquement de mercenaires vikings.

ghulams : esclaves recrutés dans l'armée, voir mamelouk.

Hospitaliers : voir chevaliers hospitaliers.

ifranjs : terme arabe pour désigner les étrangers ou les Européens (littéralement « francs »).

Ilkhanat : dynastie mongole de Perse (1256-1353).

imam : chef musulman, à l'origine titre porté par l'interprète du Coran et successeur de Mahomet.

jizyah : taxe payée par les non-musulmans à Jérusalem avant l'arrivée des chrétiens.

Khwarizm : région située autour de l'embouchure de la rivière Oxus en Asie centrale.

légat : envoyé du pape.

machine de siège : nom générique désignant divers types de catapultes utilisés lors de l'assaut de remparts.

Mamelouk : dynastie régnant sur l'Égypte et la Syrie (1252-1517), habituellement commandée par un militaire.

mangonneau : machine de siège proche de la catapulte et destinée à envoyer des projectiles sur les remparts.

Maures : terme générique recouvrant les musulmans omeyyades arabes et berbères du nord-ouest de l'Afrique, qui envahirent l'Espagne et donnèrent ensuite les dynasties almoravide et almohades.

Mongols : tribus nomades d'Asie centrale unifiées par Gengis Khan.

mutatawi'ah : soldats volontaires dans les armées musulmanes motivées religieusement.

Omeyyade : dynastie arabe de califes

aussi connue sous le nom de Calife de Damas.

Ottomans : peuple turc dont le nom provient du sultan Osman.

patriarche de Jérusalem : chef des chrétiens orthodoxes en Terre sainte.

Reconquista : campagne menée par les chrétiens espagnols pour chasser les Maures de la péninsule Ibérique.

Roum : partie de l'Anatolie que les Turcs seldjoukides avaient pris à l'Empire byzantin ; le nom est une dérivation de « roman », car c'était à l'origine une partie de l'Empire romain.

Saint Empire romain : Empire européen chrétien situé autour de la Germanie ; son empereur est élu par les princes germains.

sainte lance : l'arme qui, dit-on, aurait percé le flanc du Christ sur la Croix.

Saint-Siège : siège de l'Église romaine catholique, appelé aussi Siège apostolique ; voir États pontificaux.

Sarrasin : terme générique désignant Arabes et musulmans ; à l'origine, nom des membres d'une tribu d'une région de Syrie.

Seldjoukides : peuple turc et dynastie qui a conquis le monde islamique (1040-1194, 1048-1307 pour les Seldjoukides de Roum).

chiite : membre d'un courant de l'islam pour lequel Ali, le gendre de Mahomet, et ses descendants sont les véritables successeurs du Prophète.

sultan : souverain musulman.

sunnite : membre d'un courant de l'islam pour lequel les successeurs de Mahomet doivent être élus par la communauté musulmane.

Templier : voir chevalier templier.

trébuchet : catapulte ressemblant à une grande balançoire dans laquelle le projectile est envoyé par l'intermédiaire d'un lourd contrepoids.

turcopoles : hommes formant la cavalerie légère musulmane qui combattit dans les armées croisées après leur conversion au christianisme ; signifie en grec « peuple turc ».

vizir : ministre principal d'un gouvernement musulman ; *wazir* en arabe original.

Dynastie ayyubide simplifiée

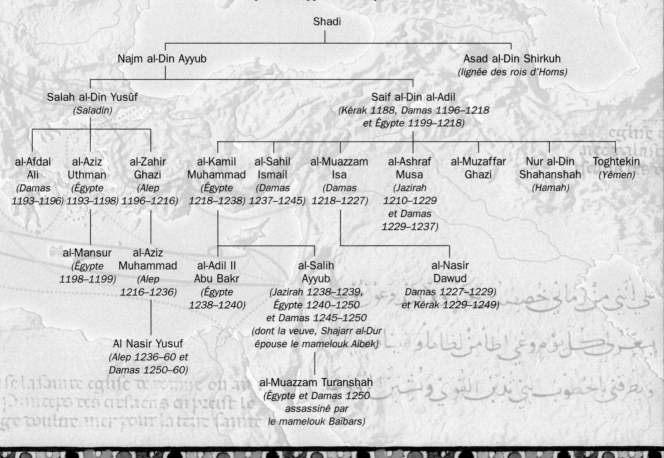

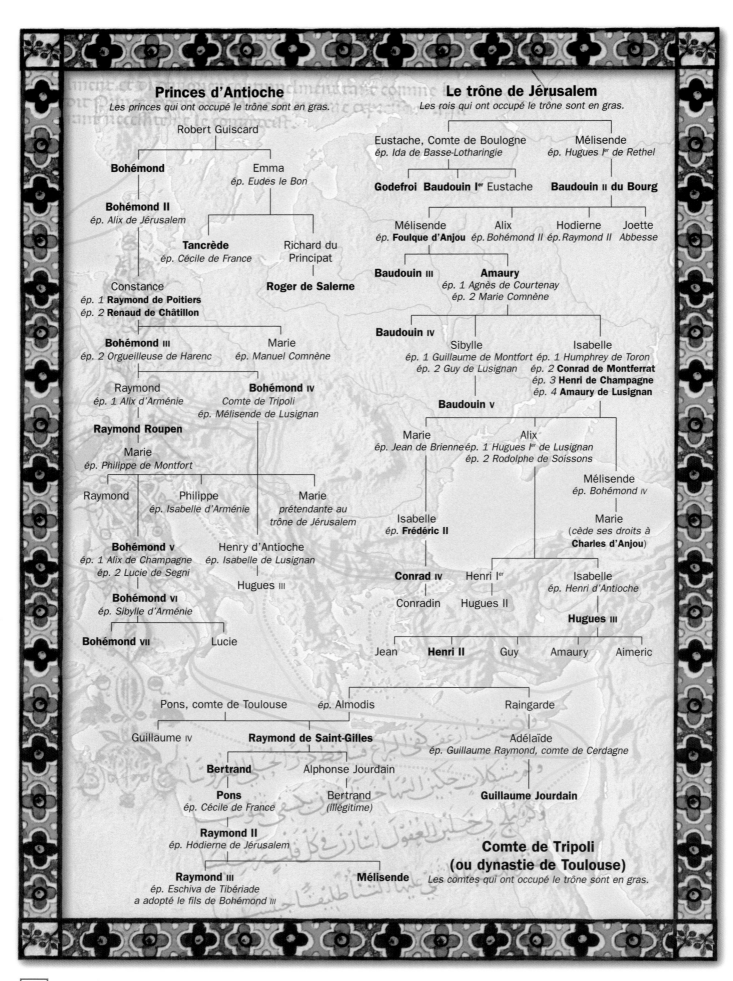

Princes d'Antioche
Les princes qui ont occupé le trône sont en gras.

Robert Guiscard

Bohémond — Emma
ép. Eudes le Bon

Bohémond II
ép. Alix de Jérusalem

Tancrède
ép. Cécile de France

Richard du Principat

Constance
*ép. 1 **Raymond de Poitiers***
*ép. 2 **Renaud de Châtillon***

Roger de Salerne

Bohémond III
ép. 2 Orgueilleuse de Harenc

Marie
ép. Manuel Comnène

Raymond
ép. 1 Alix d'Arménie

Bohémond IV
Comte de Tripoli
ép. Mélisende de Lusignan

Raymond Roupen

Marie
ép. Philippe de Montfort

Raymond

Philippe
ép. Isabelle d'Arménie

Marie
prétendante au trône de Jérusalem

Bohémond V
ép. 1 Alix de Champagne
ép. 2 Lucie de Segni

Henry d'Antioche
ép. Isabelle de Lusignan

Hugues III

Bohémond VI
ép. Sibylle d'Arménie

Bohémond VII — Lucie

Le trône de Jérusalem
Les rois qui ont occupé le trône sont en gras.

Eustache, Comte de Boulogne
ép. Ida de Basse-Lotharingie

Mélisende
ép. Hugues Ier de Rethel

Godefroi **Baudouin Ier** Eustache

Baudouin II du Bourg

Mélisende
*ép. **Foulque d'Anjou***

Alix
ép. Bohémond II

Hodierne
ép. Raymond II

Joette
Abbesse

Baudouin III

Amaury
ép. 1 Agnès de Courtenay
ép. 2 Marie Comnène

Baudouin IV

Sibylle
ép. 1 Guillaume de Montfort
ép. 2 Guy de Lusignan

Isabelle
ép. 1 Humphrey de Toron
*ép. 2 **Conrad de Montferrat***
*ép. 3 **Henri de Champagne***
*ép. 4 **Amaury de Lusignan***

Baudouin V

Marie
ép. Jean de Brienne

Alix
ép. 1 Hugues Ier de Lusignan
ép. 2 Rodolphe de Soissons

Mélisende
ép. Bohémond IV

Isabelle
*ép. **Frédéric II***

Marie
*(cède ses droits à **Charles d'Anjou**)*

Conrad IV

Henri Ier

Isabelle
ép. Henri d'Antioche

Conradin

Hugues II

Hugues III

Jean **Henri II** Guy Amaury Aimeric

Pons, comte de Toulouse — *ép. Almodis*

Raingarde

Guillaume IV

Raymond de Saint-Gilles

Adélaïde
ép. Guillaume Raymond, comte de Cerdagne

Bertrand Alphonse Jourdain

Guillaume Jourdain

Pons
ép. Cécile de France

Bertrand
(illégitime)

Raymond II
ép. Hodierne de Jérusalem

Comte de Tripoli
(ou dynastie de Toulouse)
Les comtes qui ont occupé le trône sont en gras.

Raymond III
ép. Eschiva de Tibériade
a adopté le fils de Bohémond III

Mélisende

INDEX